독자의 1초를
아껴주는 정성을
만나보세요!

세상이 아무리 바쁘게 돌아가더라도 책까지 아무렇게나 빨리 만들 수는 없습니다.

인스턴트 식품 같은 책보다 오래 익힌 술이나 장맛이 밴 책을 만들고 싶습니다.

땀 흘리며 일하는 당신을 위해 한 권 한 권 마음을 다해 만들겠습니다.

마지막 페이지에서 만날 새로운 당신을 위해 더 나은 길을 준비하겠습니다.

길벗IT 도서 열람 서비스

도서 일부 또는 전체 콘텐츠를 확인하고 읽어볼 수 있습니다.
길벗만의 차별화된 독자 서비스를 만나보세요.

더북(TheBook) ▶ https://thebook.io

더북은 (주)도서출판 길벗에서 제공하는 IT 도서 열람 서비스입니다.

AI 자율학습 커서 × AI로 완성하는 나만의 웹 서비스
Cursor × AI: Build Your Own Web Service

초판 발행 · 2025년 12월 10일

지은이 · 성구(강성규)
발행인 · 이종원
발행처 · (주)도서출판 길벗
출판사 등록일 · 1990년 12월 24일
주소 · 서울시 마포구 월드컵로 10길 56(서교동)
대표 전화 · 02)332-0931 | **팩스** · 02)323-0586
홈페이지 · www.gilbut.co.kr | **이메일** · gilbut@gilbut.co.kr

기획 및 책임편집 · 정지연(stopy@gilbut.co.kr) | **제작** · 이준호, 손일순, 이진혁
마케팅 · 임태호, 전선하, 박민영, 서현정, 박성용 | **유통혁신** · 한준희 | **영업관리** · 김명자 | **독자지원** · 윤정아
교정교열 · 이미연 | **디자인 및 전산편집** · 책돼지 | **출력 및 인쇄** · 금강인쇄 | **제본** · 금강인쇄

▶ 이 책은 저작권법의 보호를 받는 저작물로 이 책에 실린 모든 내용, 디자인, 이미지, 편집 구성은 허락 없이 복제하거나 다른 매체에 옮겨 실을 수 없습니다.
▶ 인공지능(AI) 기술 또는 시스템을 훈련하기 위해 이 책의 전체 내용은 물론 일부 문장도 사용하는 것을 금지합니다.
▶ 잘못 만든 책은 구입한 서점에서 바꿔 드립니다.

ISBN 979-11-407-1686-9 93000
(길벗 도서번호 080485)

정가 24,000원

독자의 1초를 아껴주는 정성 길벗출판사

(주)도서출판 길벗 | IT단행본&교재, 성인어학, 교과서, 수험서, 경제경영, 교양, 자녀교육, 취미실용
www.gilbut.co.kr
길벗스쿨 | 국어학습, 수학학습, 주니어어학, 어린이단행본, 학습단행본
www.gilbutschool.co.kr

페이스북 · https://www.facebook.com/gbitbook

스스로 하는 AI 공부 ······················ AI 자율학습

커서×AI로 완성하는 나만의 웹 서비스

**Cursor와 Gemini API로
기획부터 개발·배포까지 배우는 실무형 바이브 코딩**

성구(강성규) 지음

지은이의 말

"코드를 전혀 몰라도 AI만 있으면 개발할 수 있다."라는 말을 종종 듣습니다. 하지만 제 경험상 그것은 반은 맞고, 반은 틀린 이야기입니다. AI는 분명 개발의 문턱을 크게 낮췄지만, 만능은 아닙니다. 기본 개념 없이는 한계에 부딪히기 쉽습니다.

하지만 AI는 우리에게 새로운 가능성을 열어줬습니다. 바로 '기초 지식만으로도 빠르게 실제 서비스를 만들 수 있다'는 것입니다.

전통적인 개발 학습은 이론을 먼저 배우고, 충분히 공부한 후에야 무언가를 만들 수 있었습니다. 이제는 다릅니다. 기본 개념만 이해하면 바로 만들기 시작할 수 있고, 만들면서 필요한 것을 배워 나갈 수 있습니다. 실습하다 막히면 AI에 물어보고, 코드를 이해하려 노력하고, 다시 만들어보는 과정, 이것이 AI 시대의 새로운 학습법입니다.

이 책은 단순히 커서 사용법만 다루지는 않습니다. 아이디어 기획부터 디자인, 개발 그리고 실제 서비스 출시까지 웹 서비스를 만드는 전체 과정을 담았습니다. 머릿속 아이디어를 구체화하는 방법, 사용자 경험을 고려한 디자인 설계, 커서를 활용한 효율적인 개발, 세상에 내놓는 배포까지 단계마다 실제 프로덕트를 만들며 얻은 경험과 노하우를 녹여냈습니다.

무엇보다 중요한 것은 '만들어본다'는 경험 그 자체입니다. 여러분이 불편하게 느끼던 점을 해결하는 서비스를, 주변 사람에게 유용한 도구를 직접 만들어 세상에 내놓을 수 있습니다. 처음부터 대규모 서비스는 어려울 수 있지만, 나와 내 주변 사람을 위한 작은 서비스는 충분히 만들 수 있습니다. 첫 서비스를 완성하고 배포했을 때의 성취감, 누군가 내가 만든 서비스를 사용할 때의 뿌듯함과, 그 경험이 여러분을 계속 성장하게 만들 것입니다.

각 장을 읽으며 궁금한 개념이 나오면 일단 따라 해보세요. 그리고 코드를 조금씩 바꿔보고, 오류를 만나고, AI의 도움을 받아 해결해 보세요. 모든 것을 이해하려 하지 말고, 우선 만들어 보세요. 이해는 경험을 따라옵니다. 책의 예제를 그대로 따라 하는 것도 좋지만, 자신만의 아이디어로 변형해보는 것을 적극 권장합니다. 그 과정에서 진짜 배움이 일어납니다.

이 책이 나오기까지 많은 분의 도움이 있었습니다. 첫 VOD 강의 기회를 주신 모두의연구소, 첫 책 출간을 제안해 주시고 끝까지 완성할 수 있도록 아낌없이 지원해주신 길벗출판사와 정지연 팀장

님께 진심으로 감사드립니다. 제 프로덕트를 사용하며 소중한 피드백을 주신 사용자분들, 인디웨이를 함께 만들어가는 모든 인디해커, 솔로프리너 동료분 들께도 깊은 감사를 전합니다.

여러분의 첫 서비스가 세상에 나오는 그날을 응원합니다.

지은이 성구(강성규) seonggoos@indieway.xyz

대기업과 스타트업을 거쳐 1인 기업으로 독립한 인디해커다. 하고 싶은 일이 많아 나만의 길을 개척하고 있으며, 개발·기획·교육의 경계를 넘나들며 다양한 프로덕트와 콘텐츠를 만들고 있다. '프로덕트로그', '인디로그', '북로그', '뽀모닥' 등 여러 웹/앱 서비스를 직접 기획·개발·운영하며 얻은 실전 경험을 바탕으로, AI 시대에 누구나 자신의 아이디어를 실현할 수 있음을 증명하고 있다.

웹사이트 https://seonggoos.com

커서 관련 Q&A  디스코드
https://discord.gg/p8QPqWfb4T

🤖 베타 학습단의 한마디

과거에 커서를 잠깐 사용해본 적이 있었는데, 이 책으로 다시 접하면서 말로만 듣던 플랜 모드를 직접 사용해볼 수 있었습니다. 특히 실무에 바로 적용할 수 있는 프롬프트 작성 방식을 배울 수 있어서 좋았습니다. 커서의 핵심 기능과 활용법을 충분히 익힐 수 있는 책입니다. _강원빈

이 책은 웹 개발 초보자에게는 AI의 도움으로 전체 과정을 쉽게 배울 수 있게 해주고, 경험자에게는 AI로 업무 자동화를 어디까지 구현할 수 있는지 체험할 기회를 제공합니다. 힘들게 부딪혀가며 공부했던 것을 이렇게 간단히 만들 수 있다는 점에 격세지감을 느낍니다. 초보자에게는 다소 부담스러울 수 있지만, 웹 개발의 전체 흐름을 파악하기에는 매우 유용합니다. 특히 웹 개발을 조금이라도 경험해본 분이라면 실무에서 터득하게 되는 전체 흐름을 책으로 간단히 체험할 수 있어 업무 경험을 쌓는 데 큰 도움이 될 것입니다. 개발 스킬 성장에 실질적인 도움을 주는 책으로 적극 추천합니다. _김혜진

AI 융합 연구를 하는 문과 출신 연구자로서 개발은 늘 두렵고 먼 이야기였지만, 이 책을 통해 웹 서비스를 직접 만들어 GitHub에 올릴 수 있다는 확신을 얻었습니다. 친절한 선배가 옆에서 알려주듯 세세한 과정까지 구체적으로 설명하며, ASK/AGENT 모드 비교, 감성 분석 웹 서비스 구축 같은 실무 사례를 풍부하게 담고 있습니다. 오류 해결 방법과 QA 시나리오가 실제 개발 과정에서 필요한 위치에 정확히 배치되어 바로 적용할 수 있습니다. 이 책은 AI 시대에 비전공자라는 배경이 더 이상 장벽이 되지 않음을 보여주는 희망의 가이드입니다. 개발이 두렵지만 도전하고 싶은 모든 분, 특히 연구자와 실무자에게 강력히 추천합니다. _김지학

AI가 코드 자동 완성과 오류 수정까지 도와줘서 개발 흐름이 훨씬 매끄러웠고, 커서의 실시간 피드백 덕분에 학습 속도가 빨라져 배운 내용을 바로 적용할 수 있었습니다. 웹 서비스를 직접 완성하는 과정이 이렇게 재미있고 효율적일 줄 몰랐습니다. 이 책으로 배운 AI 기반 개발로 생산성을 크게 높일 것 같습니다. _박경호

이 책은 커서를 활용해 웹 서비스를 처음부터 끝까지 완성하는 전 과정을 체계적으로 다룹니다. 프론트엔드, 백엔드, 데이터베이스를 통합적으로 다루며, PRD 작성과 기획 노하우를 통해 제품을 설계하는 관점을 익힐 수 있습니다. GitHub와 Vercel을 통한 배포까지 실전 구현 과정을 세밀히 안내해 실무 역량을 높일 수 있습니다. 마지막에 이후 학습 방향과 실무로 나아가기 위한 로드맵을 제공하는 점이 특히 돋보입니다. 기획, 설계, 개발, 배포까지 전 과정을 하나의 맥락에서 배우려는 독자에게 강력히 추천합니다. _박상길

이 책은 커서를 전혀 모르는 초보자도 따라 하며 웹 개발의 전체 흐름을 직접 체험할 수 있도록 구성되었습니다. AI 기초 개념부터 도구 사용법, 프로젝트 시작까지 단계가 자연스럽게 이어져 부담 없이 시작할 수 있습니다. 커서로 개발하는 할 일 관리 프로젝트를 통해 실제 동작하는 웹 서비스를 만들고, 소스 관리와 자동 배포까지 실무 환경을 경험할 수 있습니다. 실습 중심의 구성 덕분에 따라 하다 보면 나만의 웹 서비스를 만들 수 있다는 자신감이 생깁니다. 커서를 활용해 웹 서비스를 직접 만들어보고 싶은 초보자에게 적극 추천합니다. _박상덕

이 책에서 가장 재밌는 부분은 Vercel을 이용한 배포 과정이었습니다. 그동안 여러 교육 과정을 거치며 코딩은 많이 배웠지만 배포는 한 번도 다룬 적이 없었습니다. 커서로 AI와 함께 코딩하고, Supabase로 데이터베이스를 구축하며, 최종적으로 인터넷에 서비스를 올리는 전 과정을 경험할 수 있었습니다. Supabase 같은 실무 도구를 배울 수 있는 점도 매우 유용했습니다. "내가 만든 서비스 여기 있어!"라고 자랑할 수 있는 결과물이 생겨 뿌듯합니다. _서강식

AI 도구를 처음 접하는 개발자도 부담 없이 따라 할 수 있도록 구성되었습니다. 단순히 코드를 따라 치는 것이 아니라 프롬프트 활용부터 요구사항 분석, 프론트엔드, 백엔드, DB 구성, Vercel 배포까지 전체 개발 프로세스를 경험할 수 있습니다. 커서의 프롬프트 활용법과 오류 수정 방법을 확실하게 학습할 수 있으며, 환경 설정과 AI 기능 활용 모두 익힐 수 있습니다. 웹 개발자가 AI 도구를 프로젝트에 접목해보고 싶을 때 좋은 시작점이 될 것입니다. _여병훈

이 책은 단순한 도구 사용법이 아니라 AI와 함께 일하는 방식을 알려주는 실무 가이드입니다. 초보자도 쉽게 따라 할 수 있도록 터미널 용어부터 실행 로그, 파일의 역할까지 차근차근 설명해주어 술술 읽힙니다. 기존 커서 서적들이 '따라 치기'에 머물렀다면, 이 책은 프롬프트를 스스로 설계하고 구체적인 요구사항을 정리해 완성도 높은 결과를 얻는 방법을 배울 수 있습니다. 특히 기획부터 개발, 테스트, 배포까지 전체 흐름을 한 번에 경험할 수 있어 실전 감각을 키우는 데 큰 도움이 됩니다. 읽고 나면 AI를 단순히 쓰는 것이 아니라 제대로 활용할 수 있게 되는, 확실히 남는 것이 많은 책입니다. _이지은

무엇보다 커서를 활용한 코드 자동 생성 과정은 놀라웠고, 개발 환경 구축부터 애플리케이션 완성과 배포까지 전체 흐름을 직접 익힐 수 있는 점에 만족했습니다. 상세한 프롬프트 덕분에 프롬프트 엔지니어링의 중요성을 실감했고, 다양한 프레임워크의 기초 활용법도 자연스럽게 익혔습니다. 실습 중심 구성으로 단순히 따라 하는 것이 아니라 개발 흐름을 체계적으로 이해하게 되었습니다. AI 개발 입문자에게 문을 열어주는 훌륭한 길잡이입니다. _임승현

바이브 코딩에 대한 사전 지식이 없는 초보자가 읽기에 적합한 입문서입니다. 숙지해야 할 용어와 개념이 많아서 AI 도구를 처음 접하는 사람에게는 초반이 다소 어려울 수 있지만, 이 과정을 극복한다면 AI에 대한 흥미가 생기고, 웹 서비스를 구축하는 전반적인 구조를 이해할 수 있습니다. _한예호

AI가 개발의 주체로 빠르게 자리 잡는 시대에 이 책은 'AI와 협업하는 개발자'로의 전환점을 제시합니다. 단순히 코드 작성을 보조하는 도구가 아니라, 문제를 함께 정의하고 해결하는 동료로서 AI를 활용하는 법을 다룹니다. 실제 예제와 실습을 통해 AI와의 협업 방식을 체계적으로 익힐 수 있습니다. AI 시대 개발자로 성장하려는 분에게 실질적인 가이드가 되어줄 것입니다. _허헌

책 소개

AI는 더 이상 단순히 질문에 답하는 도구가 아닙니다. 이제는 스스로 코드를 작성하고, 오류를 분석하며, 프로젝트 전체를 관리할 수 있는 '개발 파트너'로 진화했습니다. 『커서 × AI로 완성하는 나만의 웹 서비스』는 이러한 변화의 흐름 속에서 실제 개발 환경에서 AI와 협업하는 새로운 프로그래밍 방식을 다룹니다.

핵심 주제는 **바이브 코딩**(vibe coding), 즉 사람의 아이디어와 AI의 실행력이 조화를 이루는 개발 패턴입니다. 이 책에서는 커서(Cursor)와 Gemini API를 활용해 AI 할 일 관리 서비스를 처음부터 끝까지 완성합니다. 단순히 코드를 따라 치는 수준이 아니라 **기획 → 설계 → 구현 → 배포**의 전체 과정을 AI와 함께 경험하며, 스스로 개발을 이끌어갈 수 있는 역량을 키웁니다.

주요 내용

1단계: 환경 구축과 도구 이해
커서의 AI 코딩 환경을 설정하고, Gemini API 연동 과정을 통해 AI 기능을 프로젝트에 통합합니다.

2단계: 프로젝트 기획 및 설계
PRD(제품 요구사항 정의서)를 작성하며 실제 서비스 기획 과정을 익힙니다.

3단계: 핵심 기능 구현
Supabase를 활용한 인증과 데이터 관리, Shadcn/ui 기반의 프런트엔드 컴포넌트 구성, Gemini 모델을 통한 자연어 할 일 생성 기능을 직접 구현합니다.

4단계: AI 기능 확장과 서비스 고도화
사용자 데이터를 기반으로 한 요약, 일정 분석, 자동 정렬 등 AI 분석 기능을 추가합니다.

5단계: 배포 및 실전 운영
Vercel을 이용해 실제 웹사이트로 배포하고, 운영 과정에서의 버전 관리와 성능 최적화까지 실습합니다.

예제는 실제로 동작하는 완성형 서비스를 만드는 것을 목표로 하며, 장마다 'AI가 어떻게 코드를 이해하고 실행을 보조하는가'를 구체적으로 설명합니다. 이를 통해 AI 에디터의 내부 작동 원리와 실무 활용법을 자연스럽게 익힐 수 있습니다.

이 책의 특징

AI 도구의 '사용법'이 아닌 '활용법' 중심 구성
단순한 기능 설명을 넘어, AI와 함께 협업하며 개발 효율을 극대화하는 방법을 다룹니다.

실무형 프로젝트 기반 학습
실제 서비스 개발 흐름을 그대로 따라가며, 바로 서비스 가능한 결과물을 손에 쥘 수 있습니다.

시각적 설계 중심의 친절한 구성
화면 구조, 데이터 흐름, 명령 실행 과정을 도식화해 초보자도 이해하기 쉽게 설명합니다.

AI 시대 개발자의 새로운 기본기 습득
코드를 작성하는 법을 넘어, AI를 통해 사고하고 문제를 해결하는 방법을 배웁니다.

대상 독자

- 커서와 Gemini API를 활용해 AI 기반 웹 서비스를 만들고 싶은 입문자
- AI와 협업하며 개발 생산성을 높이려는 실무 개발자
- AI 프로젝트의 기획과 개발 흐름을 이해하려는 기획자 및 PM
- 프롬프트 작성을 넘어 AI와 함께 문제를 정의하고 해결하는 개발 방식을 배우고 싶은 모든 독자

실습 시 주의 사항

실습 시 다음 내용을 참고하세요.

- 커서는 일부 기능을 무료로도 사용할 수 있지만, 커서의 AI 기능을 제대로 활용하려면 **Pro 요금제** 이상이 필요합니다. 회원가입하면 **7일간 무료 체험**(Pro Trial)이 제공됩니다. 무료 체험 기간이 끝나면 **매월 $20가 결제**됩니다.
- 커서는 최신 기술인 만큼 그 변화가 매우 빠릅니다. 집필 당시 최신 버전(2.0)에 맞춰 기능을 설명하나 일부 화면과 기능은 다를 수 있습니다. 큰 변화가 있을 경우 **커뮤니티(디스코드)**에 공지하고 있으니 참고하며 학습해 주세요.
- AI 모델의 특성상 실행할 때마다 응답이 달라지므로 책의 출력 예시와는 다를 수 있습니다. 그러나 책의 내용을 실습하는 데는 문제없습니다. 해결되지 않는 문제가 발생한다면 커뮤니티를 통해 문의해 주세요.

차례

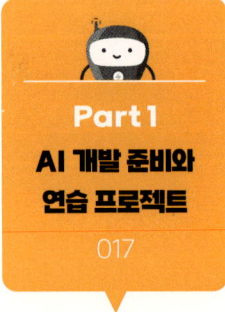

Part 1
AI 개발 준비와 연습 프로젝트
017

1장 AI와 함께 개발하기 019

1.1 AI 시대, 개발 패러다임의 변화 020
    1.1.1. AI 모델 020
    1.1.2. 개발 특화 도구 021
    1.1.3. AI 도구 사용 시 주의사항 021

1.2 실습 프로젝트 개요 024
    1.2.1. 학습 목표 025
    1.2.2. 주요 기능 025
    1.2.3. 사용 기술 026
    1.2.4. 서비스 작동 구조 027

1.3 실습 프로젝트를 위한 기초 지식 빠르게 훑기 030
    1.3.1. 웹을 구성하는 세 가지 기술 030
    1.3.2. 클라이언트와 서버 그리고 프런트엔드와 백엔드 031
    1.3.3. API 032
    1.3.4. JSON 033
    1.3.5. 웹 브라우저 034
    1.3.6. 데이터베이스 034
    1.3.7. 기타 용어 035

정리하기 037

2장 개발 환경 설정하기 039

2.1 Node.js 설치하기 040
    2.1.1. Node.js란 040
    2.1.2. Node.js 설치 041
    2.1.3. npm 설치 확인 047

2.2 Git 설치하기 049
    2.2.1. Git이란 049
    2.2.2. Git 설치 050
    2.2.3. Git 기본 설정 054

정리하기 055

3장 커서 설치 및 기본 사용법 익히기 057

3.1 커서란 058
    3.1.1. AI와 함께하는 새로운 개발 방식 058
    3.1.2. 커서의 핵심 기능 059

3.2 커서 설치 및 기본 설정하기 063
    3.2.1. 커서 설치 063
    3.2.2. 기본 설정 067

3.3 커서 기본 사용법 익히기 072
    3.3.1. 인터페이스 살펴보기 072
    3.3.2. AI와 함께 첫 프로젝트 실행하기 073
    3.3.3. 컨텍스트 참조 활용하기 079

정리하기 082

4장 프로젝트의 핵심 기술 스택 이해하기 083

4.1 Next.js - 웹 애플리케이션의 뼈대 084
    4.1.1. Next.js의 핵심 기능 084
    4.1.2. 왜 Next.js인가 085

4.2 Tailwind CSS - 빠르고 일관된 스타일링 087
    4.2.1. Tailwind CSS의 주요 클래스 088
    4.2.2. 왜 Tailwind CSS인가 089

4.3 Shadcn/ui - 완성도 높은 UI 컴포넌트 090
    4.3.1. Shadcn/ui 주요 컴포넌트 090
    4.3.2. 왜 Shadcn/ui인가 091

4.4 Supabase - 데이터 저장과 인증 기능 093
    4.4.1. Supabase 핵심 기능 093
    4.4.2. 왜 Supabase인가 094

4.5 AI SDK - 애플리케이션에 AI 기능 연결 096
    4.5.1. AI SDK 핵심 기능 096
    4.5.2. 왜 AI SDK인가 098
    4.5.3. Gemini API 살펴보기 099

정리하기 101

5장 연습 프로젝트: AI 감성 분석 웹 서비스 만들기 103

5.1 프로젝트 개요 104
    5.1.1. 이 프로젝트에서 배우는 내용 104
    5.1.2. 사용할 기술 스택 105

5.2 프로젝트 환경 설정하기 106
    5.2.1. 프로젝트 폴더 생성하기 106
    5.2.2. Next.js 프로젝트 생성하기 107
    5.2.3. Shadcn/ui 설정 및 컴포넌트 추가하기 109
    5.2.4. AI SDK 설치하기 111
    5.2.5. 프로젝트 폴더 구조 이해하기 112
    5.2.6. 개발 서버 실행하고 결과 확인하기 113

5.3 감성 분석 화면 만들기 115
    5.3.1. 감성 분석 화면 구성하기 115
    5.3.2. 화면 구성 결과 확인하기 117

5.4 감성 분석 기능 구현하기 119
    5.4.1. Gemini API 연동하기 119
    5.4.2. 감성 분석 기능 구현하기 123
    5.4.3. 감성 분석 기능 확인하기 124

정리하기 126

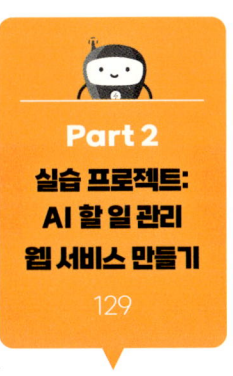

Part 2
실습 프로젝트: AI 할 일 관리 웹 서비스 만들기
129

6장 프로젝트 시작하기: 환경 설정 및 규칙 정의 ... 131

6.1 프로젝트 개요 132
- 6.1.1. 프로젝트 정의와 핵심 기능 132
- 6.1.2. 실제 사용 시나리오 134
- 6.1.3. 프로젝트에서 배우는 내용 135
- 6.1.4. 프로젝트 진행 계획 135

6.2 프로젝트 환경 설정하기 137
- 6.2.1. 프로젝트 폴더 생성하기 137
- 6.2.2. Next.js 프로젝트 생성하기 138
- 6.2.3. Shadcn/ui 설정 및 컴포넌트 추가하기 139
- 6.2.4. AI SDK 설치하기 141
- 6.2.5. 프로젝트 폴더 구조 살펴보기 141
- 6.2.6. 개발 서버 실행하고 결과 확인하기 142

6.3 프로젝트 규칙 설정하기 144
- 6.3.1. 규칙의 유형 144
- 6.3.2. 프로젝트 규칙의 구조와 작성 방식 145
- 6.3.3. 규칙 생성하기 146

정리하기 150

7장 프로젝트 기획하기: PRD 작성 ... 151

7.1 PRD 개요 152
- 7.1.1. PRD 개념과 필요성 152
- 7.1.2. 프로젝트의 PRD 구성 요소 153

7.2 AI와 함께 PRD 작성하기 154
- 7.2.1. PRD 작성 요청하기 154
- 7.2.2. 결과 검토하기 157

7.3 PRD와 커서 연동하기 159
- 7.3.1. PRD 저장하기 159
- 7.3.2. PRD 참조하기 160

정리하기 162

8장 화면 구성하기: 디자인 시스템과 로그인/메인 페이지 165

8.1 디자인 시스템 이해와 활용하기 166
    8.1.1. 브랜드 컬러 정의하기 166
    8.1.2. 할 일 관리 컴포넌트 생성하기 168

8.2 로그인과 회원가입 화면 구성하기 171
    8.2.1. 로그인 화면 구성하기 171
    8.2.2. 회원가입 화면 구성하기 174

8.3 할 일 관리 메인 화면 구성하기 176

정리하기 179

9장 백엔드 구축하기: 데이터베이스, 인증, CRUD 181

9.1 Supabase 프로젝트 생성 182
    9.1.1. Supabase 프로젝트 생성하기 182
    9.1.2. 환경 변수 설정하기 185
    9.1.3. 프로젝트에 Supabase 연결하기 188

9.2 데이터베이스 테이블 생성하기 191
    9.2.1. SQL 쿼리 생성하기 191
    9.2.2. SQL 실행하기 195

9.3 회원가입과 로그인/로그아웃 기능 구현하기 198
    9.3.1. 회원가입 기능 구현하기 198
    9.3.2. 로그인/로그아웃 기능 구현하기 201
    9.3.3. 사용자 인증 상태 관리 기능 구현하기 204

9.4 할 일 관리 기능 구현하기 207
    9.4.1. 코드 작성하기 207
    9.4.2. 기능 확인하기 208
    9.4.3. 기능 개선하기 214

정리하기 216

10장 AI 기능 구현하기: 자연어 처리 및 분석 — 219

10.1 AI 할 일 생성 기능 구현하기 220
- 10.1.1. 자연어 입력을 구조화 데이터로 변환하기 220
- 10.1.2. 시스템 프롬프트 개선하기 223
- 10.1.3. 사용자 입력 검증하기 227

10.2 AI 요약 및 분석 기능 구현하기 230
- 10.2.1. AI 분석 기능 구현하기 230
- 10.2.2. 분석 로직 최적화하기 233
- 10.2.3. 분석 결과 UI 개선하기 238

정리하기 241

11장 서비스 배포하기: 실제 서비스 공개 — 243

11.1 배포 준비하기 244
- 11.1.1. 환경 변수 점검하기 244
- 11.1.2. 로컬 빌드 테스트하기 245
- 11.1.3. 기능 점검하기 248
- 11.1.4. 메타 태그 설정하기 249
- 11.1.5. 파비콘 추가하기 252

11.2 Github에 코드 업로드하기 255
- 11.2.1. 원격 저장소 생성하기 255
- 11.2.2. 원격 저장소 연결하기 257
- 11.2.3. 원격 저장소에 코드 업로드하기 258

11.3 Vercel로 자동 배포하기 262
- 11.3.1. 프로젝트 생성하기 262
- 11.3.2. 자동 배포 테스트하기 267

정리하기 271

12장 프로젝트 마무리와 이후 학습 273

12.1 전체 과정 되돌아보기 274
    12.1.1. 개발 과정의 변화 274
    12.1.2. AI 협업 능력 경험 274
    12.1.3. 완성된 결과물 275

12.2 이후 학습 방향 276
    12.2.1. 현재 서비스 개선하기 276
    12.2.2. 새로운 프로젝트 도전하기 276
    12.2.3. 기술 스택 확장하기 277
    12.2.4. 실무 경험 쌓기 277

정리하기 279

찾아보기 280

Part 1

AI 개발 준비와 연습 프로젝트

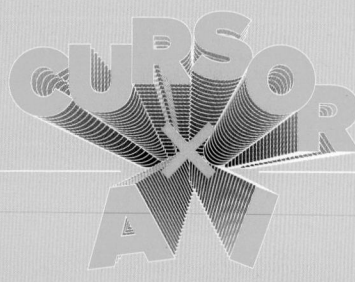

Part 1
AI 개발 준비와 연습 프로젝트

1장 AI와 함께 개발하기

2장 개발 환경 설정하기

3장 커서 설치 및 기본 사용법 익히기

4장 프로젝트의 핵심 기술 스택 이해하기

5장 연습 프로젝트: AI 감성 분석 웹 서비스 만들기

1장
AI와 함께 개발하기

이 장에서는 AI와 함께 개발하는 시대적 흐름을 살펴보고 이 책에서 만들 실습 프로젝트를 소개합니다. 또한, 웹 서비스의 기본 구조와 개발을 시작할 때 알아두면 좋은 기초 지식을 간단히 훑어보며, 본격적인 실습에 들어가기 전에 전체적인 그림을 그려봅니다.

1.1 AI 시대, 개발 패러다임의 변화

소프트웨어 개발은 오랫동안 사람이 모든 코드를 직접 작성하고 테스트하는 방식에 의존해 왔습니다. 하지만 최근 몇 년 사이 AI가 급격히 발전하며 개발의 풍경을 크게 바꿔 놓았습니다. 이제 AI가 단순히 반복하는 작업이나 형식적인 코드 작성을 대신 처리합니다. 덕분에 개발자는 문제 해결과 서비스 기획 같은 더 중요한 부분에 집중할 수 있습니다.

특히 생성형 AI 모델은 단순한 검색이나 자동 완성을 넘어 상황에 맞는 코드 예시를 제안하고 오류를 분석하며, 개발자의 의도를 이해해 맥락에 맞는 도움을 줍니다. 이러한 변화는 '개발자는 더 이상 혼자 개발하지 않는다'라는 사실을 보여줍니다. 이제 AI는 단순한 도구를 넘어 협업 파트너로 자리 잡고 있습니다. 또한, 앞으로의 개발 방식도 이 흐름을 중심으로 재편되고 있습니다.

1.1.1. AI 모델

AI 시대, 변화의 중심에는 AI 모델이 있습니다. **AI 모델**은 방대한 데이터를 학습해 언어, 이미지, 코드 등 다양한 정보를 이해하고 새로운 결과를 만들어내는 지능형 프로그램입니다. 쉽게 말해, 사람이 언어로 표현한 요청을 받아들이고 그에 맞는 텍스트나 코드를 생성하는 '두뇌' 역할을 합니다.

이러한 모델은 단순한 계산기를 넘어 글쓰기, 요약, 번역, 검색, 코드 작성 등 폭넓은 작업을 수행하며 개발자의 반복적이고 수고로운 작업 부담을 크게 줄여줍니다. 개발자는 이제 '무엇을 만들 것인가'라는 더 큰 그림에 집중하면 됩니다.

대표적인 AI 모델에는 GPT(지피티), Claude(클로드), Gemini(제미나이), Grok(그록) 등이 있습니다. 이 모델들은 대화형 상호작용이 가능하며, 종합적인 지식과 창작 능력을 바탕으로 개발자에게 큰 도움을 줍니다.

그림 1-1 대표적인 AI 모델

1.1.2. 개발 특화 도구

AI 모델을 기반으로 한 또 다른 변화는 개발 특화 도구가 등장했다는 것입니다. 이 도구들은 AI 모델을 직접 활용하기보다 개발자의 작업 환경(IDE, 코드 편집기) 안으로 AI 기능을 끌어와 실질적인 도움을 줍니다.

예를 들어, Cursor(커서), Claude Code(클로드 코드), GitHub Copilot(깃허브 코파일럿), Windsurf(윈드서프) 같은 도구는 코드 자동 완성, 오류 분석, 리팩터링 제안까지 지원합니다. 이는 단순히 코드를 작성하기 쉽게 자동 입력을 보조해주는 수준이 아닙니다. 프로젝트 구조와 맥락을 이해하고 그에 맞는 코드를 제안하기 때문에 실시간 개발 파트너처럼 느껴집니다.

그림 1-2 AI 모델 기반의 개발 특화 도구

1.1.3. AI 도구 사용 시 주의사항

AI 도구는 개발자의 부담을 줄여주고 생산성을 크게 높여주는 강력한 동반자입니다. 그렇다고 하더라도 모든 상황에서 정답을 보장하는 존재는 아닙니다. 때로는 잘못된 코드를 제안하거나 보안상 위험한 방식으로 구현하도록 유도할 수도 있습니다.

따라서 AI를 활용해 개발할 때는 '자동으로 나온 답'을 무조건 믿는 것이 아니라 비판적으로 검토하고 책임 있게 선택하는 태도가 필요합니다. AI는 어디까지나 도우미이며, 최종적으로 코드를 확인하고 결정하는 사람은 개발자 자신임을 잊지 않아야 합니다.

AI 도구를 사용할 때 자주 실수하는 사례를 몇 가지 소개합니다.

1. 무한 루프 코드

"반복문으로 1부터 10까지 출력"하도록 요청했는데, AI가 while(true) 같은 코드를 제안하는 경우입니다. 이 코드를 실행하면 프로그램이 끝나지 않고 멈춰 버릴 수 있습니다.

```
// 잘못된 예시 → 프로그램이 끝나지 않고 계속 실행됨
while (true) {
  console.log("안녕하세요");
}

// 올바른 예시
for (let i = 1; i <= 10; i++) {
  console.log(i);
}
```

2. 보안 취약 코드(SQL 인젝션 위험)

데이터베이스를 연동할 때 SELECT * FROM users WHERE id = " + userInput처럼 직접 문자열을 붙이는 코드를 제안하기도 합니다. 이는 SQL 인젝션 취약점으로 이어질 수 있습니다.

```
// 잘못된 예시 → 사용자가 입력에 악의적인 SQL을 넣으면 보안 문제가 생김
const query = "SELECT * FROM users WHERE id = " + userInput;
db.execute(query);

// 올바른 예시(매개변수 바인딩 사용)
const query = "SELECT * FROM users WHERE id = $1";
db.execute(query, [userInput]);
```

3. 잘못된 API 사용법

최신 버전에서 변경된 함수를 모르고 예전 방식을 그대로 제안하는 경우입니다. 예전 방식 코드로도 실행은 될 수 있으나 최신 권장 방식이 아니므로 성능, 보안, 호환성 등에서 문제가 발생할 수 있습니다.

```
// 잘못된 예시(예전 Next.js API 방식)
export default function handler(req, res) {
  res.status(200).json({ message: "Hello" });
}

// 올바른 예시(Next.js App Router: Route Handler)
export async function GET() {
  return Response.json({ message: "Hello" });
}
```

AI 도구를 사용할 때 반드시 기억하세요

· AI가 이해할 수 있도록 명확하고 구체적으로 요청하세요.

· AI가 생성한 코드를 그대로 믿지 말고 검토하세요.

· 보안과 성능을 고려한 방법인지 확인하세요.

· 기본 개발 지식과 함께 병행 학습하세요.

1.2 실습 프로젝트 개요

이 책에서는 AI 기능이 포함된 할 일 관리 서비스를 직접 만들어 봅니다. 단순히 할 일을 추가하고 삭제하는 수준을 넘어 자연어로 입력한 요청을 AI가 분석해 자동으로 구조화된 데이터로 변환하는 실용적인 서비스를 구현하는 것이 목표입니다.

그림 1-3 AI 할 일 관리 서비스 메인 화면(⚠️결과 화면은 각자 다를 수 있음)

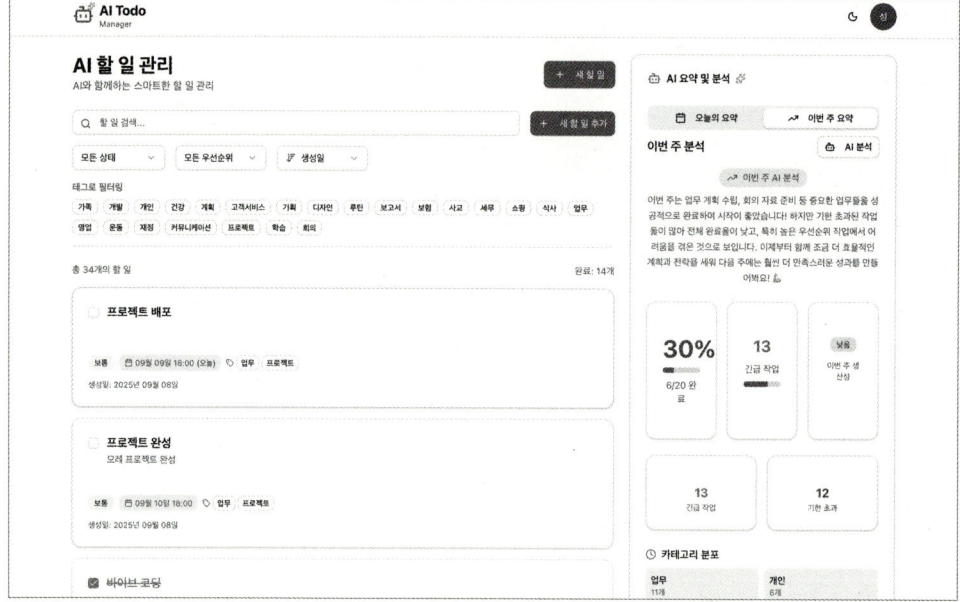

1.2.1. 학습 목표

AI 할 일 관리 서비스를 만들면서 기획, 설계, 구현, 배포까지 웹 서비스 개발의 전체 과정을 경험합니다. 이 과정을 통해 다음을 익히게 됩니다.

- AI를 활용한 기획 문서를 작성하는 방법
- AI 코드 편집기를 활용하는 방법
- 모던 웹 개발 기술 스택
- AI 기능을 웹 서비스에 연동하는 방법
- 완성한 서비스를 배포하는 방법

1.2.2. 주요 기능

AI 할 일 관리 서비스는 다음과 같은 기능을 제공합니다.

- **사용자 인증**: 이메일을 이용한 로그인 및 회원가입
- **할 일 관리(CRUD)**: 할 일 생성, 조회, 수정, 삭제
- **편의 기능**: 검색, 필터, 정렬을 통한 효율적인 관리
- **데이터베이스 관리**: 사용자별 안전한 데이터 저장
- **AI 기능**: 자연어로 입력한 내용을 구조화된 할 일 데이터로 변환

예를 들어, 사용자가 "내일 아침 9시에 회의 준비하기"라고 입력하면 AI가 이를 분석해 다음과 같은 구조화된 데이터로 자동 변환합니다.

그림 1-4 자연어 처리 과정 시각화

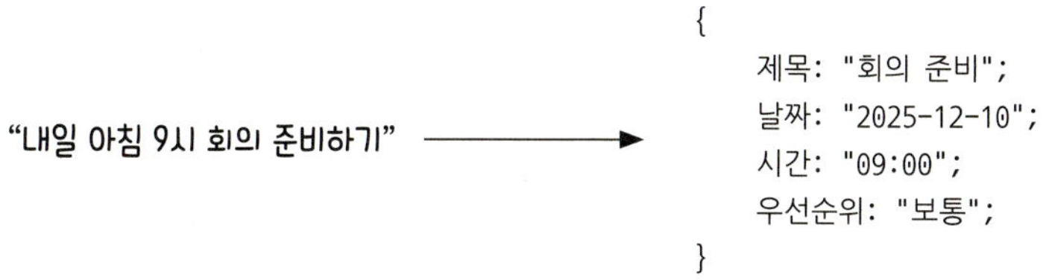

"내일 아침 9시 회의 준비하기" ⟶
```
{
    제목: "회의 준비";
    날짜: "2025-12-10";
    시간: "09:00";
    우선순위: "보통";
}
```

1.2.3. 사용 기술

실습 프로젝트에 사용할 주요 기술은 크게 '개발 환경, 웹 스택, AI와 데이터/배포' 세 영역으로 나눌 수 있습니다.

1. 개발 환경

- **Node.js(LTS, 20 이상)**: JavaScript를 실행할 수 있는 런타임 환경
- **npm/pnpm**: 라이브러리와 패키지를 설치 및 관리하는 도구
- **Git**: 코드 변경 내역을 추적하고 협업할 수 있게 하는 버전 관리 도구
- **GitHub**: Git으로 관리되는 저장소를 온라인에 보관하고, Vercel과 연동해 배포할 수 있는 플랫폼
- **Cursor(IDE)**: AI 기능이 탑재된 코드 편집기. 자동 완성, 오류 분석, 리팩터링 제안 등으로 개발 생산성을 높여줌

2. 웹 스택

- **Next.js(App Router, TypeScript 기본 적용)**: React 기반 풀스택 프레임워크. 라우팅, 서버 처리, SSR(Server Side Rendering) 지원
- **React**: 사용자 인터페이스(UI, User Interface)를 만들기 위한 라이브러리
- **Tailwind CSS**: 빠르고 직관적으로 스타일을 적용할 수 있는 CSS 프레임워크
- **shadcn/ui**: 버튼, 다이얼로그 등 재사용 가능한 UI 컴포넌트 모음

3. AI와 데이터/배포

- **Vercel AI SDK**: AI 모델을 쉽게 연동하고 스트리밍 응답을 처리할 수 있는 도구
- **Gemini API(Google AI Studio 설정)**: Google의 생성형 AI API. 자연어를 이해하고 구조화된 데이터 생성
- **Supabase(PostgreSQL 기반)**: 데이터 저장, 사용자 인증, 파일 관리 등을 지원하는 클라우드 데이터베이스
- **Vercel**: GitHub와 연동해 웹 서비스를 간단히 배포할 수 있는 클라우드 플랫폼

이 단계에서는 어떤 기술을 사용하는지 개괄적으로만 이해하면 충분합니다. 실제 사용법은 이후 실습 과정에서 하나씩 다룹니다.

1.2.4. 서비스 작동 구조

앞에서 기술 스택을 살펴봤으니, 이제 이 기술들이 실제로 어떻게 연결되어 서비스가 작동하는지 살펴보겠습니다.

예를 들어, 사용자가 "내일 9시에 회의 준비하기"라고 입력하면 서비스는 다음과 같은 과정을 거칩니다.

❶ **프런트엔드(Next.js App Router)**: 사용자가 입력한 문장을 받아 서버로 전달합니다.

❷ **백엔드(Route Handlers)**: 입력값을 검증한 뒤, AI 서비스에 "이 자연어를 구조화된 데이터로 변환해 달라"는 요청을 보냅니다.

❸ **AI 서비스(Gemini API)**: 자연어를 분석해 "제목: 회의 준비, 시간: 내일 오전 9시" 같은 구조화된 데이터를 생성해 응답합니다.

❹ **데이터베이스(Supabase)**: 생성된 데이터를 안전하게 저장합니다.

❺ **백엔드**: 최종 데이터를 가공해 프런트엔드에 응답으로 돌려줍니다.

❻ **프런트엔드**: 응답을 받아 화면에 새로운 할 일을 표시합니다.

이 과정을 거치면 사용자는 "회의 준비 - 내일 오전 9시"라는 항목이 추가된 것을 확인할 수 있습니다. 그림으로 나타내면 다음과 같습니다.

그림 1-5 서비스 작동 구조

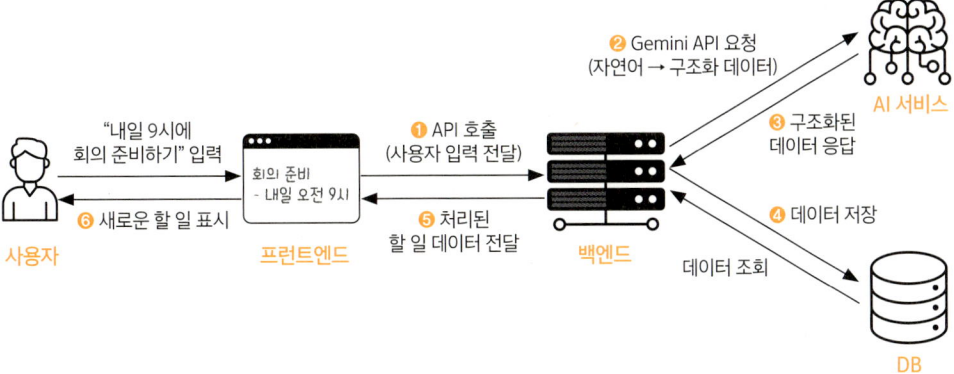

이 흐름을 이해하면 '자연어 한 줄 입력이 새로운 할 일로 변환되는 과정'을 한눈에 파악할 수 있습니다.

프런트엔드, 백엔드, AI 서비스, 데이터베이스가 서로 맞물려 동작할 때 비로소 완전한 하나의 웹 서비스가 완성됩니다. 서비스 작동 과정에서 각 요소가 맡는 역할을 살펴보겠습니다.

1. 프런트엔드

프런트엔드(frontend)는 사용자가 직접 상호작용하는 화면(UI)을 의미합니다. 여기서는 할 일 목록을 표시하고, 자연어 입력창을 제공하며, 사용자의 버튼 클릭, 텍스트 입력 같은 동작을 처리합니다. 또한, 데이터가 처리되는 동안 로딩 스피너를 보여주거나, 문제가 생겼을 때 오류 메시지를 표시하는 것도 프런트엔드의 중요한 역할입니다.

> **용어** **로딩 스피너**(loading spinner)란 웹사이트나 앱에서 데이터를 불러오거나 처리하는 동안 기다려야 할 때 표시되는 애니메이션입니다.

- **역할**: 사용자가 데이터를 입력하고 결과를 확인하는 사용자 인터페이스
- **주요 기능**: 할 일 목록 표시, 자연어 입력창 제공, 상호작용 처리(클릭, 입력), 로딩/오류 표시
- **사용 기술**: Next.js, React, Tailwind CSS, Shadcn/ui

Next.js는 4.1절, Tailwind CSS는 4.2절, Shadcn/ui는 4.3절에서 자세히 다룹니다.

2. 백엔드

백엔드(backend)는 프런트엔드에서 전달받은 요청을 처리하고 결과를 돌려주는 서버 영역입니다. 사용자가 보낸 데이터가 올바른지 검증하고, 필요한 경우 AI API를 호출합니다. 또한, 응답을 가공하거나 오류 및 예외 상황을 처리하는 역할도 맡습니다.

- **역할**: 데이터 검증, AI API 요청, 데이터 가공 및 응답 처리
- **주요 기능**: 입력값 유효성 검사, AI API 호출 및 응답 처리, 데이터 변환 및 가공, 오류 관리
- **사용 기술**: Next.js Route Handlers(app/api), Vercel AI SDK

3. AI 서비스

AI 서비스는 자연어를 구조화된 데이터로 바꿔주는 두뇌 역할을 합니다. 예를 들어, "내일 아침 9시에 회의 준비하기"라는 입력을 받으면 AI는 이를 분석해 제목, 날짜, 시간, 우선순위 같은 정보를 추출합니다.

- **역할**: 자연어를 기계가 처리할 수 있는 데이터로 변환
- **주요 기능**: 문장 이해, 날짜·시간·우선순위 추출, 할 일 데이터 형식 변환
- **사용 기술**: Gemini API(Google AI Studio 설정)

Gemini API에 관한 자세한 내용은 **4.5절**에서 살펴봅니다.

4. 데이터베이스

데이터베이스(DB, Database)는 사용자의 데이터를 안전하게 보관하는 역할을 합니다. 실습 프로젝트에서는 Supabase(PostgreSQL 기반)를 사용해 할 일 데이터를 저장합니다. 이렇게 저장된 데이터는 로그인만 하면 언제든지 불러와 사용할 수 있습니다.

- **역할**: 사용자의 할 일 데이터 영구 저장
- **사용 기술**: Supabase

Supabase는 **4.4절**에서 자세히 다룹니다.

이렇게 프런트엔드, 백엔드, AI 서비스, 데이터베이스라는 네 가지 축이 서로 맞물려 하나의 서비스가 완성됩니다. 이 흐름을 머릿속에 그려두면 각 부분을 구현할 때 훨씬 수월하게 이해할 수 있습니다.

1.3 실습 프로젝트를 위한 기초 지식 빠르게 훑기

웹 서비스를 만들려면 몇 가지 기본 개념을 알아야 합니다. 낯선 용어가 많아도 겁먹을 필요는 없습니다. 이 절에서는 웹 서비스 개발에 필요한 핵심 지식만 골라서 쉽게 이해할 수 있는 비유와 예시를 곁들여 설명합니다. 개발 경험이 전혀 없어도 따라올 수 있도록 차근차근 풀어 보겠습니다. 이미 아는 내용이라면 넘어가도 됩니다.

1.3.1. 웹을 구성하는 세 가지 기술

웹사이트는 크게 세 가지 핵심 기술로 이루어집니다.

- **HTML**: 뼈대와 구조
- **CSS**: 꾸밈과 디자인
- **JavaScript**: 동작과 상호작용

HTML은 집의 골조, CSS는 인테리어, JavaScript는 전기 설비 등에 비유할 수 있습니다.

그림 1-6 HTML, CSS, JavaScript의 역할 비유

HTML   CSS   JavaScript

표 1-1 웹사이트의 구성 요소 역할 비유

구성 요소	역할	비유	예
HTML	내용의 구조와 의미	집의 골조	제목, 버튼, 입력창
CSS	디자인과 스타일	인테리어	색상, 크기, 위치
JavaScript	동작과 상호작용	전기 설비 등	클릭 이벤트, 데이터 처리

다음 예제는 버튼 하나로 세 가지 기술의 역할을 동시에 보여줍니다.

```
<!-- HTML: 구조 -->
<button id="myButton">클릭하세요.</button>

<!-- CSS: 스타일 -->
<style>
  #myButton {
    background-color: blue;
    color: white;
    padding: 10px;
  }
</style>

<!-- JavaScript: 동작 -->
<script>
  document.getElementById('myButton').onclick = function() {
    alert('버튼을 클릭했습니다!');
  };
</script>
```

이 코드에서 HTML은 버튼을 만들고, CSS는 버튼의 색상과 크기를 꾸며주며, JavaScript는 버튼을 클릭했을 때 알림창을 띄우는 동작을 부여합니다.

1.3.2. 클라이언트와 서버 그리고 프런트엔드와 백엔드

웹 서비스는 크게 클라이언트와 서버로 나눌 수 있습니다.

- **클라이언트(client)**: 사용자의 기기에서 실행되는 프로그램입니다. 웹 브라우저나 모바일 앱처럼 사용자가 직접 보고 조작하는 화면이 여기에 속합니다.

- **서버(server)**: 클라이언트의 요청을 받아 처리하고, 필요한 데이터를 돌려주는 프로그램입니다. 눈에 보이지 않는 곳에서 데이터 처리와 저장을 담당합니다.

더 구체적으로 나누면 프런트엔드와 백엔드라는 용어가 등장합니다.

- **프런트엔드(frontend)**: 클라이언트 쪽에서 사용자와 맞닿아 있는 부분입니다. 화면을 구성하고, 사용자가 버튼을 클릭하거나 텍스트를 입력할 때 이를 처리합니다.
- **백엔드(backend)**: 서버 쪽에서 동작하는 부분입니다. 데이터를 검증하고, AI 서비스나 데이터베이스와 연동해 결과를 돌려줍니다.

즉, 클라이언트/서버는 큰 틀, 프런트엔드/백엔드는 그 안에서의 세부 역할을 나타낸다고 이해하면 됩니다.

프런트엔드와 백엔드의 관계를 레스토랑에 비유해 봅시다. 프런트엔드는 레스토랑의 홀과 같습니다. 사용자가 메뉴판을 보고 주문하고 음식을 받는 공간입니다. 웹 서비스에서 프런트엔드는 사용자가 직접 보고, 클릭하고, 입력하는 화면으로, 버튼, 입력창, 할 일 목록 같은 요소가 여기에 포함됩니다.

백엔드는 레스토랑의 주방에 해당합니다. 손님이 볼 수는 없지만, 주문을 처리하고 음식을 만드는 핵심 공간입니다. 웹 서비스에서는 화면 뒤에서 데이터를 처리하고 보관하며, AI서비스에 요청을 보내거나 결과를 저장하는 일을 담당합니다.

표 1-2 프런트엔드와 백엔드의 역할

구분	역할	비유	예
클라이언트/프런트엔드	사용자에게 보이는 화면	홀	버튼, 입력창, 할 일 목록
서버/백엔드	데이터 처리 및 저장	주방	로그인 확인, API 요청, 데이터 저장

1.3.3. API

API(Application Programming Interface)는 프로그램끼리 대화할 수 있도록 만든 약속된 통로입니다. 레스토랑에 비유하면 이렇습니다. 손님(클라이언트)이 "김치찌개 하나 주세요."라고 주문합니다. 종업원(API)이 이 주문을 정확히 주방(서버)에 전달합니다. 주방에서 완성된 음식을 다시 손님에게 가져다줍니다.

웹에서도 같은 원리로 동작합니다. 클라이언트가 "사용자 123번의 할 일 목록을 주세요."라고 요청하면 API가 이를 서버에 전달합니다. 서버가 요청을 처리한 뒤 결과를 다시 클라이언트에 돌려줍니다.

1.3.4. JSON

JSON(JavaScript Object Notation)은 데이터를 주고받을 때 널리 사용하는 표준 형식입니다. 쉽게 말해, 프로그램끼리 주고받는 '주문서' 같은 역할을 합니다.

예를 들어, 다음 JSON 데이터는 하나의 할 일 정보를 담고 있습니다.

```
{
  "id": 1,
  "title": "회의 준비",
  "dueDate": "2025-06-25",
  "priority": "high",
  "completed": false,
  "tags": ["업무", "중요"]
}
```

코드에서 각 속성은 다음과 같은 의미를 가집니다.

- **id**: 데이터의 고유 번호
- **title**: 할 일의 제목
- **dueDate**: 마감일
- **priority**: 우선순위
- **completed**: 완료 여부
- **tags**: 태그 목록

JSON은 사람이 읽기 쉽고, 프로그램이 빠르게 처리할 수 있으며, 표준화 덕분에 다양한 시스템에서 호환성이 뛰어납니다.

1.3.5. 웹 브라우저

웹 브라우저(Web browser)는 인터넷 주소를 입력했을 때 웹 서버와 통신해 HTML, CSS, JavaScript를 받아 화면에 보여주는 프로그램입니다. 대표적으로 Chrome, Safari, Edge, Firefox 등이 있습니다.

웹 브라우저의 주요 기능은 다음과 같습니다.

- **해석**: HTML, CSS, JavaScript로 작성된 웹 페이지를 해석해 시각적으로 표시
- **상호작용**: 클릭, 입력, 스크롤 등 사용자의 동작을 감지하고 처리
- **통신**: 웹 서버와 데이터를 주고받아 새로운 정보나 페이지 가져오기
- **저장**: 쿠키, 로컬/세션 스토리지를 활용해 로그인 정보나 사용자 데이터를 임시 저장

또한, 모든 웹 브라우저에는 개발자 도구가 기본으로 포함되어 있습니다. **개발자 도구**는 웹 페이지의 구조, 스타일, 동작을 직접 확인하고 디버깅할 수 있는 기능입니다. 보통 F12 를 누르거나 마우스 오른쪽 버튼을 클릭해 '검사(Inspect)' 메뉴를 선택하면 실행할 수 있습니다.

1.3.6. 데이터베이스

데이터베이스(DB, Database)는 앱이나 웹 서비스에서 사용하는 정보를 체계적으로 저장하고 관리하는 시스템입니다. 도서관의 분류처럼 데이터를 정리해두어 빠르고 정확하게 꺼내 쓸 수 있습니다.

예를 들어, 다음 표는 할 일 데이터를 데이터베이스의 테이블 형태로 정리한 모습입니다. **테이블**(table)은 데이터베이스에서 정보를 저장하는 기본 단위입니다. 엑셀 시트나 구글 스프레드시트처럼 행(row)과 열(column)로 이루어진 표 형식이라고 생각하면 이해하기 쉽습니다.

표 1-3 데이터베이스의 테이블 예

id	제목	생성일	마감일	완료 여부	우선순위
1	회의 준비	2025-12-01	2025-12-05	false	high
2	장 보기	2025-12-02	2025-12-03	true	low
3	운동하기	2025-12-02	2025-12-03	false	medium

데이터베이스에는 여러 종류가 있습니다.

- **관계형 데이터베이스(RDB, Relational DB)**: 데이터를 표 형태로 저장해 구조가 명확하고 전통적인 웹 애플리케이션에서 널리 쓰입니다. 대표적으로 MySQL, PostgreSQL이 있습니다.
- **NoSQL 데이터베이스**: RDB보다 자유로운 형식으로 데이터를 저장합니다. 특히 빅데이터 처리나 실시간 앱에 자주 활용되며, MongoDB, Firebase가 대표적입니다.

이 책에서는 PostgreSQL 기반의 Supabase를 사용합니다.

1.3.7. 기타 용어

개발을 하다 보면 자주 만나는 기본 용어들이 있습니다. 낯설게 느껴질 수 있지만, 실습을 거듭하다 보면 점점 익숙해질 것입니다.

- **CRUD**: 데이터를 생성(Create), 조회(Read), 수정(Update), 삭제(Delete)하는 기본적인 조작 방식을 뜻합니다. 할 일을 생성(추가)하거나 조회, 수정, 삭제하는 모든 동작이 CRUD에 해당합니다.
- **IDE(Integrated Development Environment)**: 코드를 작성하고 실행하며 디버깅까지 한 번에 처리할 수 있게 해주는 통합 개발 환경입니다. 예 VSCode, Cursor
- **SDK(Software Development Kit)**: 어떤 기능을 쉽게 구현할 수 있도록 미리 묶어놓은 도구 모음입니다. 예 Vercel AI SDK
- **UI/UX**: 사용자 인터페이스(UI)와 화면을 사용할 때 느끼는 사용자의 경험(UX)을 말합니다. 예를 들어, 버튼을 구성할 때 버튼 디자인과 사용 편의성을 함께 고려해야 합니다.
- **프레임워크(framework)**: 개발에 필요한 기본 구조와 도구를 미리 제공해주는 틀로, 정해진 흐름 안에서 개발자가 코드를 채워넣는 방식입니다. 예 Next.js, Django, Spring
- **라이브러리(library)**: 특정 기능을 쉽게 가져다 쓸 수 있게 만든 코드 모음으로, 필요한 기능을 개발자가 직접 가져다 쓰는 방식입니다. 예 Lodash, Day.js
- **배포(deployment)**: 완성한 앱을 인터넷에 올려 다른 사람들이 사용할 수 있도록 공개하는 과정입니다. 예 Verce, Netlify
- **클라우드(cloud)**: 인터넷을 통해 제공되는 서버나 데이터 저장 공간 같은 컴퓨팅 자원을 의미합니다. 예 AWS, Google Cloud
- **반응형(responsive)**: 화면 크기에 따라 자동으로 레이아웃이 조정되는 웹 디자인 방식입니다. 예를 들어, 모바일에서는 한 줄에 카드 하나씩 세로로 표시되지만, PC에서는 화면이 넓으므로 여러 카드를 가로로 나란히 배치할 수 있습니다.

- **컴포넌트(component)**: 버튼이나 입력창처럼 재사용 가능한 UI 조각을 말합니다. 하나의 컴포넌트는 디자인(화면에 보이는 모습)과 기능(동작)을 함께 포함할 수 있으며, 필요할 때마다 불러와 재사용할 수 있습니다. 예를 들어, 로그인 화면에 있는 버튼, 입력창, 체크박스는 각각 독립된 컴포넌트로 만들어 다른 화면에서도 그대로 사용할 수 있습니다.
- **버그(bug)**: 프로그램에서 의도와 다르게 동작하는 오류나 결함을 말합니다.
- **디버깅(debugging)**: 발생한 버그의 원인을 찾아내고 수정하는 과정을 뜻합니다.
- **테스트(test)**: 프로그램이 올바르게 동작하는지 확인하는 작업입니다.
- **리팩터링(refactoring)**: 코드 기능은 유지하면서 구조를 더 효율적이고 이해하기 쉽게 개선하는 것을 말합니다.
- **버전 관리**: 코드의 변경 내역을 기록하고 관리하는 것을 의미합니다. 예를 들어, Git을 사용하면 코드를 수정할 때마다 변경 이력이 남아 과거 버전으로 되돌릴 수 있습니다.

이 정도 개념만 알아도 웹 개발을 시작하는 데 충분합니다. 앞으로 이어지는 실습에서 하나씩 직접 사용해 보면서 자연스럽게 익힐 수 있습니다.

정리하기

이 장에서는 AI와 함께하는 개발 환경의 변화, 실습 프로젝트의 목표와 기능, 프로젝트를 구성하는 기술 스택과 서비스 구조, 실습에 필요한 기초 개발 지식을 살펴봤습니다.

1. AI와 개발 환경의 변화

- **과거**: 개발자가 모든 코드를 직접 작성하고 테스트
- **현재**: AI가 반복 작업을 자동화 → 개발자는 전략적이고 창의적인 문제 해결에 집중
- **주요 AI 모델**: GPT, Claude, Gemini, Grok 등
- **개발 특화 도구**: Cursor, GitHub Copilot, Claude Code 등

2. 실습 프로젝트 개요

- **목표**: AI 기능이 결합된 할 일 관리 서비스 만들기
- **특징**: 자연어 입력 → AI 분석 → 구조화된 할 일 데이터 자동 생성
- **학습 범위**: 기획 → 설계 → 구현 → 배포까지 웹 서비스 전 과정

3. 프로젝트 기능

- 사용자 인증(로그인/회원가입)
- 할 일 관리(CRUD)
- 편의 기능(검색, 필터, 정렬)
- AI 기능(자연어 → 할 일 데이터 변환)
- 데이터베이스 관리(사용자별 안전한 저장)

4. 사용 기술

- **개발 환경**: Node.js, Git/GitHub, Cursor(IDE)
- **웹 스택**: Next.js(App Router, TypeScript), React, Tailwind CSS, Shadcn/ui
- **AI와 데이터/배포**: Vercel AI SDK, Gemini API, Supabase, Vercel

5. 서비스 구조

- **클라이언트(프런트엔드)**: 사용자가 보고 조작하는 UI
- **서버(백엔드)**: 데이터 검증, AI 호출, 결과 가공
- **AI 서비스**: 자연어 요청을 구조화된 데이터로 변환
- **데이터베이스**: 사용자의 데이터를 안전하게 저장

6. 기초 개발 지식

- **웹 3대 기술**: HTML(구조), CSS(스타일), JavaScript(동작)
- **API**: 프로그램 간 데이터를 주고받는 약속
- **JSON**: 데이터를 주고받는 표준 형식
- **웹 브라우저**: 웹 페이지를 해석하고 표시하는 프로그램(개발자 도구 포함)
- **데이터베이스**: 데이터를 체계적으로 저장·관리(RDB, NoSQL)
- **기타 핵심 용어**: CRUD, IDE, SDK, UI/UX, 프레임워크, 라이브러리, 배포, 클라우드, 반응형, 컴포넌트, 버그, 디버깅, 테스트, 리팩터링, 버전 관리

이제 AI를 곁들인 웹 개발이 어떤 모습인지 큰 그림을 갖췄습니다. 다음 장부터는 실제 실습에 들어가며, 각 기술과 구현 방법을 구체적으로 익혀 나가겠습니다.

😊 최종 확인

다음 장으로 넘어가기 전에 다음 사항을 확인해 보세요.

- ☐ AI 개발 도구가 무엇인지 설명할 수 있다.
- ☐ 프런트엔드와 백엔드의 차이를 이해했다.
- ☐ API와 JSON의 의미를 알고 있다.
- ☐ 데이터베이스의 개념을 이해했다.
- ☐ 현재 사용하는 컴퓨터 운영체제(Windows/macOS)를 확인했다.
- ☐ 안정적인 인터넷 연결이 가능한 상태다.
- ☐ 2~3시간 정도 연속으로 실습할 수 있는 시간을 확보했다.
- ☐ 완벽하게 이해하지 못해도 괜찮다는 마음으로 임한다.
- ☐ 실습을 통해 하나씩 배워 나가겠다는 적극적인 자세를 갖췄다.
- ☐ 오류가 발생해도 당황하지 않고 차근차근 해결해 나가겠다는 침착함을 유지한다.

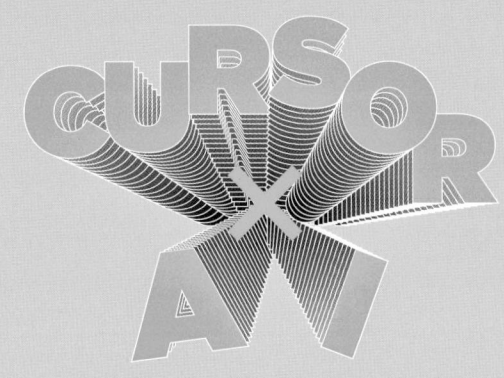

2장
개발 환경 설정하기

최근에는 커서와 같은 AI 코딩 도구가 등장하면서 개발 과정이 한결 수월해졌습니다. AI가 복잡한 코드를 제안하고 작성해 주지만, 그 코드를 실행해 검증하고 배포하는 주체는 여전히 컴퓨터와 개발 환경입니다.

예를 들어, 아무리 완성도 높은 파이썬 코드라도 파이썬 인터프리터가 설치되지 않았으면 실행할 수 없습니다. 마찬가지로 자바스크립트 코드는 Node.js나 웹 브라우저 환경이 있어야 동작합니다. 또한, 현대적인 웹 서비스는 다양한 외부 라이브러리와 패키지에 의존하므로 이를 관리할 도구와 환경을 반드시 갖춰야 합니다. AI의 도움을 받더라도 탄탄한 개발 환경이 있어야 효율적이고 안정적으로 개발할 수 있습니다. 이 장에서는 웹 서비스 개발에 필요한 개발 환경을 구축해 보겠습니다.

2.1 Node.js 설치하기

웹 서비스 개발을 시작하려면 가장 먼저 Node.js를 설치해야 합니다. Node.js는 실습 프로젝트의 실행 환경이 됩니다. 이 절에서는 Node.js가 어떤 역할을 하는지 간단히 살펴보고, Windows와 macOS에 직접 설치해 보겠습니다.

2.1.1. Node.js란

Node.js는 자바스크립트를 웹 브라우저 밖에서도 실행할 수 있게 해주는 런타임 환경입니다. 원래 자바스크립트는 웹 브라우저 안에서만 동작했지만, Node.js 덕분에 내 컴퓨터(데스크톱, 서버 등)에서도 자유롭게 사용할 수 있습니다. 자바스크립트가 '한국어'라면 Node.js는 '한국어를 이해할 수 있는 통역기'와 같습니다. 즉, 웹 브라우저라는 특정 장소에서만 소통할 수 있었던 자바스크립트를 Node.js라는 통역기가 있으면 어디서든 실행할 수 있습니다.

> **용어 런타임 환경**(runtime environment)이란 프로그램이 실제로 실행되는 장소와 조건을 의미합니다. 즉, 내가 작성한 코드가 '어떤 공간에서, 어떤 규칙에 따라, 어떤 도구를 사용해' 돌아가는지를 결정하는 환경입니다.

Node.js를 사용하는 이유는 다음과 같습니다.

- **통합 개발 환경**: 프런트엔드와 백엔드를 모두 자바스크립트로 개발할 수 있어 학습 부담이 줄어듭니다.
- **풍부한 생태계**: Node.js는 기본적으로 npm(**2.1.3절 참조**)을 제공해 수많은 라이브러리와 도구를 쉽게 설치하고 사용할 수 있습니다.
- **빠른 개발 속도**: 이미 만들어진 패키지를 조합해 빠르게 개발할 수 있습니다.

2.1.2. Node.js 설치

1. 먼저 컴퓨터에 Node.js가 설치되어 있는지 확인합니다.

- **Windows:** Win + R → cmd 입력 → Enter , 또는 검색창에서 '터미널' 검색 후 실행
- **macOS:** command + space → 터미널 입력 → Enter , 또는 응용 프로그램 → 유틸리티 → 터미널 실행

2. 터미널이 열리면 다음 명령어를 입력합니다.

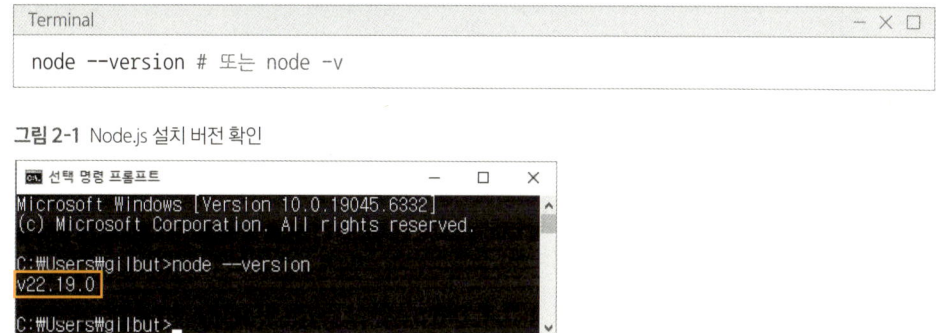

그림 2-1 Node.js 설치 버전 확인

그림처럼 'v22.19.0'과 같은 버전 정보가 출력되면 Node.js가 이미 설치된 상태입니다. 버전이 20.0.0 이상이면 그대로 사용해도 괜찮습니다. Node.js가 설치되지 않았거나 버전이 낮다면 최신 버전으로 다시 설치해야 합니다.

Node.js가 이미 설치되어 있다면 설치 단계는 건너뛰고 **2.1.3절**로 이동합니다.

Windows

1. 웹 브라우저에서 **Node.js 다운로드 페이지**(https://nodejs.org/ko/download)에 접속합니다. 화면에 표시된 최신 LTS 버전을 선택합니다. 화면 하단으로 내려가 자신의 컴퓨터의 맞는 아키텍처(여기서는 **x64**)와 **Windows**를 선택하고 **[Windows 설치 프로그램]** 버튼을 클릭합니다(설치 시점에 따라 버전은 책과 다를 수 있습니다).

> **참고**
>
> 학습용으로 Node.js를 사용하려면 안정성이 검증된 **LTS**(Long Term Support) 버전을 설치하는 것이 좋습니다.

그림 2-2 Windows용 Node.js 다운로드

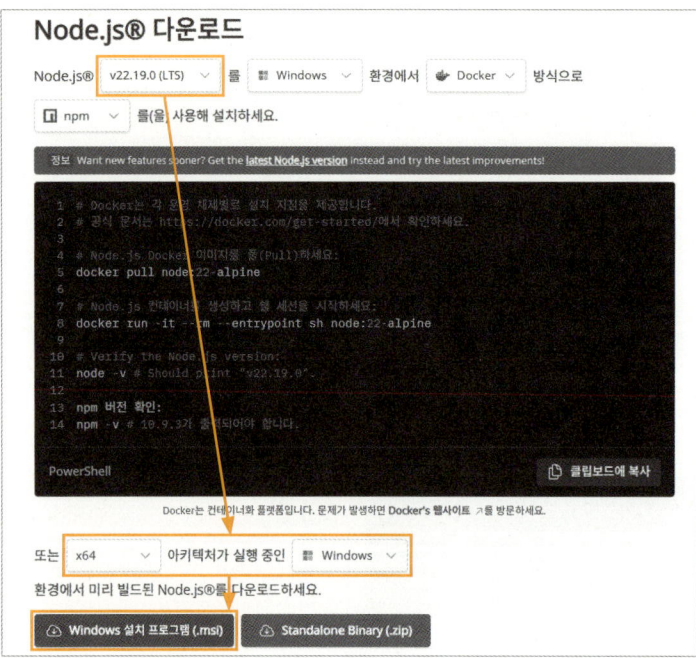

2. 다운로드한 .msi 파일을 실행하면 설치 마법사가 시작됩니다. Welcome 화면에서 [Next] 버튼을 클릭합니다. License Agreement 화면이 나오면 **약관 동의**에 체크하고 [Next] 버튼을 클릭합니다.

그림 2-3 설치 마법사 시작 및 라이선스 동의 화면

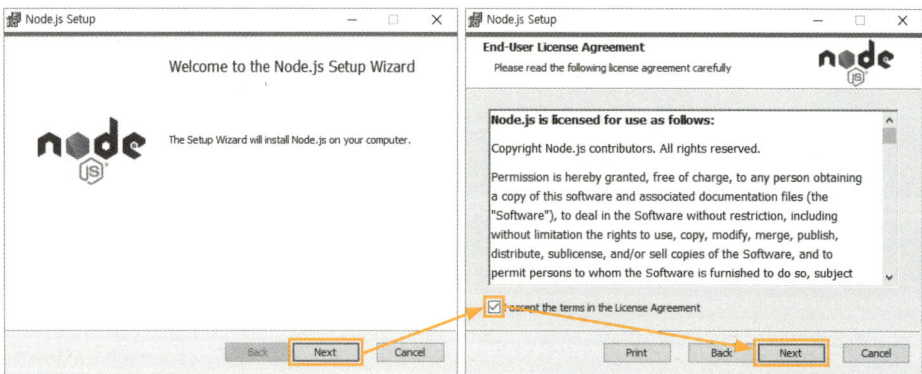

3. 설치 경로 설정 화면과 설치 옵션 설정 화면에서는 **기본값을 그대로 두고 [Next]** 버튼을 클릭합니다.

그림 2-4 설치 경로 설정 및 설치 옵션 설정 화면

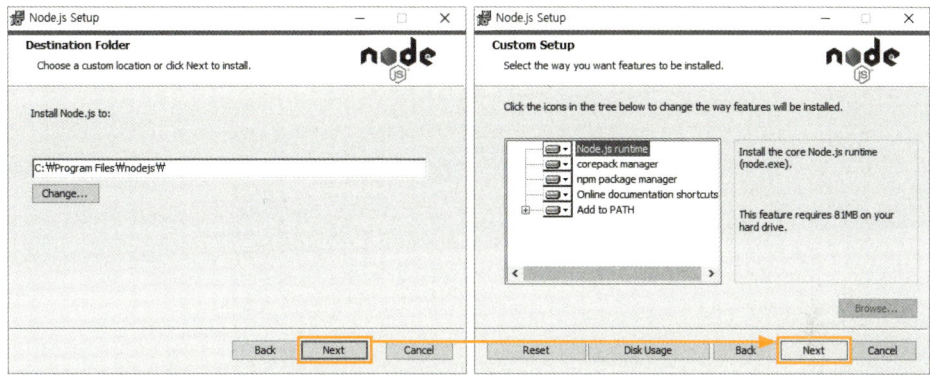

4. 설치 준비 화면이 나올 때까지 **[Next]** 버튼을 클릭합니다. 설치 준비 화면이 나오면 **[Install]** 버튼을 클릭해 설치를 시작합니다.

그림 2-5 설치 시작 화면

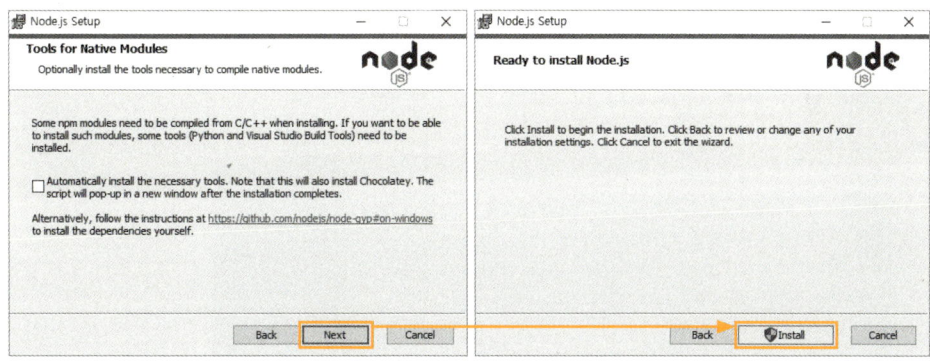

5. 설치가 끝나면 **[Finish]** 버튼을 클릭해 설치 마법사를 종료합니다.

그림 2-6 설치 완료 화면

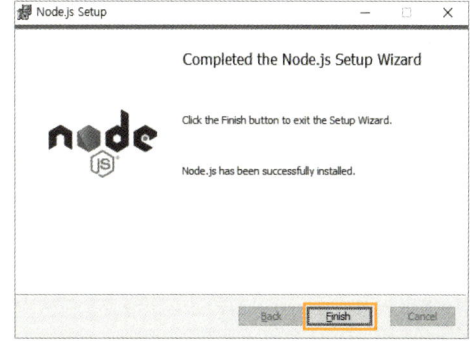

macOS

macOS에서 Node.js를 설치하는 방법은 여러 가지가 있습니다. Homebrew로 설치하는 방법이 가장 쉽지만, 특정 버전을 설치하는 방법은 지원하지 않습니다. 따라서 이 책에서는 최신 LTS 버전을 설치할 수 있도록 공식 .pkg 설치 방식을 사용합니다.

1. 웹 브라우저에서 **Node.js 다운로드 페이지**(https://nodejs.org/ko/download)에 접속합니다. 화면에 표시된 최신 LTS 버전을 선택합니다. 화면 하단으로 내려가 자신의 컴퓨터의 맞는 아키텍처(여기서는 **ARM64**)와 **macOS**를 선택하고 **[macOS 설치 프로그램]** 버튼을 클릭합니다(설치 시점에 따라 버전은 책과 다를 수 있습니다).

> 참고
>
> 학습용으로 Node.js를 사용하려면 안정성이 검증된 **LTS**(Long Term Support) 버전을 설치하는 것이 좋습니다.

그림 2-7 macOS용 Node.js 다운로드

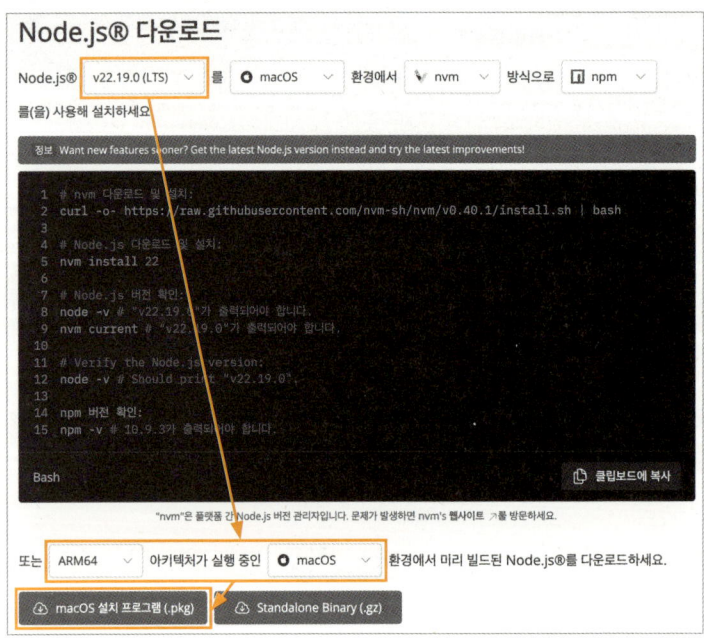

2. 다운로드한 **.pkg 파일**을 실행하면 설치 마법사가 시작됩니다. 소개 화면이 나오면 **[계속]** 버튼을 클릭합니다.

그림 2-8 설치 시작

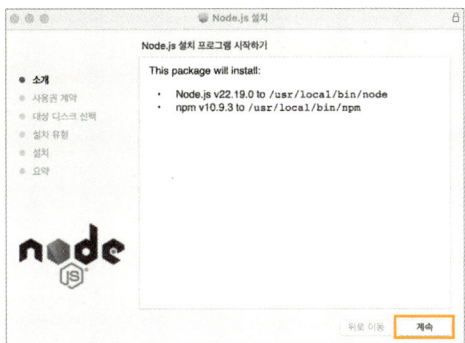

3. 사용권 계약 화면에서 **[계속]** 버튼을 클릭하면 이용 약관에 동의 여부를 묻는 창이 뜹니다. **[동의]** 버튼을 클릭합니다.

그림 2-9 소프트웨어 사용권 계약

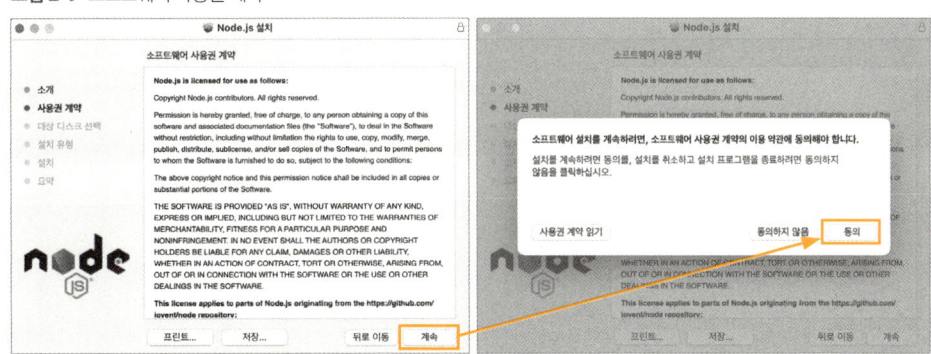

4. 설치 유형 화면이 나오면 **[설치]** 버튼을 클릭해 Node.js를 설치합니다. 암호를 입력하라는 창이 뜨면 컴퓨터에 로그인할 때 사용한 암호를 입력해 설치를 허용합니다. 설치가 끝나면 **[닫기]** 버튼을 클릭해 종료합니다.

그림 2-10 설치 유형 선택 및 설치 종료

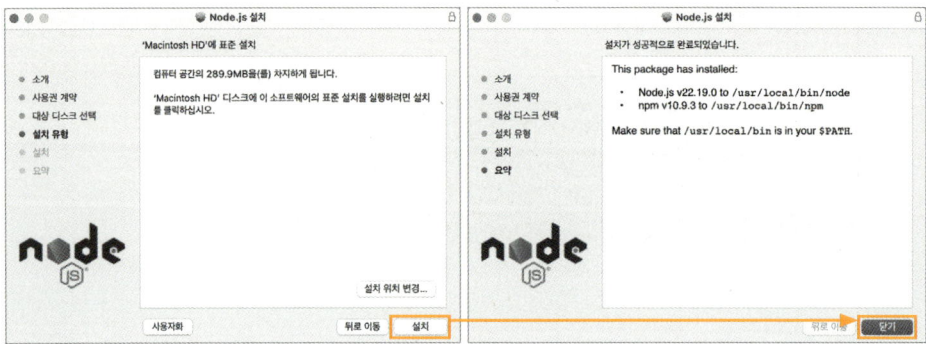

Node.js 실행 확인

1. Node.js 설치가 끝나면 Node.js가 제대로 실행되는지 확인합니다. 앞서 설명한 방법으로 터미널을 열고 다음 명령어를 입력합니다.

2. 설치한 버전 정보가 제대로 나오면 다음 명령어를 입력해 Node.js 실행 여부를 확인합니다.

3. 프롬프트가 '>'로 바뀌면 성공입니다.

그림 2-11 Node.js 실행

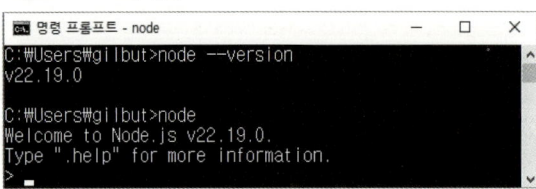

4. 바뀐 프롬프트에 다음 코드를 입력합니다.

5. 다음과 같이 'Hello!'가 출력되면 정상 동작한다는 뜻입니다.

그림 2-12 실행 확인

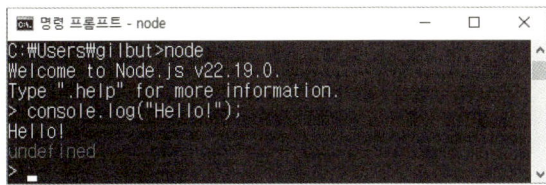

Node.js를 종료할 때는 .exit를 입력하거나 Ctrl + C 를 두 번 누릅니다.

2.1.3. npm 설치 확인

Node.js를 설치하면 npm도 함께 설치됩니다. **npm**(Node Package Manager)은 다른 개발자가 만든 유용한 패키지를 가져다 쓸 수 있게 해주는 Node.js의 패키지 관리 도구입니다. 쉽게 말해 npm은 앱 스토어와 비슷합니다. 앱 스토어에서 필요한 앱을 검색하고 설치하듯이, npm에서는 필요한 코드 패키지를 검색하고 설치할 수 있습니다. 예를 들어, 웹사이트에 달력 기능을 추가하고 싶다면 이미 누군가 만들어놓은 달력 패키지를 npm으로 설치해 바로 사용할 수 있습니다.

npm에서 주로 사용하는 명령어는 다음과 같습니다.

- `npm init`: npm 환경 초기화
- `npm install 패키지명`: 필요한 패키지 설치
- `npm uninstall 패키지명`: 불필요한 패키지 삭제
- `npm list`: 설치된 패키지 목록 확인

1. npm이 제대로 설치되었는지 확인해 봅시다. 터미널에서 다음 명령어를 입력합니다.

2. 버전 정보가 출력되면 npm이 정상적으로 설치된 상태입니다.

그림 2-13 npm 설치 확인

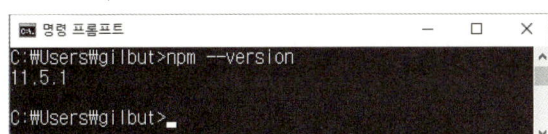

3. npm으로 간단한 패키지를 설치해 보겠습니다. 터미널에 다음 명령어를 입력합니다.

- **-g 옵션**: 글로벌(global) 설치를 의미합니다. 이 옵션을 주고 설치하면 컴퓨터 전체에서 공용으로 실행할 수 있습니다. -g 옵션이 없으면 현재 프로젝트 폴더의 node_modules 안에 패키지가 설치(로컬 설치)됩니다. 로컬 설치를 사용하면 node_modules/.bin 경로를 지정해야 실행할 수 있지만, 글로벌 설치를 사용하면 터미널에서 바로 실행 가능합니다. 일반적으로 웹 서비스 개발에서는 로컬 설치 방식을 사용합니다.
- **figlet**: 입력한 텍스트를 큰 아스키 아트(ASCII Art) 글자로 변환해주는 패키지입니다.

4. 설치가 끝나면 터미널에 다음 명령어를 입력합니다.

5. 터미널에 입력한 글자가 큰 아스키 아트 글자로 변환되어 표시됩니다.

그림 2-14 패키지 설치 후 실행결과

2.2 Git 설치하기

웹 서비스 개발은 단순히 코드를 작성하는 것만으로 끝나지 않습니다. 프로젝트가 커질수록 코드 변경 이력 관리와 협업이 필수입니다. 이때 필요한 도구가 바로 Git입니다.

이 절에서는 Git이 어떤 도구인지 왜 필요한지 살펴보고, 직접 설치해본 뒤, 기본 설정도 진행해 보겠습니다.

2.2.1. Git이란

Git은 코드를 체계적으로 관리하고, 여러 사람이 동시에 작업해도 충돌 없이 협업할 수 있도록 도와주는 **버전 관리 시스템**(VCS, Version Control System)입니다. 쉽게 말해, 코드의 변화를 '버전'으로 기록해 두었다가 언제든지 과거 상태로 되돌릴 수 있는 도구입니다.

Git은 문서 작업할 때 사용하는 되돌리기(Ctrl + Z) 기능을 훨씬 강력하게 확장한 것과 비슷합니다. 단순히 한 단계만 되돌리는 것이 아니라 원하는 시점으로 이동할 수 있고, 여러 사람이 동시에 협업할 때도 각자의 작업을 안전하게 조율해 줍니다.

그림 2-15 Git의 버전 관리 개념

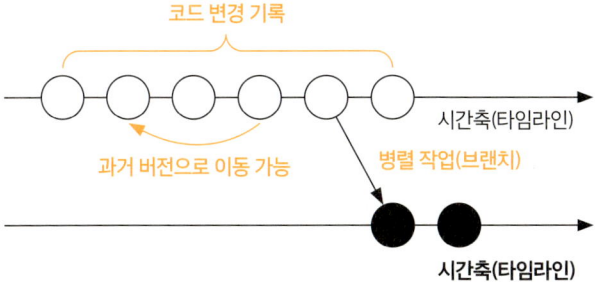

웹 서비스 개발에서 Git이 중요한 이유는 다음과 같습니다.

- **변경 이력 추적**: 코드를 수정하다 문제가 생기면 언제든지 이전 상태로 되돌릴 수 있습니다.
- **협업 지원**: 여러 명이 같은 프로젝트를 동시에 작업할 때 각자의 변경 사항을 안전하게 합칠 수 있습니다.

- **백업 기능**: 원격 저장소(GitHub 등)에 코드를 저장하면 로컬 PC에 문제가 생겨도 안전하게 보관할 수 있습니다.

표 2-1 Git 사용 전후 비교

구분	Git 사용 전	Git 사용 후
코드 수정 후 문제 발생	수동으로 이전 코드 복구 시도	간단한 명령어로 이전 버전 복구
팀원과 협업	이메일이나 USB로 파일 공유	원격 저장소를 통해 자동으로 변경 사항 동기화
백업 관리	수동으로 폴더 복사	원격 저장소에 자동 백업

2.2.2. Git 설치

1. 먼저 Git이 설치되어 있는지 확인합니다. 다음 명령어를 터미널에 입력합니다.

2. 버전 정보가 출력되면 컴퓨터에 이미 Git이 설치된 상태입니다. 만약 '명령어를 인식할 수 없다'는 메시지가 나오면 Git을 새로 설치해야 합니다.

그림 2-16 Git 설치 확인

Windows

1. 웹 브라우저에서 **Git 다운로드 페이지**(https://git-scm.com/downloads/win)에 접속합니다. 화면에 보이는 **Click here to download**를 클릭하면 설치 파일을 다운로드합니다.

그림 2-17 Windows용 Git 설치 파일 다운로드

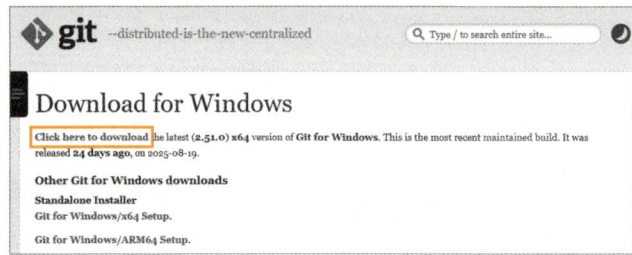

2. 다운로드한 파일(Git-2.51.0-64-bit.exe)을 실행해 설치를 시작합니다. 설치 확인 팝업창이 뜨면 [예]를 클릭합니다. 라이선스 확인과 설치 폴더 확인 화면이 나오면 [Next] 버튼을 클릭합니다.

그림 2-18 라이선스 및 설치 폴더 확인 화면

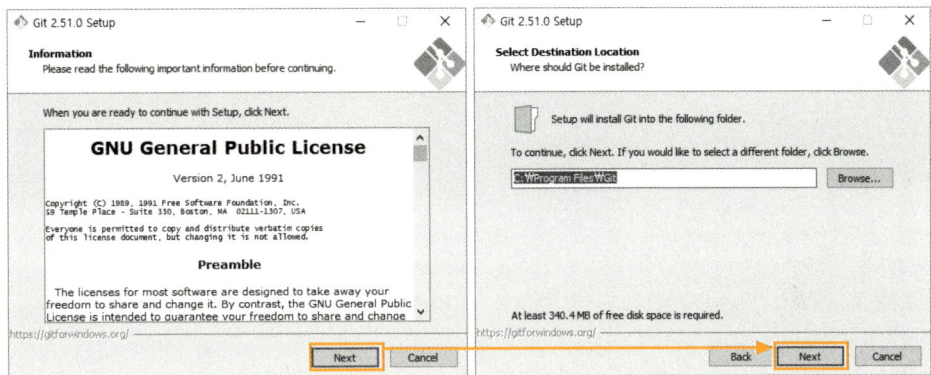

3. 컴포넌트, 시작 메뉴 폴더 생성, 에디터 선택 화면이 나오면 **기본값을 그대로 두고 [Next]** 버튼을 클릭합니다.

그림 2-19 컴포넌트, 시작 메뉴 폴더 생성, 에디터 선택 화면

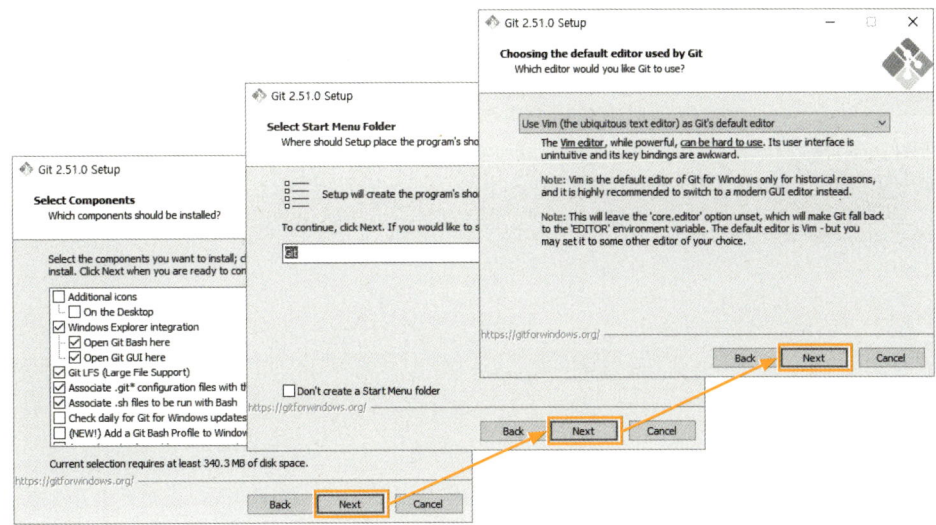

051

4. 기본 브랜치 이름 설정 화면이 나오면 **Override the default branch name for new repositories**
를 선택하고 브랜치 이름을 **main**으로 지정한 뒤 **[Next]** 버튼을 클릭합니다.

그림 2-20 기본 브랜치 이름 선택 화면

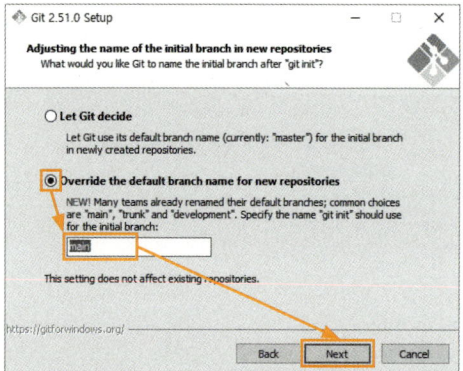

5. 이후 나타나는 여러 옵션 선택 화면에서 모두 기본값을 유지한 채 **[Next]** 버튼을 클릭합니다. 설치가 끝나면 **[Finish]** 버튼을 클릭해 설치 프로그램을 종료합니다.

그림 2-21 설치 완료 화면

macOS

macOS에서 Git을 설치하는 방법은 여러 가지가 있습니다. 가장 쉬운 방법은 **Homebrew**를 사용하는 것입니다. 만약 Homebrew가 설치되어 있지 않다면 터미널에서 다음 명령어로 Homebrew를 설치합니다.

```
/bin/bash -c "$(curl -fsSL https://raw.githubusercontent.com/Homebrew/install/HEAD/install.sh)"
```

Homebrew를 설치하고 나면 터미널에서 다음 명령어로 Git을 설치합니다.

```
brew install git
```

macOS에서 기본으로 제공하는 **Xcode Command Line Tools**로 설치하는 방법도 있습니다. 터미널에 다음 명령어를 실행하면 Git이 설치되고, git 명령어를 바로 쓸 수 있습니다. 단, 이 경우 기본 제공하는 Git 버전이 오래된 경우가 많으므로 설치한 후 반드시 버전을 확인해야 합니다.

```
xcode-select --install
```

Git 설치 확인

설치가 끝나면 터미널에서 다시 버전을 확인합니다.

```
git --version # 또는 git -v
```

정상적으로 버전 정보가 출력되면 잘 설치된 것입니다.

그림 2-22 Git 설치 버전 확인

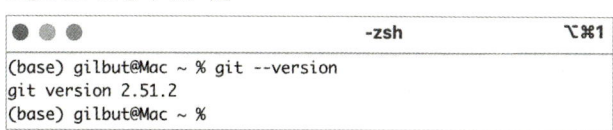

2.2.3. Git 기본 설정

Git을 설치한 후에는 사용자 정보를 설정해야 합니다. 이 정보는 코드 변경 이력에서 작성자를 식별하는 데 사용합니다.

1. 다음 명령어로 사용자 이름을 설정합니다. 여기에 입력하는 이름은 Git 커밋 로그에 표시될 작성자 이름입니다. 일반적으로 GitHub 계정의 프로필 이름과 동일하게 맞추면 됩니다.

```
Terminal
git config --global user.name "사용자_이름"
```

2. 사용자 이메일도 설정합니다. 여기에 입력하는 이메일은 GitHub 계정에 등록된 이메일 주소와 일치해야 합니다. 이 이메일이 일치해야 GitHub에서 커밋이 내 계정의 기여로 인식됩니다.

```
Terminal
git config --global user.email "사용자_이메일"
```

3. 입력한 정보로 제대로 설정되었는지 확인합니다.

```
Terminal
git config --global user.name
git config --global user.email
```

사용자 이름과 이메일을 입력한 정보로 잘 출력하면 기본 설정이 모두 끝납니다.

> **용어** **기여**(contribution)란 GitHub이 사용자의 활동 중 저장소(repository)에 영향을 미치는 행위를 자동으로 추적해 활동 기록(contribution graph)에 표시하는 것을 말합니다. 이 활동은 사용자의 GitHub 프로필에서 확인할 수 있습니다.

정리하기

이 장에서는 웹 서비스 개발을 시작하는 데 필요한 개발 환경을 준비했습니다. 특히 Node.js, npm, Git은 앞으로 진행할 모든 실습의 기반이 되는 핵심 도구입니다.

- **Node.js**: 자바스크립트를 웹 브라우저 밖에서도 실행할 수 있게 해주는 런타임 환경
- **npm**: 다른 개발자가 만든 코드를 설치하고 활용할 수 있게 해주는 패키지 관리 도구
- **Git**: 코드의 변경 이력을 추적하고 협업을 지원하는 버전 관리 시스템

각 도구를 설치한 후에는 반드시 버전을 확인하고 기본 설정을 마쳐야 합니다.

```
node --version
npm --version
git --version
```

세 가지 명령어 모두에서 정상적으로 버전 정보가 출력되면 개발 환경 준비가 완료된 것입니다.

다음 장에서는 AI 코드 에디터 커서(Cursor)를 설치하고 사용하는 방법을 배웁니다. 커서는 단순한 코드 편집기를 넘어 맥락 기반 코드 추천, 자동 생성, 질의응답과 같은 AI 기능을 지원합니다. 따라서 개발 경험이 많지 않더라도 AI의 도움을 받아 웹 서비스를 구현할 수 있습니다.

3장
커서 설치 및
기본 사용법 익히기

이 장에서는 AI와 함께 코딩하는 도구인 커서를 설치하고 기본 사용법을 배워봅니다. 먼저 커서가 어떤 도구인지 알아보고, 설치와 설정 과정을 따라 합니다. 이어서 간단한 프로젝트를 만들고 AI와 대화하며 코드를 자동 생성해 보면서 커서의 장점을 직접 체험해 봅니다.

3.1 커서란

커서(Cursor)는 코드베이스(프로젝트의 전체 코드)를 이해하고, 자연어(사람이 쓰는 언어)로 더 빠르게 코드를 작성할 수 있도록 도와주는 AI 기반 코드 에디터입니다. 만들거나 바꾸고 싶은 기능을 설명하면 커서가 대신 코드를 생성해 줍니다. 이 책에서는 2025년 11월 기준 최신 버전인 2.0을 사용합니다.

3.1.1. AI와 함께하는 새로운 개발 방식

커서는 VSCode(Visual Studio Code)를 기반으로 만들어졌습니다. 하지만 단순한 코드 편집기를 넘어 AI를 핵심 파트너로 삼아 설계된 도구입니다.

커서의 특징은 다음과 같습니다.

- 코드베이스의 맥락을 이해하고, 현재 상황에 맞는 코드를 제안
- 자연어 프롬프트를 입력하면 새로운 코드를 자동 생성
- 오류가 발생했을 때 원인을 분석하고 해결책을 제시

즉, 커서는 단순한 코드 자동 완성 도구가 아니라 개발자의 의도를 구체적인 코드로 바꿔주는 협업 파트너입니다.

> 🐙 **용어** **맥락**(context)이란 지금 작성 중인 코드가 어떤 위치에서, 어떤 역할을 하는지에 대한 '상황 정보'를 뜻합니다. 예를 들어, 커서는 '이 파일이 로그인 화면을 다루는 코드인지, 데이터베이스 연결을 다루는 코드인지' 등 상황을 파악합니다. 이를 바탕으로 알맞은 코드나 수정 제안을 합니다. 즉, '지금 이 코드가 어떤 상황에서 쓰이는지를 이해하는 능력입니다.
>
> **프롬프트**(prompt)란 AI에 '무엇을 해달라'고 요청하는 명령어나 질문 문장입니다. 사람이 자연어(한국어나 영어 등 일상 언어)로 작성하면 AI는 이 문장을 읽고 그에 맞는 결과를 생성합니다. 예를 들어, "로그인 화면을 만드는 React 코드를 작성해줘."라고 입력하면 이것이 바로 프롬프트입니다. AI는 이 요청을 이해하고 로그인 화면에 필요한 코드를 자동으로 만들어 줍니다. 쉽게 말해, AI에 일을 시키는 문장이 바로 프롬프트입니다.

과거에는 개발자가 모든 코드를 직접 작성해야 했습니다. 문법 오류나 버그도 스스로 찾아야 했고, 새로운 API와 라이브러리를 배우는 데 시간도 많이 걸렸습니다. 하지만 커서를 활용하면 자연어로 의도를 전달해 코드를 자동 생성할 수 있습니다. 오류가 발생하면 AI가 원인을 분석해 해결책을 제시하고, 필요한 라이브러리나 구현 방법도 빠르게 찾아 활용할 수 있습니다.

이러한 변화 덕분에 개발자는 반복적이고 기계적인 작업에서 벗어나 문제 정의와 설계 같은 더 중요한 단계에 집중할 수 있습니다.

3.1.2. 커서의 핵심 기능

커서에는 여러 기능이 있지만, 자주 활용하는 기능만 정리해 보겠습니다.

> **참고**
> 커서의 핵심 기능은 **3.2절**에서 커서를 설치한 후에 실습해 보세요.

Tab - 코드 자동 완성

여러 줄까지 예측하는 코드 자동 완성 기능입니다. 현재 코드와 최근 변경 기록을 바탕으로 코드를 제안하며, Tab 을 눌러 이를 바로 반영할 수 있습니다.

1. 커서의 상단 메뉴에서 **File → New Text File**을 선택해 새 파일을 엽니다. 다음 코드를 입력한 후 **index.js**라는 이름으로 저장합니다.

```
function greet(name) {}
```

2. Enter 를 누르면 커서가 자동으로 return \`Hello, ${name}\`; 같은 코드를 제안합니다.

3. Tab 을 눌러 제안을 반영합니다.

059

그림 3-1 커서의 Tab 기능

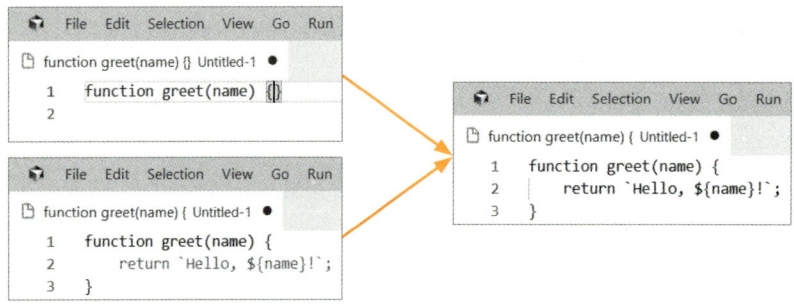

인라인 편집 - 선택 영역 수정

특정 코드를 선택해 자연어로 수정할 수 있습니다. Ctrl + K 를 누르고 변경할 내용을 설명하면 해당 부분에 즉시 적용됩니다.

1. index.js 파일에 다음 코드를 입력합니다.

```
const num = 10;
```

2. 해당 줄을 드래그해 선택한 뒤 Ctrl + K 를 누릅니다. 입력창에 "**num을 20으로 바꿔주세요.**"라고 입력하고 Enter 를 누릅니다.

3. 커서가 해당 줄을 수정한 코드를 표시합니다. 화면에 나타난 **[Keep]** 버튼을 클릭하면 수정 코드가 반영됩니다.

그림 3-2 커서의 인라인 편집 기능

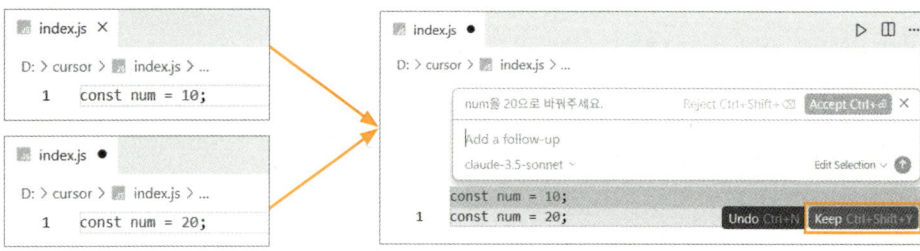

Agent - 코드 수정

실제 코드베이스를 직접 읽고 수정하는 기능입니다. 커서의 Agent 모드에서 자연어로 변경 사항을 설명하면 여러 파일에 걸쳐 코드를 자동으로 생성하고 반영할 수 있습니다.

1. index.js 파일에 다음 코드를 입력합니다.

```
console.log("Hello");
```

2. AI 패널을 열고 하단 메뉴에서 **Agent** 모드를 선택한 뒤 입력창에 **"'Hello, World!'를 출력하도록 이 코드를 수정해 주세요."**라고 입력합니다.

3. 커서가 수정 코드를 표시합니다. AI 패널에서 **[Keep all]** 버튼을 클릭하면 수정 코드가 반영됩니다.

그림 3-3 커서의 Agent 기능

Ask - 코드 설명 및 도움

코드베이스를 참고해 오류 원인 분석, 개선 방법 제안, 구현 방법 안내를 해줍니다. 코드 자체를 바꾸지는 않지만, 사용자가 이해하고 해결책을 찾는 데 도움을 줍니다.

1. index.js 파일에 다음 코드를 입력합니다.

```
let text = "hello";
text.push("!");
```

2. AI 패널을 열고 하단 메뉴에서 **Ask** 모드를 선택합니다. 입력창에 **"이 코드에서 TypeError가 나는 이유가 무엇인가요?"**를 입력합니다.

3. AI가 오류 원인과 해결 방법을 설명해 줍니다.

그림 3-4 커서의 Ask 기능

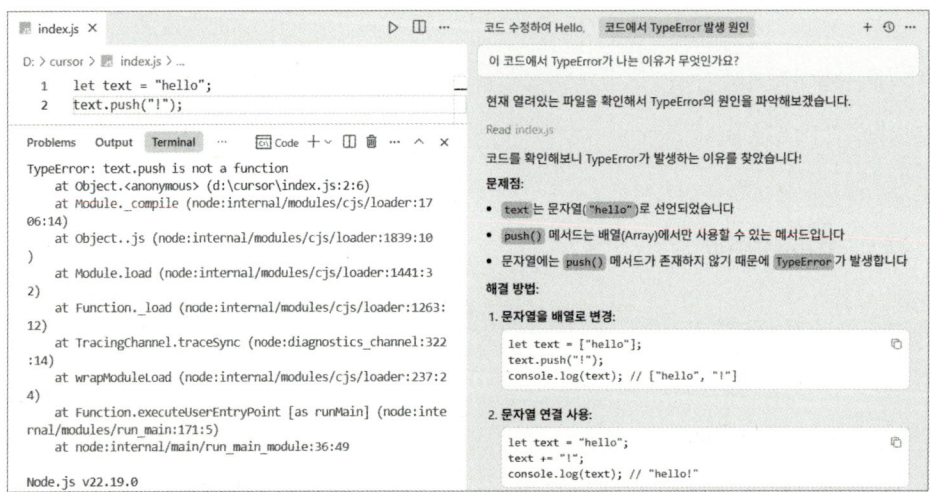

이외에도 백그라운드 에이전트, 메모리, 코드베이스 인덱싱, MCP 같은 고급 기능이 있습니다. 다만, 웹 서비스 개발 실습에서는 앞에서 설명한 기능만 익혀도 충분합니다.

앞에서 살펴본 것처럼 커서는 단순한 코드 편집기가 아니라 개발자의 의도를 이해하고 문제를 함께 해결하는 협업 파트너입니다. 자동 완성, 에이전트, 인라인 편집, 대화형 인터페이스 같은 기능은 작은 실습 프로젝트부터 실제 서비스 개발까지 폭넓게 활용할 수 있습니다.

이제 커서의 기본 기능을 이해했으니, 다음 절에서는 커서를 설치하고 초기 설정을 진행하면서 직접 사용해 보겠습니다.

3.2 커서 설치 및 기본 설정하기

커서를 사용하려면 먼저 프로그램을 설치하고, 초기 설정을 마쳐야 합니다. 이 절에서는 Windows와 macOS에 커서를 설치하는 방법을 살펴본 뒤, 커서를 실행해 기본 설정을 진행하겠습니다.

3.2.1. 커서 설치

커서가 이미 설치되어 있다면 3.2.2절로 넘어가도 됩니다.

Windows

1. 웹 브라우저에서 **커서 공식 홈페이지**(https://cursor.com)에 접속합니다. 화면에 보이는 **[Download for Windows]** 버튼을 클릭해 설치 파일을 다운로드합니다(설치 시점에 따라 화면 구성은 책과 다를 수 있습니다).

그림 3-5 Windows용 커서 설치 파일 다운로드

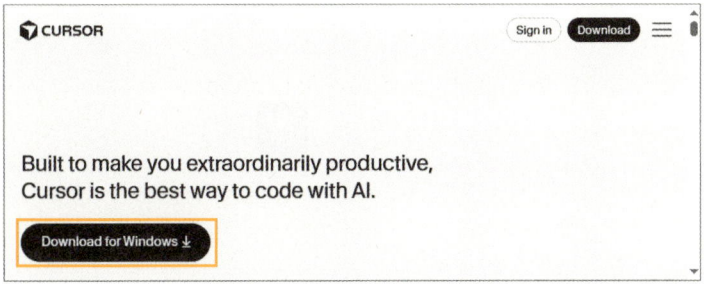

2. 다운로드한 파일을 클릭해 설치 프로그램을 실행합니다. 사용권 계약 화면이 나오면 **동의합니다**를 선택하고 [**다음**] 버튼을 클릭합니다.

그림 3-6 커서 사용권 계약

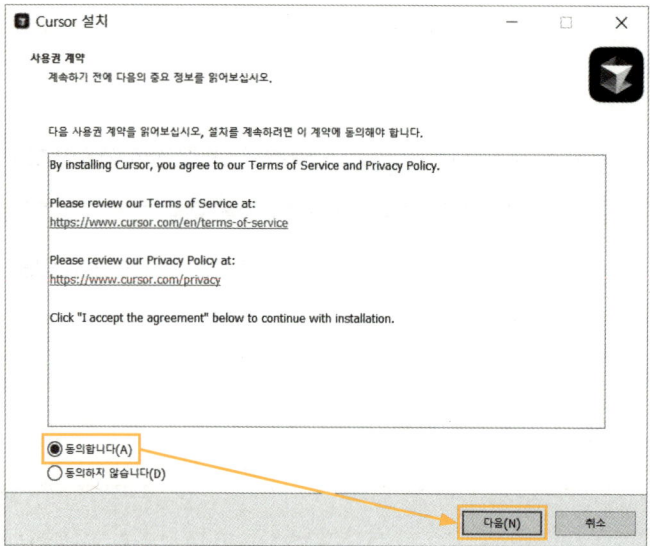

3. 설치 준비 완료 화면이 나올 때까지 기본값을 그대로 두고 [**다음**] 버튼을 클릭합니다. 설치 준비 완료 화면이 나오면 [**설치**] 버튼을 클릭해 커서를 설치합니다.

그림 3-7 커서 설치 준비 완료

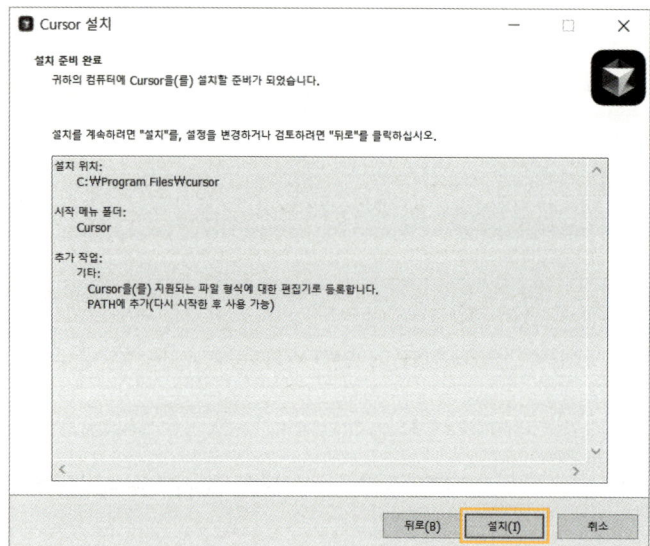

4. 설치 완료 화면이 나오면 **Cursor 실행** 옵션에 체크하고 **[종료]** 버튼을 클릭합니다. 설치 마법사가 종료되고 커서가 실행됩니다.

그림 3-8 커서 설치 완료

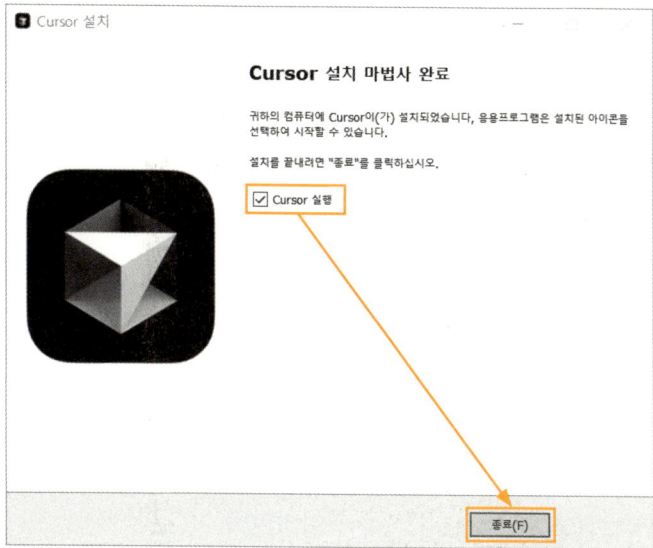

macOS

1. 웹 브라우저에서 **커서 공식 홈페이지**(https://cursor.com)에 접속합니다. 화면 중앙에 보이는 **[Download for macOS]** 버튼을 클릭해 설치 파일을 다운로드합니다(설치 시점에 따라 화면 구성은 책과 다를 수 있습니다).

그림 3-9 macOS용 커서 설치 파일 다운로드

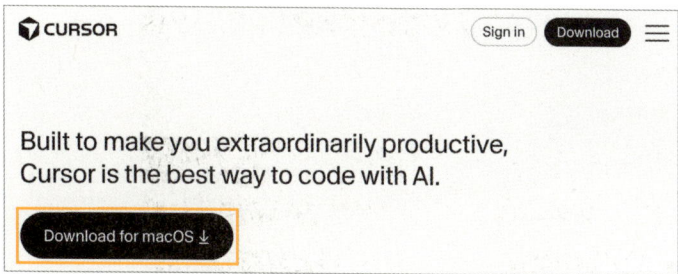

2. 다운로드한 설치 파일을 더블 클릭해 엽니다. 화면에 보이는 대로 **Cursor 아이콘을 Applications (응용 프로그램) 폴더로 드래그해 복사**합니다.

그림 3-10 설치 파일을 응용 프로그램 폴더로 복사

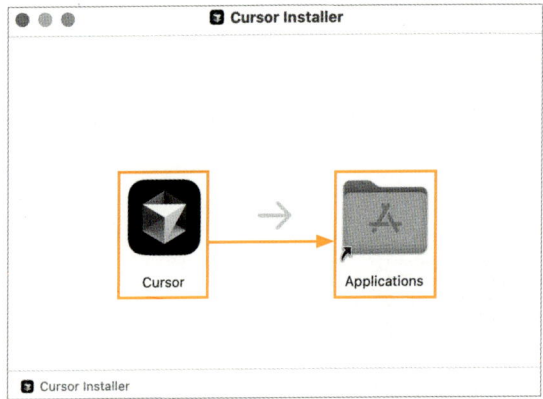

3. 복사가 끝나면 응용 프로그램 폴더에 커서 아이콘이 생깁니다. 이를 더블 클릭해 실행합니다. 커서를 처음 실행하면 다음과 같은 보안 경고창이 나타날 수 있는데, **[열기]** 버튼을 클릭하면 됩니다. macOS에서는 이것으로 설치가 끝납니다.

그림 3-11 커서 실행 시 뜨는 보안 경고창

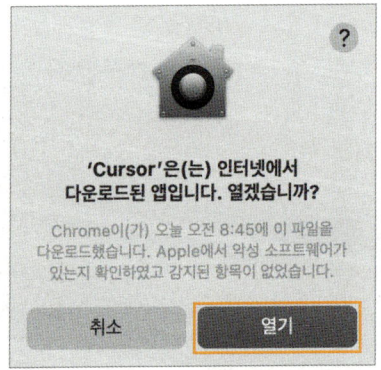

3.2.2. 기본 설정

운영체제와 관계없이 초기 설정 과정은 동일합니다. 여기서는 Windows 화면을 기준으로 설명합니다.

커서와 계정 연결하기

1. 커서를 처음 실행하면 [Sign Up]과 [Log In] 버튼이 보입니다. 둘 중 아무 버튼이나 클릭해도 커서 로그인 페이지로 연결됩니다.

그림 3-12 커서 초기 실행 화면

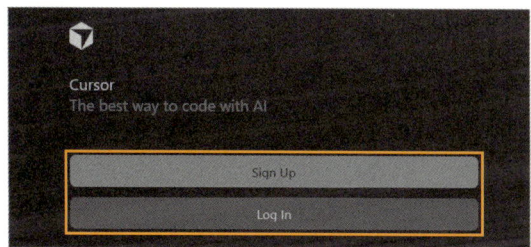

2. 계정이 있다면 화면 안내에 따라 Google, GitHub, Apple 계정 또는 이메일로 로그인하고, 계정이 없다면 회원가입을 클릭해 계정을 생성합니다.

그림 3-13 커서 로그인 또는 회원가입

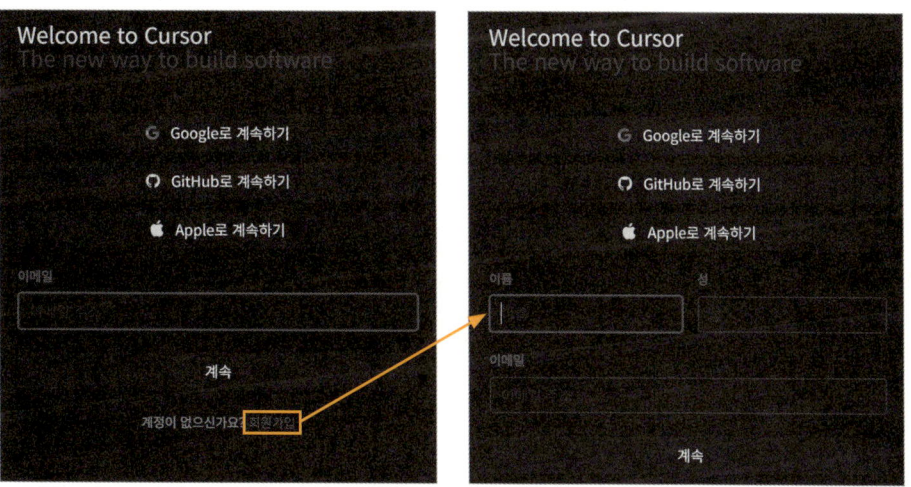

3. 처음 로그인하면 커서의 데이터 수집 및 학습 동의를 안내하는 화면이 나옵니다. 체크박스에 체크하고 **[Continue]** 버튼을 클릭합니다. 체크하면 데이터 수집 및 학습을 허용하겠다는 뜻입니다.

그림 3-14 커서의 데이터 수집 및 학습 동의 안내 화면

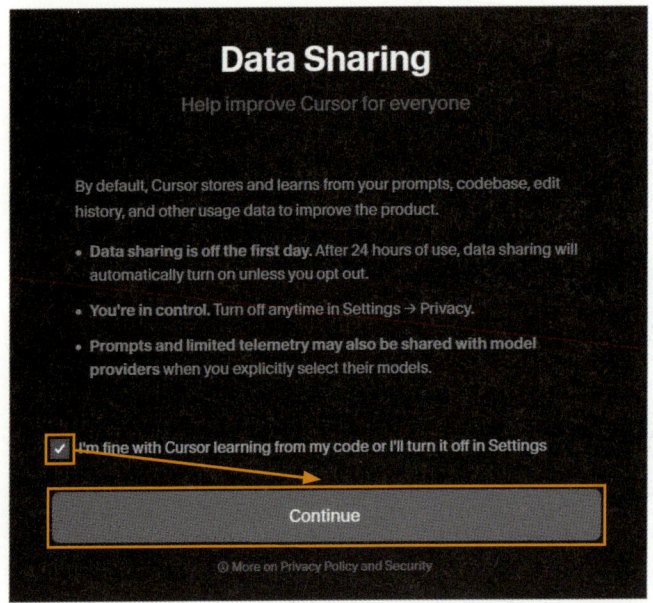

> 참고
>
> 커서의 데이터 수집 및 학습에 동의하지 않으려면 커서를 실행한 후 **Settings**(단축키 Ctrl + Shift + J) → **General** → **Privacy** 메뉴를 **Privacy Mode**로 설정합니다.
>
> 그림 3-15 데이터 수집 및 학습 미동의 설정
>
>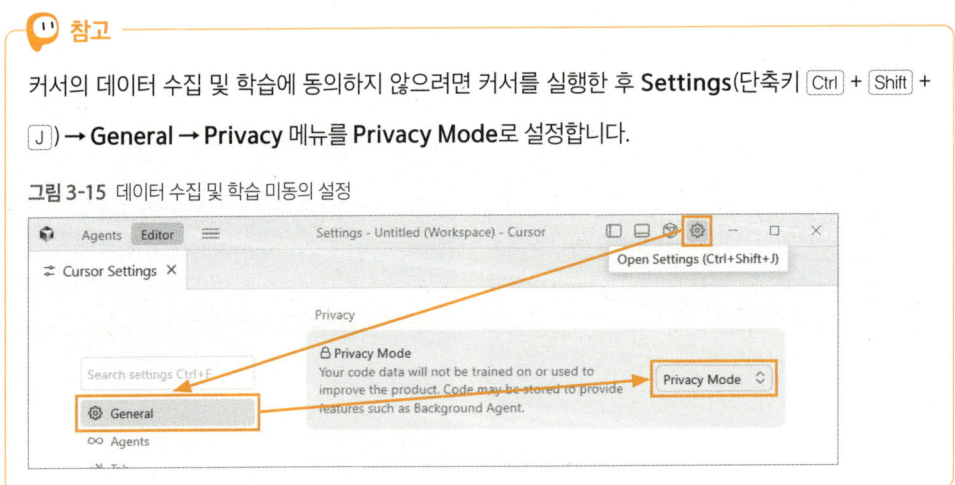

4. 다음으로 로그인한 계정이 맞는지 확인하는 창이 뜹니다. 계정을 확인한 뒤 [Yes, Log In] 버튼을 클릭하면 커서와 계정이 연결됩니다.

그림 3-16 계정 확인 및 연결 완료

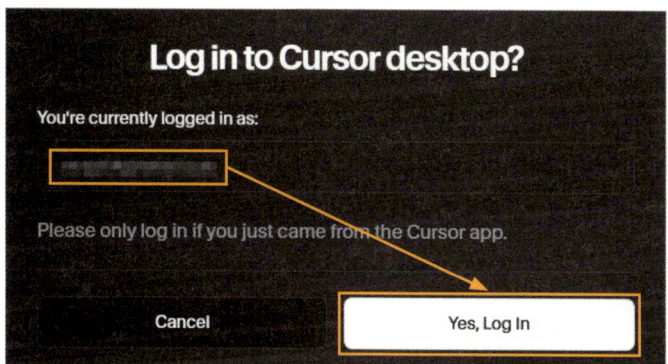

5. 커서 메인 페이지로 가서 [Sign in] 버튼을 클릭하면 로그인한 계정의 **대시보드**(Dashboard)가 열리고 요금제가 표시됩니다. 커서는 무료로도 일부 기능은 사용할 수 있지만, AI 기능을 제대로 활용하려면 Pro 요금제 이상이 필요합니다. 처음 회원가입하면 Pro 요금제를 7일간 무료 체험할 수 있습니다. [Free 7-day trial] 버튼을 클릭합니다.

그림 3-17 커서 요금제 선택

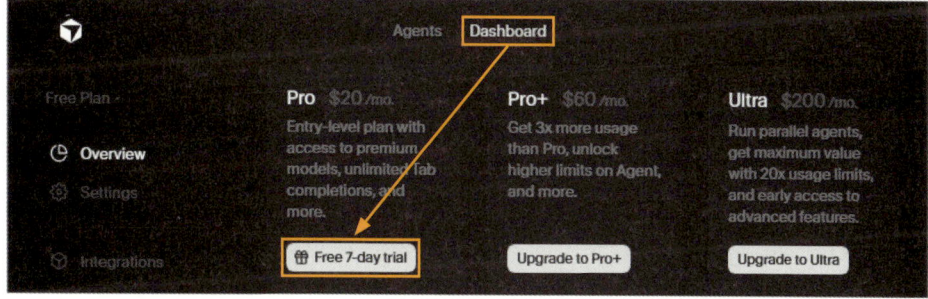

6. 무료 체험을 하려면 결제 카드를 등록해야 합니다. 카드 정보를 등록한 뒤 **[평가판 시작]** 버튼을 클릭하면 무료 체험이 시작됩니다. 무료 체험 기간이 끝나면 등록한 카드에서 매월 $20가 결제됩니다.

그림 3-18 평가판을 위한 카드 정보 등록

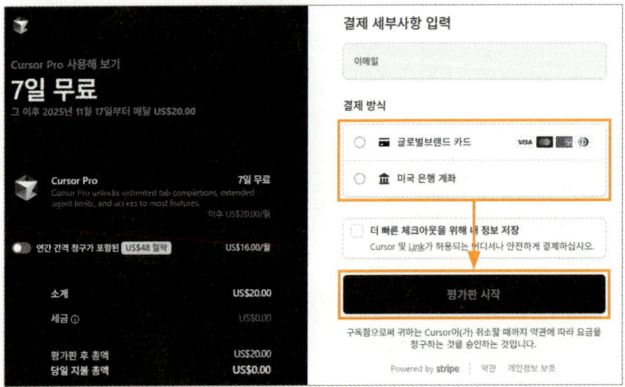

커서 맞춤 설정하기

1. 계정 연결이 끝나면 환경 설정(Preferences) 화면이 나타납니다. 각 항목을 설정한 후 **[Continue]** 버튼을 클릭합니다.

   - **Keybindings**: 키보드 단축키 프로필을 선택합니다. 기본값은 **VSCode**이며, 다른 옵션(Vim, Sublime Text 등)으로 변경할 수도 있습니다.
   - **Chat Language**: AI 응답 언어를 지정합니다. 기본은 영어(English)이며, 한국어(**Korean**)도 선택할 수 있습니다.
   - **Open Cursor from Terminal**: 터미널에서 cursor 명령으로 Cursor를 직접 실행할 수 있도록 CLI 명령을 등록하는 옵션입니다. **[Install]** 버튼을 클릭해 시스템 경로(PATH)에 cursor 명령을 추가합니다.

그림 3-19 환경 설정

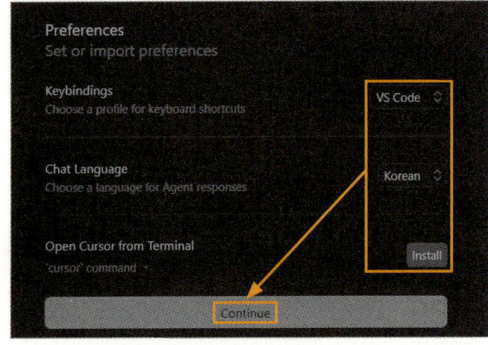

2. 화면 구성 및 테마 설정(Appearance) 화면이 나옵니다. 레이아웃은 커서의 기본 인터페이스 구조를 나타냅니다. Agent Layout은 챗봇 대화 중심 화면(Claude, GPT 등과 대화에 집중할 때 사용)이고, IDE Layout은 코드 편집 중심 화면(기본값, 코드 파일 작업에 집중할 때 사용)입니다. 여기서는 **IDE Layout**과 **Light** 테마를 선택하고 **[Continue]** 버튼을 클릭합니다.

그림 3-20 화면 구성 및 테마 설정

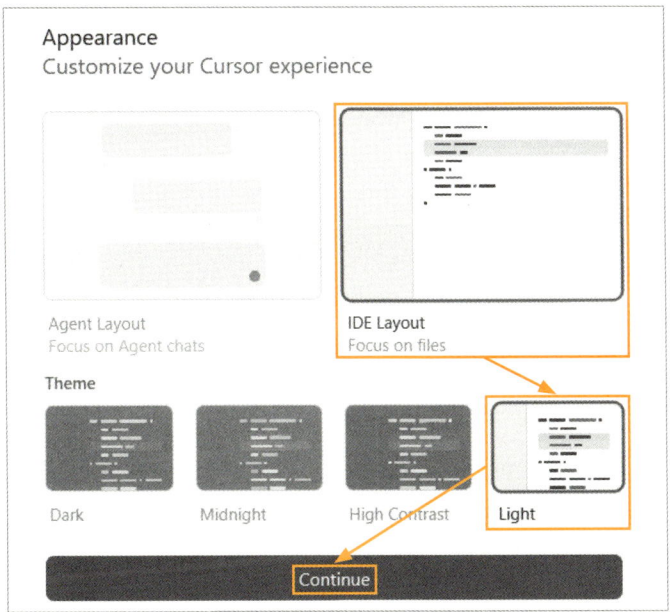

3. 웰컴(Welcome) 화면이 나오면 **[Continue]** 버튼을 클릭합니다. 모든 설정이 끝나면 커서가 실행되고, 다음과 같은 화면이 표시됩니다.

그림 3-21 커서 시작 화면

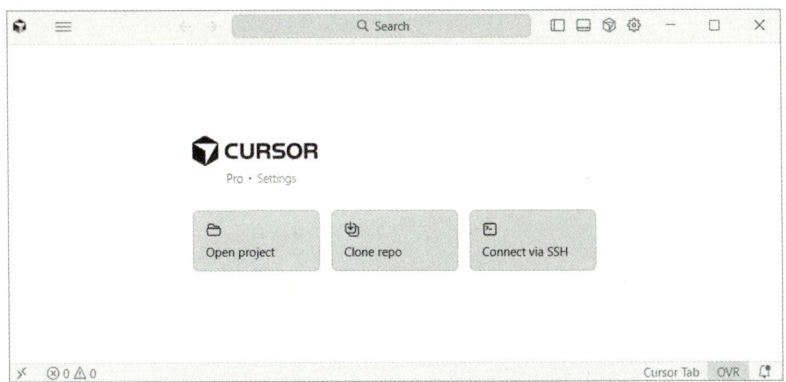

3.3 커서 기본 사용법 익히기

커서를 설치하고 실행했다면 이제 본격적으로 기본 사용법을 익힐 차례입니다. 이 절에서는 커서의 인터페이스를 살펴보고, 연습용 프로젝트 폴더를 만든 뒤 AI 기능을 활용해 질문을 던지고 코드를 생성하는 과정을 진행해 보겠습니다. 마지막으로 컨텍스트 참조 기능을 활용해 AI에 더 풍부한 맥락을 제공하는 방법도 알아봅니다.

3.3.1 인터페이스 살펴보기

커서의 시작 화면에서 오른쪽 상단에 있는 아이콘들(❺)을 클릭하면 다음과 같이 기본 인터페이스가 표시됩니다.

그림 3-22 커서의 인터페이스 구조

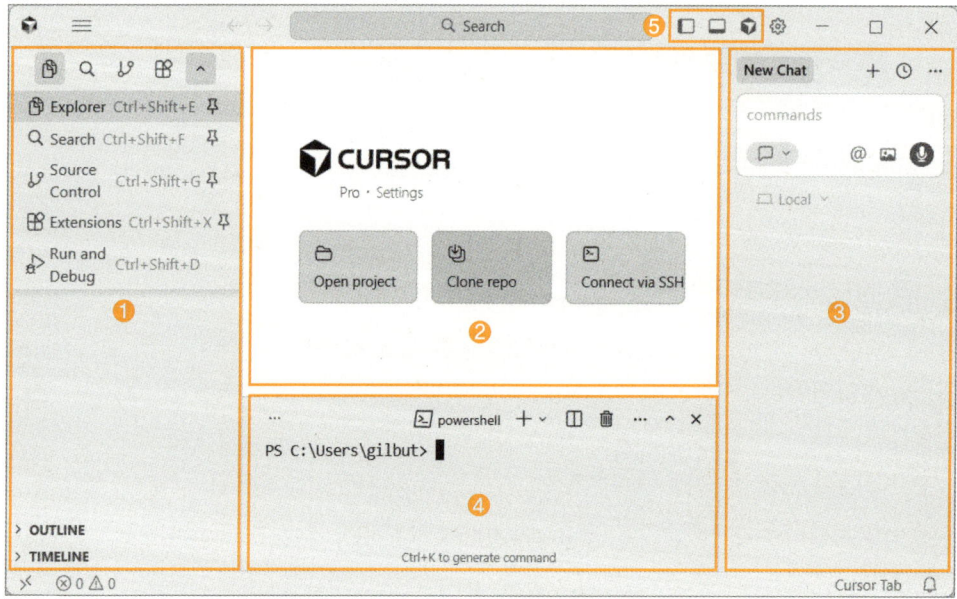

각 영역은 다음과 같은 역할을 합니다.

❶ **왼쪽 사이드바**: 폴더 및 파일 관리, 검색, Git 버전 관리, 확장 프로그램 설치 등을 담당합니다.

- **Explorer**: 프로젝트의 폴더와 파일 관리
- **Search**: 프로젝트 내 코드 검색
- **Source Control**: Git 버전 관리
- **Extensions**: 다양한 확장 프로그램 설치 및 관리
- **Run and Debug**: 프로그램 실행 및 실행 중인 코드 디버깅

> **참고**
>
> Extensions에서 **Korean Language Pack for Visual Studio Code**를 설치하면 인터페이스를 한글로 바꿀 수 있습니다.

❷ **중앙 코드 편집기**: 실제로 코드를 작성하고 수정하는 공간입니다. 현재는 시작 화면이 표시되지만, 프로젝트를 열면 파일 내용이 이 영역에 표시되고 바로 편집할 수 있습니다.

❸ **오른쪽 AI 패널**: 커서의 핵심 기능이 모여 있는 대화형 패널입니다. 모드와 모델 선택, 이미지 첨부, 프롬프트 입력 등을 할 수 있습니다.

❹ **하단 패널**: 문제(Problems), 출력(Output), 디버깅 콘솔(Debug Console), 터미널(Terminal) 등이 있습니다. 실습에서는 주로 **터미널**을 활용합니다. 예 npm 실행, Git 명령어 입력, 서버 실행

❺ **토글 아이콘**: 사이드바와 패널을 표시하거나 감출 수 있습니다.

3.3.2. AI와 함께 첫 프로젝트 실행하기

커서의 인터페이스를 살펴봤으니 이제 AI를 개발 파트너로 삼아 첫 결과물을 만들어 보겠습니다. 이번 실습에서는 **커서의 폴더 만들기 → AI에 질문하기 → 코드 생성하기 → 결과 확인하기** 과정을 직접 경험합니다.

프로젝트 폴더 만들기

1. 사이드바에서 **[Open Folder]** 버튼을 클릭합니다. 만약 버튼이 보이지 않는다면 상단 메뉴에서 **File → Open Folder**를 선택해도 됩니다.

그림 3-23 폴더 열기

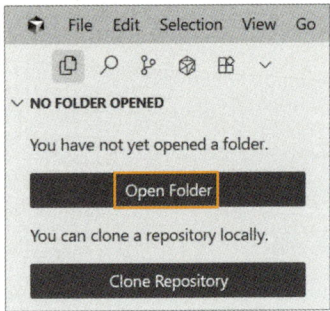 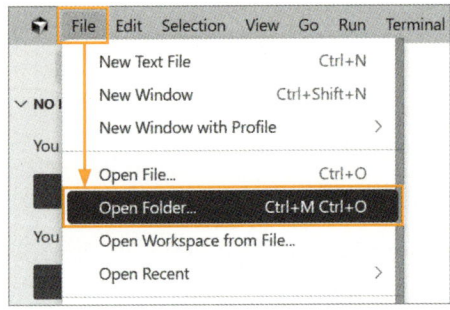

2. 바탕화면 또는 원하는 위치에 cursor-practice라는 폴더를 만들고 [폴더 선택] 버튼을 클릭합니다.

그림 3-24 폴더 선택

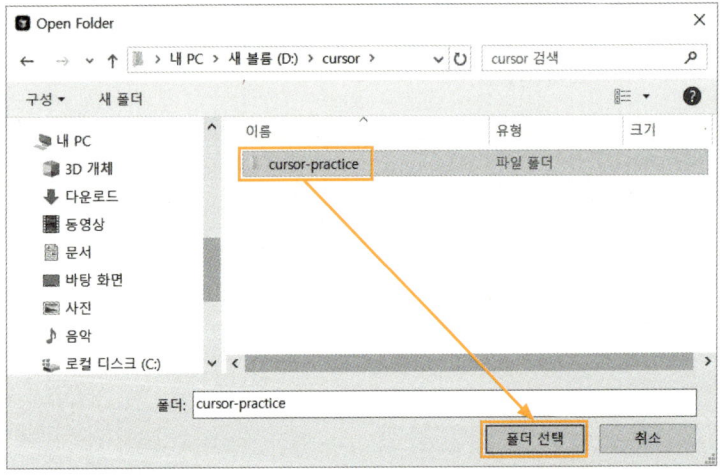

3. 사이드바에 방금 만든 폴더가 표시되면 준비가 끝납니다.

그림 3-25 프로젝트 폴더 생성

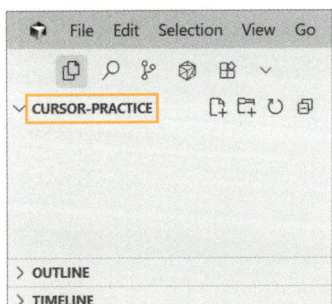

> 참고
>
> 폴더 이름은 자유롭게 정해도 되지만, **영문 소문자 + 하이픈** 형태를 쓰면 오류를 줄일 수 있습니다.

AI에 질문하기 - Ask 모드

오른쪽 AI 패널 열면 입력창 하단에 모드 선택 메뉴가 있습니다. 클릭하면 3가지 모드가 표시됩니다.

- **Agent**: AI가 실제로 프로젝트 안 파일을 직접 생성하거나 수정할 수 있는 모드입니다. 예를 들어 "로그인 페이지를 만들어줘."라고 하면, AI가 코드를 작성해 실제 파일을 추가하거나 수정합니다.
- **Plan**: AI가 바로 코드를 수정하지 않고, 작업 계획(plan)을 세워 제안하는 모드입니다. AI는 현재 프로젝트 구조를 분석해 "이런 파일을 만들고, 이런 코드를 추가하겠습니다."처럼 수정 방향을 단계별로 설명합니다. 사용자는 제안을 검토한 뒤 **[Apply Plan]** 버튼을 눌러 실제로 반영할 수 있습니다.
- **Ask**: 일반적인 질문·답변용 대화 모드입니다. AI에 코딩 질문이나 개념 설명을 물어볼 수 있지만, 실제 코드 파일은 변경하지 않습니다.

프로젝트에서는 Agent와 Ask 모드를 주로 사용합니다. 먼저 AI에 간단한 질문을 던져보겠습니다.

1. AI 패널의 입력창 하단 메뉴를 클릭해 **Ask** 모드를 선택합니다.

그림 3-26 Ask 모드 전환

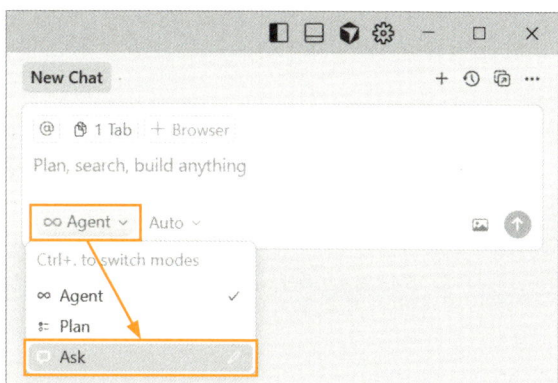

2. 입력창에 다음과 같이 프롬프트를 입력합니다.

> 간단한 자기소개 페이지를 만들려고 합니다. 구조를 알려주세요.

3. `Enter`를 누르면 AI가 페이지 구조에 대한 예시를 제안합니다. 필요하다면 이어서 "CSS 스타일도 추가해 주세요." 같은 질문을 추가할 수 있습니다. 생성형 AI이므로 답변은 책과 다를 수 있습니다.

그림 3-27 Ask 모드에서 프롬프트 입력과 답변 예

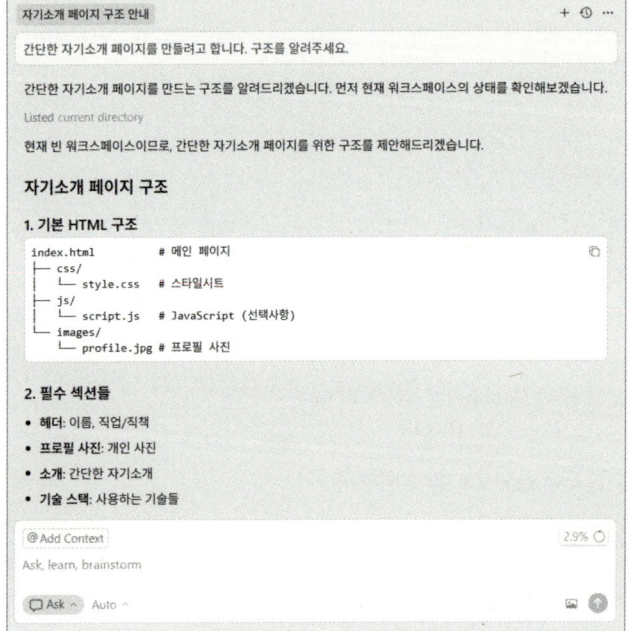

AI로 코드 생성하기 - Agent 모드

Ask 모드에서 제안받은 구조를 실제 코드로 만들어 보겠습니다.

1. AI 패널의 입력창 하단 메뉴를 클릭해 **Agent** 모드로 전환하고, 프롬프트를 다음과 같이 입력합니다.

   > 간단한 자기소개 페이지 코드를 작성해 주세요.

2. `Enter`를 누르면 커서가 프로젝트 폴더 안에 index.html 파일을 생성하고 코드 내용을 채워 넣습니다. 코드를 생성한 후에는 하단에 **[Undo All]**(되돌리기)과 **[Keep All]**(적용하기) 버튼이 나타납니다(만약 권한 확인이 필요하다고 뜰 경우 **[Run]**을 클릭해 승인합니다). 여기서는 **[Keep All]**을 선택해 생성된 코드를 프로젝트에 반영합니다.

그림 3-28 코드 생성 및 적용

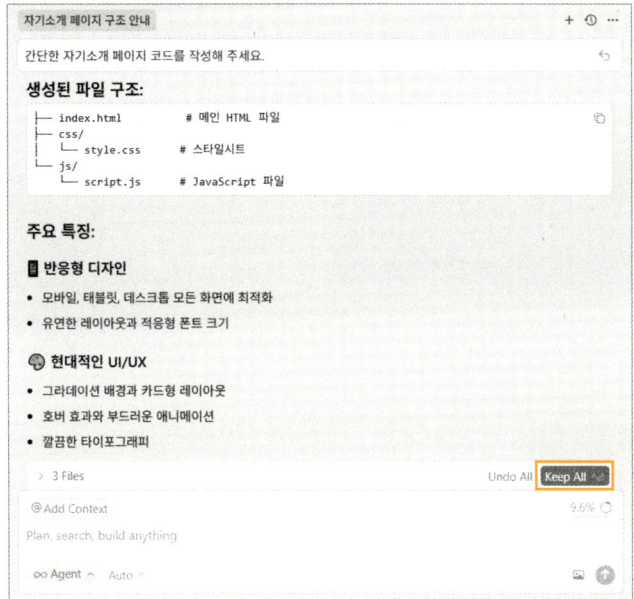

결과 확인하기

1. 사이드바에서 index.html 파일을 열어 코드를 확인합니다.

그림 3-29 생성된 index.html 파일 확인

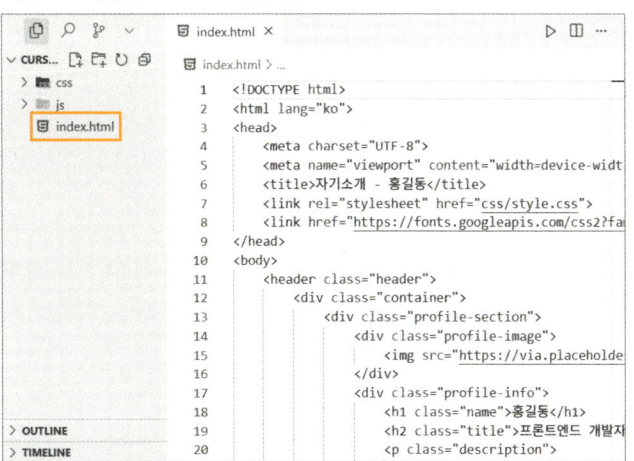

2. 파일을 웹 브라우저로 드래그 앤 드롭하거나 더블 클릭해 실행합니다. 자기소개 페이지가 정상적으로 열리면 성공입니다.

그림 3-30 생성된 자기소개 페이지 예

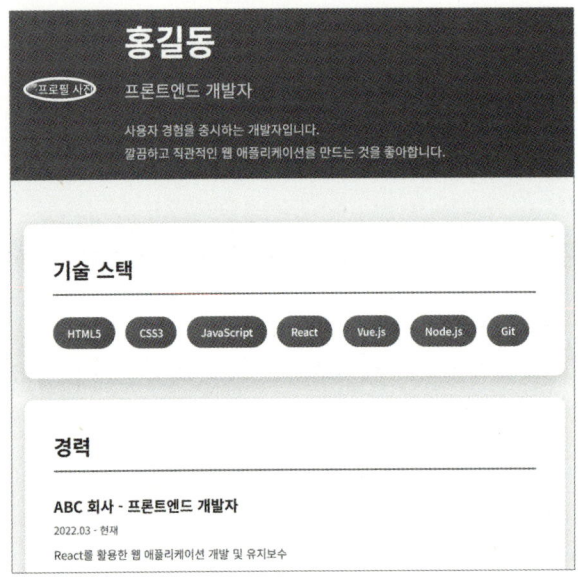

생성형 AI의 특성상 실행할 때마다 결과는 조금씩 달라질 수 있습니다. 원하는 결과가 아니라면 프롬프트를 구체적으로 바꿔 다시 요청합니다.

Ask 모드와 Agent 모드를 간단히 사용해 봤습니다. 다음은 Ask 모드와 Agent 모드를 비교한 표입니다.

표 3-1 Ask와 Agent 모드 비교

구분	Ask	Agent
역할	AI에 질문을 던지고 답변을 받는 대화형 모드	여러 파일을 읽고, 코드를 직접 생성 및 수정하는 실행 모드
특징	- 코드를 자동으로 수정하지 않음 - 설명, 개념 정리, 오류 원인 분석에 적합	- 설명, 개념 정리, 오류 원인 분석에 적합 - 프로젝트 내 폴더/파일 생성 가능 - 코드 변경 사항을 직접 반영
주 사용처	- 오류 원인 묻기 - 개념 설명 듣기 - 구현 방법 제안받기	- HTML, CSS, JS 코드 자동 생성 - 여러 파일 동시에 수정 - 새 기능 추가
프롬프트 예	"이 코드에서 TypeError가 나는 이유를 알려 주세요."	"index.html 파일을 만들고 자기소개 페이지 코드를 작성해 주세요."

이렇게 해서 AI를 활용해 질문 → 코드 생성 → 결과 확인까지의 과정을 체험해 봤습니다.

3.3.3. 컨텍스트 참조 활용하기

AI에 단순히 질문을 던지고 답변을 받는 것만으로는 개발하는 데 한계가 있습니다. 개발 과정에서는 AI가 현재 프로젝트의 파일이나 폴더 내용을 모른 채 일반적인 답변만 할 때가 많습니다. 이럴 때 컨텍스트 참조 기능이 유용합니다.

컨텍스트 참조(context reference)는 프롬프트에 @ 기호를 붙여 파일, 폴더, Git 이력, 심지어 웹 검색까지 지정할 수 있는 기능입니다. 컨텍스트 참조를 사용하면 AI가 답변을 생성할 때 해당 정보를 함께 참고합니다.

프롬프트 입력창에 @ 기호를 입력하면 드롭다운 메뉴가 나타나고, 여기서 참조하고 싶은 대상을 바로 선택할 수 있습니다.

그림 3-31 @ 기호로 참조 대상 선택

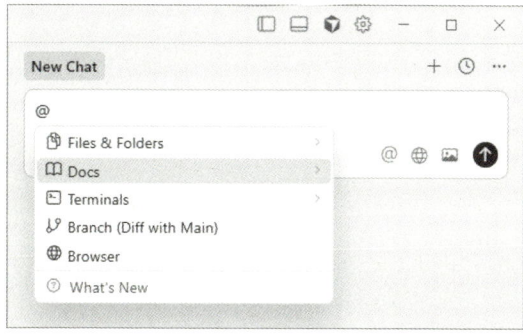

파일 참조

특정 파일의 내용을 직접 AI에 읽히고 싶을 때 사용합니다. 예를 들어, index.html 파일을 참조하려면 프롬프트 입력창에 **@ 기호**를 입력하고, 드롭다운 메뉴에서 **Files & Folders**를 선택합니다. 프로젝트 내 폴더와 파일 목록이 나오면 index.html 파일을 선택합니다. 또는 @를 입력한 뒤 바로 파일명이나 폴더명을을 입력해도 참조 기능을 사용할 수 있습니다.

그림 3-32 참조할 파일 선택

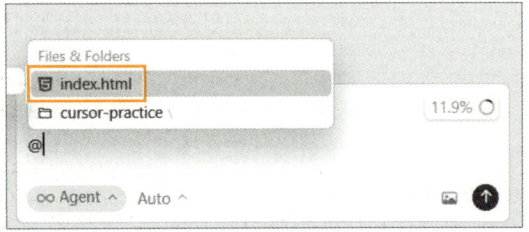

그러면 입력창에 참조할 파일이 지정됩니다. 그 뒤에 요청사항을 입력합니다. 그리고 Enter 를 누르면 AI가 index.html 파일을 참조해 응답합니다.

그림 3-33 파일 참조 예

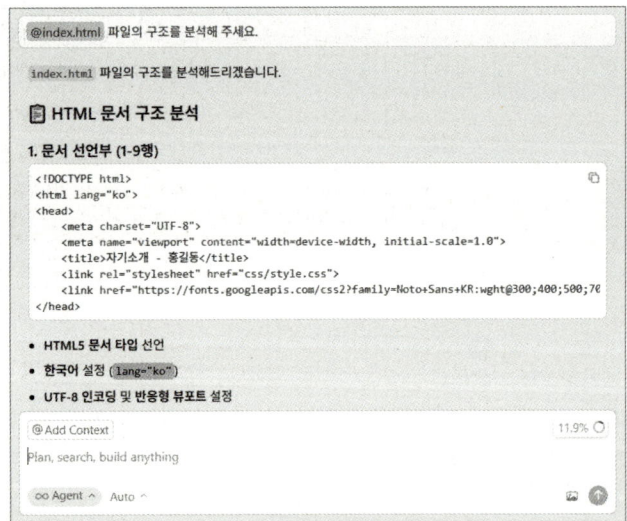

단순히 일반적인 HTML 파일 구조가 아니라 index.html의 코드 내용을 바탕으로 답변합니다.

폴더 참조

여러 파일이 모여 있는 폴더를 한 번에 지정할 수도 있습니다. 예를 들어, cursor-practice 폴더의 내용을 모두 확인하고 싶다면 프롬프트 입력창에 **@ 기호**를 입력하고, 메뉴에서 **Files & Folders → cursor-practice** 폴더를 선택합니다. 참조할 폴더가 지정되면 그 뒤에 요청사항을 입력합니다.

그림 3-34 폴더 참조 예

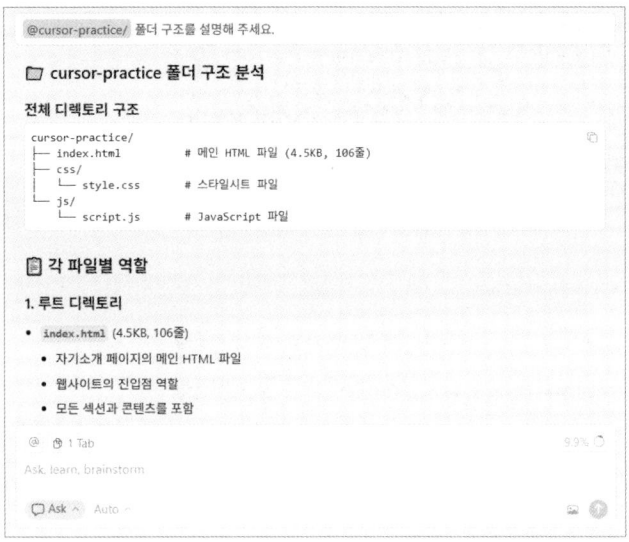

폴더 구조를 직접 설명하지 않아도 AI가 전체 맥락을 이해해 내부의 파일 목록과 각 파일의 역할을 요약해 줍니다.

3장에서는 커서가 단순한 코드 편집기를 넘어, AI와 함께 사고하고 코드를 만들어 가는 새로운 개발 도구라는 점을 확인했습니다. 설치와 기본 설정을 마친 뒤 인터페이스를 살펴보고, 첫 프로젝트를 생성해 AI와 실제로 대화하며 코드를 자동 생성해 보는 과정은 커서의 핵심 가치를 실감하게 해줍니다. 특히 컨텍스트 참조 기능을 활용해 파일 구조와 작업 내용을 이해시키는 방식은, 앞으로 더 복잡한 프로젝트를 진행할 때 큰 도움이 됩니다.

이제 커서의 기초를 익혔으니, 이를 바탕으로 실제 개발 과정에서 커서를 어떻게 활용해 생산성을 높일 수 있는지 알아보겠습니다.

정리하기

이 장에서는 AI와 함께 개발하는 도구인 커서를 설치하고 기본 사용법을 익혔습니다.

- **커서 설치와 환경 설정**: 운영체제별 설치 과정을 따라 하며 AI 기능을 활용할 수 있는 환경을 준비했습니다.
- **핵심 기능 이해**: Ask 모드(질의응답), Agent 모드(코드 생성), 컨텍스트 참조(@) 등 커서의 주요 기능을 익혔습니다.
- **AI와의 첫 협업**: 자연어 요청만으로 자기소개 페이지를 만들어보며 AI 코딩의 가능성을 직접 체험했습니다.

이제 커서의 기본기를 익혔으니, **4장**에서는 AI 할 일 관리 서비스에 사용할 핵심 기술 스택을 살펴봅니다. Next.js, Tailwind CSS, Shadcn/ui, Supabase, Vercel AI SDK 같은 도구가 어떤 역할을 하는지 이해하고, 실제 프로젝트 개발에 활용할 준비를 합니다.

최종 확인

다음 장으로 넘어가기 전에 다음 사항을 확인해 보세요.

- [ ] 커서가 정상적으로 설치되고 실행되는가?
- [ ] Pro 요금제(또는 무료 체험)가 활성화되었는가?
- [ ] Ask 모드와 Agent 모드의 차이를 설명할 수 있는가?
- [ ] @ 기호를 사용해 컨텍스트 참조를 사용할 수 있는가?
- [ ] 자기소개 페이지를 성공적으로 생성했는가?
- [ ] 웹 브라우저에서 생성된 페이지를 정상적으로 표시하는가?

4장
프로젝트의 핵심 기술 스택 이해하기

3장에서 커서와 AI 기능을 활용해 간단한 웹 페이지를 만들어보며, AI와 함께 개발하는 방식을 경험했습니다. 하지만 AI에 더 정확한 요청을 하고, 생성된 코드를 이해하며 원하는 방향으로 수정하려면 기본적인 기술 지식이 필요합니다.

이 장에서는 앞으로 만들 AI 할 일 관리 서비스에 사용할 5가지 핵심 기술을 살펴봅니다. 지금 당장 모든 개념을 완벽하게 익힐 필요는 없습니다. 어떤 기술이 있고, 어떤 역할을 하는지만 이해하고, 실제 개발할 때 다시 참고하면 충분합니다.

4.1 Next.js - 웹 애플리케이션의 뼈대

웹 서비스를 만들 때는 화면만이 아니라 라우팅, 서버 API, 성능 최적화 같은 다양한 기능이 필요합니다. React(리액트)는 이런 부분을 직접 구현해야 하기 때문에 완전한 웹 애플리케이션을 만들기에는 한계가 있습니다.

Next.js(넥스트제이에스)는 이러한 부족한 점을 보완한 React 기반 풀스택 웹 프레임워크입니다. 하나의 프로젝트 안에서 프런트엔드와 백엔드를 함께 개발할 수 있도록 지원하며, 필요한 기능을 기본으로 제공합니다. 따라서 Next.js 하나만으로도 완성도 높은 풀스택 웹 서비스를 구축할 수 있습니다.

그림 4-1 Next.js 로고

NEXT.JS

4.1.1. Next.js의 핵심 기능

Next.js는 웹 서비스 개발에 필요한 기능과 성능 최적화 도구를 갖추고 있습니다. 이 책에서는 특히 다음 네 가지에 집중합니다.

1. 파일 기반 라우팅

폴더와 파일을 만들면 자동으로 웹 페이지가 생성됩니다. 예를 들어, app/about/page.js 파일을 만들면 yoursite.com/about 경로로 연결되며, 별도로 라우팅을 설정할 필요가 없습니다.

2. API Routes

app/api 폴더 안에 파일을 만들면 자동으로 서버 API가 됩니다. 데이터베이스에서 정보를 가져오거나 AI 서비스와 통신하는 기능을 여기에 구현할 수 있으며, 서버를 따로 만들 필요가 없습니다.

3. 성능 최적화

페이지를 미리 준비(pre-rendering)해 빠른 로딩 속도를 제공하고, 검색 엔진에 잘 노출되도록 SEO도 지원합니다.

> 🤖 **용어** SEO(Search Engine Optimization)는 검색 엔진 최적화를 뜻합니다. 웹사이트가 Google, Naver 같은 검색 엔진에서 더 잘 검색되도록 구조와 콘텐츠를 최적화하는 기술입니다.

4. TypeScript 지원

기본적으로 TypeScript(타입스크립트)를 지원해 코드 안정성을 높이고, 커서 같은 AI 도구가 더 정확한 코드 제안을 할 수 있도록 돕습니다.

4.1.2. 왜 Next.js인가

이 책에서 프로젝트 기술 스택으로 Next.js를 선택한 이유는 다음과 같습니다.

1. 즉시 시작 가능

`npx create-next-app@latest` 명령어 한 줄로 프로젝트 초기 설정이 끝납니다. 복잡한 설정 없이도 바로 개발을 시작할 수 있습니다.

2. 단일 언어로 개발

프런트엔드와 백엔드를 모두 JavaScript/TypeScript로 작성합니다. 새로운 언어를 배울 필요 없이 하나의 언어만 익혀도 전체 웹 서비스를 만들 수 있습니다.

3. 쉬운 배포

Next.js는 Vercel 팀이 개발한 프레임워크입니다. 덕분에 Vercel 플랫폼과 자연스럽게 통합되어, GitHub에 코드를 올리기만 해도 자동으로 배포됩니다. 별도의 서버 구매나 복잡한 배포 절차가 필요 없습니다.

4. 풍부한 생태계

전 세계적으로 널리 사용되어 학습 자료와 예제가 풍부합니다. 문제 해결을 위한 정보도 쉽게 찾을 수 있습니다.

Next.js는 단순한 UI 라이브러리를 넘어 웹 애플리케이션 개발의 출발점이자 뼈대를 제공합니다. 이 책에서는 Next.js를 기반으로 AI 할 일 관리 서비스의 기본 구조를 설정하고, 프로젝트 전반의 기반을 다져 나갑니다.

4.2 Tailwind CSS – 빠르고 일관된 스타일링

웹 서비스는 기능만큼이나 화면 디자인이 중요합니다. 기능을 사용하기에 불편하지 않고 보기 좋은 화면이어야 합니다. 전통적인 CSS는 요소마다 스타일을 직접 정의해야 했습니다. 이 방식으로는 코드가 길어지고 관리도 점점 복잡해집니다.

```css
.my-button {
  background-color: blue;
  color: white;
  padding: 16px;
  border-radius: 8px;
}
```

Tailwind CSS는 이런 번거로움을 줄여주는 **유틸리티 우선**(utility-first) CSS 프레임워크입니다. 자주 쓰는 스타일을 작은 단위(유틸리티 클래스)로 미리 정의해두고, 이를 레고 블록처럼 조립해서 화면을 꾸며 나갑니다.

```html
<button class="bg-blue-500 text-white p-4 rounded-lg">버튼</button>
```

각 클래스는 하나의 스타일만 담당하며, 여러 클래스를 조합해 빠르고 일관성 있는 디자인을 완성할 수 있습니다.

그림 4-2 Tailwind CSS 로고

4.2.1. Tailwind CSS의 주요 클래스

Tailwind CSS에는 수천 개 클래스가 있지만 모두 외울 필요는 없습니다. 색상, 간격, 레이아웃 같은 기본 체계만 익혀도 충분히 화면을 구현할 수 있습니다.

1. 색상 체계

Tailwind CSS는 색상 이름(예 red, blue, gray)과 숫자 단계(50~900)를 조합해 색의 밝기와 농도를 표현합니다.

- `bg-blue-500`: 중간 밝기의 파란색 배경
- `text-red-600`: 진한 빨간색 텍스트
- `border-gray-300`: 연한 회색 테두리

숫자가 작을수록 밝고, 클수록 진해집니다. 따라서 색상 + 숫자 조합만 알면 다양한 톤을 쉽게 적용할 수 있습니다.

2. 간격 체계

간격은 화면 디자인에서 가장 많이 사용하는 속성입니다. Tailwind CSS는 패딩(p, padding)과 마진(m, margin)을 약어로 제공하며, 방향에 따라 세분된 접두사를 붙일 수 있습니다.

- 패딩(p): 요소 안쪽 여백(내용 ↔ 테두리)
- 마진(m): 요소 바깥 여백(테두리 ↔ 다른 요소)

숫자 값은 기본 단위 4px을 기준으로 계산합니다.

- `p-4`: 모든 방향에 16px 패딩
- `m-6`: 모든 방향에 24px 마진
- `px-8`: 좌우에 32px 패딩
- `py-2`: 상하에 8px 패딩

3. 레이아웃 체계

Tailwind CSS는 화면 배치를 위한 레이아웃 클래스도 제공합니다.

- `flex`: flexbox 레이아웃 적용
- `grid`: grid 레이아웃 적용

- `hidden`: 요소 숨기기
- `md:block`: 반응형 클래스, 화면 크기가 md(768px 이상)일 때만 `block` 요소로 표시

Tailwind CSS의 클래스는 '의미(색상/간격/레이아웃) + 값'의 단순한 규칙을 따릅니다. 처음에는 색상, 패딩, 마진, 레이아웃 정도만 익혀도 충분합니다. 나머지는 프로젝트를 진행하면서 커서가 제안하는 내용을 통해 자연스럽게 익힐 수 있습니다.

4.2.2. 왜 Tailwind CSS인가

이 책에서 프로젝트 기술 스택으로 Tailwind CSS를 선택한 이유는 다음과 같습니다.

1. 즉각적인 결과

HTML 태그에 Tailwind CSS 클래스를 붙이면 곧바로 화면에서 결과를 확인할 수 있습니다. CSS 파일을 따로 만들거나 수정하지 않아도 되기 때문에 디자인을 훨씬 빠르게 완성할 수 있습니다.

2. 일관된 디자인

Tailwind CSS는 색상, 여백, 글자 크기 같은 규칙이 미리 정해져 있습니다. 예를 들어 p-4는 항상 16px 패딩, text-lg는 항상 18px 글자 크기를 의미합니다. 그래서 어떤 화면을 만들더라도 일관되고 통일된 디자인을 유지할 수 있습니다.

3. 반응형 디자인 간편화

Tailwind CSS에서는 화면 크기에 따라 다른 스타일을 손쉽게 지정할 수 있습니다. 예를 들어 `sm:text-base md:text-lg`라고 작성하면 작은 화면에서는 16px, 중간 이상 화면에서는 18px 글자로 자동 적용됩니다. 덕분에 모바일과 데스크톱을 따로 관리할 필요가 없습니다.

4. AI 친화적

커서는 Tailwind CSS를 잘 이해합니다. 예를 들어, "파란색 버튼을 만들어줘."라고 요청하면 적절한 클래스 조합(`bg-blue-500 text-white` …)을 제안하거나 생성해 줍니다.

Tailwind CSS는 복잡한 CSS 코드를 줄이고, 빠른 제작 속도와 일관된 디자인을 보장합니다. 특히 AI와 함께 사용할 때 효율성을 극대화하는 도구로, 이 책의 프로젝트에서 화면 구현을 담당할 핵심 기술로 사용합니다.

4.3 Shadcn/ui
- 완성도 높은 UI 컴포넌트

웹 서비스를 만들다 보면 버튼, 입력창, 카드, 캘린더, 차트처럼 자주 쓰는 UI 컴포넌트(화면 요소)가 필요합니다. 직접 만들 수도 있지만, 매번 디자인하고 코드로 작성하는 데 시간이 많이 걸립니다.

Shadcn/ui는 이런 컴포넌트를 미리 준비해두어 개발자가 바로 가져다 쓸 수 있게 도와주는 라이브러리입니다. 다른 UI 라이브러리와 달리 설치해서 사용하는 것이 아니라, 컴포넌트 코드를 직접 프로젝트로 가져와 원하는 대로 수정할 수 있다는 점이 특징입니다. 덕분에 라이브러리 버전이 바뀌어도 프로젝트가 깨질 위험이 적고, 회사나 팀의 디자인 시스템에 맞게 자유롭게 커스터마이징 할 수 있습니다.

그림 4-3 Shadcn/ui 로고

4.3.1. Shadcn/ui 주요 컴포넌트

Shadcn/ui는 2025년 현재 60개 이상 컴포넌트를 제공하며 계속 확장되고 있습니다. 모든 컴포넌트를 한 번에 설치할 필요는 없고, 프로젝트에 필요한 것만 선택해 추가하면 됩니다.

표 4-1 Shadcn/ui의 주요 컴포넌트

구분	컴포넌트	설명
기본 컴포넌트	Button	기본, 외곽선, 고스트, 링크 버튼 등 다양한 변형
	Input	텍스트 입력 필드와 다양한 입력 타입 지원
	Card	정보를 담는 카드 형태 컨테이너
	Badge	상태나 카테고리를 표시하는 작은 라벨
	Avatar	사용자 프로필 이미지(이미지가 없을 때 이니셜로 대체)

구분	컴포넌트	설명
폼 컴포넌트	Form	React Hook Form 라이브러리와 Zod 라이브러리 검증이 통합된 강력한 폼 시스템
	Select	드롭다운 선택 메뉴
	Checkbox/Radio	체크박스와 라디오 버튼
	Switch	토글 스위치
	Slider	숫자 범위 선택용 슬라이더
레이아웃/내비게이션	Dialog	모달 팝업과 확인 대화상자
	Sheet	옆으로 슬라이드되는 패널
	Tabs	탭 메뉴 시스템
	Accordion	확장/축소 가능한 콘텐츠 패널
	Dropdown Menu	사용자 행동 메뉴

이외에도 캘린더, 차트 등 다양한 고급 컴포넌트를 지원합니다.

4.3.2. 왜 Shadcn/ui인가

이 책에서 프로젝트 기술 스택으로 Shadcn/ui를 선택한 이유는 다음과 같습니다.

1. 디자인 통일성

Shadcn/ui는 모든 컴포넌트가 같은 디자인 원칙을 따르며, Tailwind CSS를 기반으로 하기 때문에 색상, 간격, 글꼴이 자연스럽게 어울려 화면 전체가 통일감 있게 보입니다.

2. 디자인 시간 단축

버튼이나 입력창 등 자주 쓰는 컴포넌트를 직접 만들 필요가 없습니다. 이미 완성된 코드를 가져다 쓰면 바로 화면을 구성할 수 있어 시간을 절약할 수 있습니다.

3. 웹 접근성 보장

Shadcn/ui는 기본적으로 웹 접근성 규칙을 지켜서 만들어졌습니다. 그래서 키보드로만 조작하거나 화면 읽기 프로그램(스크린 리더)을 사용하는 사람도 서비스를 편리하게 이용할 수 있습니다. 개발자가 일일이 신경 쓰지 않아도 접근성이 자동으로 확보됩니다.

4. AI 도구와의 호환성

커서 같은 최신 AI 도구에서 Shadcn/ui 컴포넌트를 잘 이해합니다. "폼 화면 만들어줘."라고 요청하면 AI가 Shadcn/ui 기반 코드를 자동으로 작성해 줍니다.

5. 모던 웹 기술 지원

모든 컴포넌트는 TypeScript를 지원해 안정적으로 사용할 수 있고, CSS 변수를 이용해 손쉽게 테마를 바꿀 수 있습니다. 덕분에 다크 모드 같은 기능도 간단히 구현할 수 있습니다.

6. 확장성과 유연성

Shadcn/ui는 컴포넌트 코드를 직접 수정할 수 있습니다. 그래서 회사마다 다른 디자인 시스템을 적용하거나 스타일을 바꿔야 할 때도 유연하게 대응할 수 있습니다.

Shadcn/ui는 단순히 UI를 꾸미는 도구가 아니라 디자인 통일성 + 개발 생산성 + 접근성을 모두 갖춘 현대적인 UI 컴포넌트 세트입니다. 이 책에서는 Shadcn/ui를 활용해 빠르고 일관된 사용자 경험을 구현해 나갑니다.

4.4 Supabase – 데이터 저장과 인증 기능

웹 서비스를 만들 때는 단순히 화면만 있어서는 안 됩니다. 데이터를 저장할 데이터베이스, 사용자를 구분하기 위한 로그인 및 인증 시스템, 보안, 실시간 기능 같은 백엔드 요소가 반드시 필요합니다. 하지만 이런 기능을 직접 구축하려면 서버 및 보안 설정, 확장 관리 등 복잡한 작업이 따라옵니다.

Supabase(수퍼베이스)는 이런 어려운 백엔드 작업을 대신 처리해주는 오픈소스 BaaS입니다. 즉, 서버, 데이터베이스, 인증 같은 기능을 클라우드에서 제공해 주므로 개발자는 인프라 관리 대신 앱 기능 구현에 집중할 수 있습니다.

> **용어** BaaS(Backend as a Service)는 백엔드에서 필요한 기능(데이터베이스, 인증, 서버 등)을 미리 준비된 서비스로 제공하는 클라우드 방식입니다. 개발자는 복잡한 서버 관리 없이도 완전한 웹 서비스를 만들 수 있습니다.

그림 4-4 Supabase 로고

4.4.1. Supabase 핵심 기능

Supabase는 단순한 데이터베이스 서비스가 아니라, 웹 서비스에 필요한 백엔드 기능을 한곳에 모아 제공합니다. Supabase가 제공하는 주요 기능은 다음과 같습니다.

1. PostgreSQL 데이터베이스

Supabase는 안정성과 확장성이 검증된 PostgreSQL 데이터베이스를 기본 엔진으로 사용합니다. 웹 브라우저에서 테이블 생성, 데이터 입력, 관계 설정까지 바로 할 수 있어 서버를 별도로 설치하지 않아도 데이터베이스를 구축할 수 있습니다.

2. 인증 시스템

이메일, 비밀번호뿐 아니라 Google, GitHub, 카카오 등 10개 이상 소셜 로그인을 지원합니다. 이메일 인증이나 비밀번호 재설정 같은 부가 기능도 제공합니다.

3. RLS

RLS(Row Level Security)는 사용자가 자신의 데이터만 볼 수 있도록 자동으로 권한을 적용하는 보안 기능입니다. 복잡한 권한 로직을 직접 짜지 않아도 되며, Supabase 인증 시스템과 연동되어 보안 규칙을 간단하게 구현할 수 있습니다.

4. 실시간 기능

데이터베이스가 변경되면 실시간으로 웹페이지에 반영되어 채팅, 협업 도구처럼 실시간 데이터 동기화가 필요한 서비스 구축에 적합합니다.

5. 엣지 함수

엣지 함수(edge function)는 사용자의 가까운 위치(엣지 서버)에서 실행되는 서버리스 함수(serverless function)입니다. 특정 지역의 데이터 센터 한 곳에서만 동작하는 것이 아니라, 전 세계 여러 거점(엣지 네트워크)에 분산 배포되어 요청을 사용자와 가까운 서버에서 처리합니다. 덕분에 응답 속도가 빠르고, 백그라운드 작업이나 WebSocket(웹 소켓) 연결 같은 기능도 간단히 지원할 수 있습니다.

4.4.2. 왜 Supabase인가

과거에는 서버를 개발하려면 데이터베이스 설치, 사용자 인증 개발, 보안 처리, 배포, 운영까지 모두 관리해야 했습니다. Supabase는 이런 기능을 바로 사용 가능한 서비스로 제공해 개발 속도와 효율을 크게 높여줍니다.

1. 개발 속도 향상

웹 브라우저에서 바로 PostgreSQL을 다룰 수 있고, 복잡한 인증 기능도 몇 줄의 코드만으로 완성할 수 있습니다.

2. 비용 효율성

무료 플랜이 제공되므로 개인 프로젝트, 실험용 앱, 스타트업 초기 단계에서 부담 없이 사용할 수 있습니다.

3. 오픈소스

Supabase는 완전한 오픈소스로, 필요하다면 내 서버에 직접 설치해 운영할 수도 있습니다. 따라서 데이터 소유권과 제어권이 중요한 프로젝트에서도 안심하고 사용할 수 있습니다.

Supabase는 데이터베이스, 인증, 보안, 실시간 기능을 모두 제공하는 백엔드 올인원 솔루션입니다. 이 책에서는 Supabase를 활용해 AI 할 일 관리 서비스의 데이터 저장과 사용자 인증 기능을 손쉽게 구현합니다.

4.5 AI SDK
– 애플리케이션에 AI 기능 연결

웹 서비스에 AI 기능을 붙이고 싶을 때는 보통 AI 회사(OpenAI, Google, Anthropic 등)가 제공하는 API 사용법을 따로 공부해야 합니다. 하지만 AI 모델마다 호출 방식이 달라 개발하는 입장에서는 불편합니다.

AI SDK는 이런 복잡함을 줄여주는 무료 오픈소스 라이브러리입니다. Vercel(버셀)에서 만들었으며, 여러 AI 모델을 같은 방식으로 호출할 수 있도록 도와줍니다. 덕분에 API 차이를 신경 쓰지 않고, 원하는 AI 모델을 빠르게 적용할 수 있습니다.

AI SDK는 TypeScript 기반으로 만들어졌으며, React, Next.js, Vue, Svelte 등 다양한 프레임워크에서 사용할 수 있습니다.

- **공식 홈페이지**: https://ai-sdk.dev

그림 4-5 AI SDK 로고

4.5.1. AI SDK 핵심 기능

AI SDK는 단순히 여러 모델을 묶어주는 도구에 그치지 않고, 실제 서비스 개발 과정에서 바로 활용할 수 있는 다양한 기능을 제공합니다. AI SDK가 제공하는 핵심 기능은 다음과 같습니다.

1. 통합된 인터페이스

서로 다른 AI 모델을 같은 방식으로 사용할 수 있습니다. 예를 들어, 처음에는 Google Gemini로 시작했다가 나중에 GPT-4로 바꾸고 싶으면 코드 몇 줄만 수정하면 됩니다.

```
// Gemini 사용
import { google } from '@ai-sdk/google';
const result = await generateText({
  model: google('gemini-pro'),
  prompt: '안녕하세요'
});

// GPT-4로 변경
import { openai } from '@ai-sdk/openai';
const result = await generateText({
  model: openai('gpt-4'),
  prompt: '안녕하세요'
});
```

2. 실시간 스트리밍 지원

AI 응답을 한 번에 받는 대신, 마치 사람이 타이핑하듯 글자가 실시간으로 출력되도록 만들 수 있습니다. 덕분에 사용자 경험이 훨씬 자연스럽고 몰입감 있게 느껴집니다.

```
import { streamText } from 'ai';
const result = streamText({
  model: google('gemini-pro'),
  prompt: '긴 설명을 작성해 주세요'
});
```

3. Next.js 친화적

useChat, useCompletion 같은 React Hook을 기본 제공해 Next.js + React 프로젝트에서도 별도 설정 없이 바로 채팅 화면, 텍스트 생성 기능을 구현할 수 있습니다.

> 🤖 **용어** **React Hook**(리액트 훅)이란 React 함수형 컴포넌트에서 상태(state)나 생명주기(lifecycle) 같은 기능을 사용할 수 있게 해주는 특별한 함수입니다. 리액트 16.8 버전부터 도입되어 이전에 클래스형 컴포넌트에서만 가능했던 기능을 함수형 컴포넌트에서도 사용할 수 있게 되었습니다.

4. 외부 기능 실행

AI가 단순히 텍스트만 만들어내는 것이 아니라, 외부 도구(API, 함수, 데이터베이스 쿼리 등)를 직접 호출(tool calling)해 실행할 수 있습니다. 예를 들어 "서울 날씨 알려줘."라고 요청하면 AI가 날씨 API를 자동으로 호출해 실제 데이터를 가져와 답변할 수 있습니다.

5. 구조화된 데이터 생성

텍스트뿐 아니라 JSON 같은 구조화된 데이터를 바로 생성할 수 있습니다. 예를 들어, 할 일 앱에서 다음과 같은 데이터를 반환받아 그대로 활용할 수 있습니다.

```
[{ "title": "공부하기", "done": false }]
```

4.5.2. 왜 AI SDK인가

AI 기능을 직접 구현하려면 각 회사가 제공하는 API 문서를 모두 따로 읽고, 서로 다른 방식에 맞춰 코드를 작성해야 합니다. 모델마다 호출 방법, 응답 형식, 오류 처리 방식이 제각각이기 때문에 불필요한 반복 작업이 늘어나고, 서비스를 전환할 때도 수정을 많이 해야 합니다. 하지만 AI SDK를 사용하면 이런 복잡한 과정을 거칠 필요 없이 하나의 공통된 방식으로 다양한 AI 모델을 다룰 수 있습니다.

1. 개발 시간 단축

AI SDK 하나만 익히면 GPT, Gemini, Claude 같은 여러 모델을 동일한 패턴으로 사용할 수 있습니다. 모델이 달라져도 코드를 거의 바꾸지 않아도 되므로 API 차이에 신경 쓸 필요가 없습니다. 그만큼 빠르게 AI 기능을 프로젝트에 적용할 수 있습니다.

2. 일관된 개발 경험

응답 처리, 오류 핸들링, 스트리밍 같은 공통 기능이 이미 표준화되어 제공됩니다. 개발자는 모델마다 다른 처리 방식을 직접 구현할 필요 없이 같은 구조와 흐름 속에서 AI 기능을 다룰 수 있습니다. 덕분에 핵심 로직에만 집중할 수 있고, 코드의 가독성과 유지보수성도 높아집니다.

3. 프레임워크 통합

특히 Next.js와의 호환성이 뛰어납니다. useChat, useCompletion 같은 React Hook과 API Route 예제가 있어서 별도의 복잡한 설정 없이도 채팅 인터페이스나 텍스트 생성 기능을 바로 구현할 수 있습니다. 프레임워크와 자연스럽게 통합되므로 프로젝트 구조 안에 깔끔하게 녹여낼 수 있습니다.

4. 미래 확장성

초기에는 무료 사용량이 넉넉한 Gemini를 이용해 개발과 테스트를 진행할 수 있습니다. 이후 서비스가 커져 더 높은 성능이나 안정성이 필요한 시점이 오면 GPT나 Claude 같은 다른 모델로 손쉽게 전환할 수 있습니다. 코드 대부분은 그대로 두고 모델 선언 부분만 바꾸면 되기 때문에 서비스 성장 단계에 따라 유연하게 대응할 수 있습니다.

4.5.3. Gemini API 살펴보기

AI SDK는 OpenAI의 GPT, Anthropic의 Claude, Google의 Gemini 등 다양한 모델을 같은 방식으로 다룰 수 있습니다. 이 프로젝트에서는 Google의 Gemini API를 사용합니다. Gemini를 선택한 이유는 다음과 같습니다.

1. 무료 제공

무료 사용량을 개발과 테스트, 소규모 서비스 운영에 충분할 만큼 제공합니다.

> 💬 **참고**
>
> 무료라고 해서 무제한으로 쓸 수 있는 것은 아닙니다. Gemini Free 티어는 하루와 한 달 단위로 호출 횟수와 토큰 사용량에 제한이 있어 트래픽이 몰리면 quota exceeded 오류가 발생할 수 있습니다.
>
> 이 책에서는 학습과 소규모 실습을 전제로 하지만, 실제 서비스 운영 단계에서는 유료 플랜 또는 Vertex AI 전환, 운영과 개발 환경 분리, 예산 상한 및 사용량 알람 설정 등을 함께 검토하는 것이 좋습니다.
>
> 또한, AI 요금 정책은 수시로 변경될 수 있으므로 배포 전에는 반드시 최신 Gemini API 문서(ai.google.dev/gemini-api/docs/pricing)의 가격 정책을 확인해 주세요.

2. 한국어 지원

한국어 질문을 잘 이해하고, 자연스러운 답변을 생성합니다. 한국어 중심의 프로젝트를 진행하기에 적합합니다.

3. 간편한 시작

Google 계정만 있으면 API 키를 발급받을 수 있으며, 결제 정보를 별도로 입력하지 않아도 바로 사용할 수 있습니다.

4. 안정적인 성능

Google의 글로벌 인프라를 기반으로 안정적이고 빠른 응답을 제공합니다.

앞으로 프로젝트가 확장되면 AI SDK를 활용해 GPT나 Claude 같은 다른 AI 모델로 손쉽게 전환할 수도 있습니다.

정리하기

이 장에서는 앞으로 만들 AI 할 일 관리 서비스에 사용할 핵심 기술 스택을 살펴보았습니다.

- **Next.js**: 프런트엔드와 백엔드를 하나의 프로젝트 안에서 함께 개발할 수 있는 풀스택 프레임워크
- **Tailwind CSS**: 유틸리티 클래스를 조합해 빠르고 일관되게 스타일링할 수 있는 CSS 프레임워크
- **Shadcn/ui**: 완성도 높은 UI 컴포넌트를 제공하는 라이브러리
- **Supabase**: 데이터베이스와 사용자 인증을 손쉽게 처리할 수 있는 백엔드 서비스
- **AI SDK**: 다양한 AI 모델을 동일한 방식으로 연결할 수 있는 통합 도구

이 기술의 공통점은 호환성이 뛰어나고, AI 도구(특히 커서)와 잘 맞으며, 무료로 시작할 수 있다는 점입니다. 또한 모두 실무에서 널리 사용하는 안정적이고 검증된 기술이기 때문에 학습과 실습 과정에서 든든한 기반이 되어 줍니다.

다음 **5장**에서는 지금까지 배운 기술을 직접 사용해 첫 번째 실습 프로젝트인 AI 감성 분석 웹 서비스를 만들어 봅니다. 이 프로젝트는 본격적인 메인 프로젝트에 앞서 진행하는 워밍업 성격의 실습으로, 핵심 기능 구현에만 집중해 빠르게 완성할 수 있도록 설계합니다. 이를 통해 'AI와 함께 실제 서비스를 만들 수 있다'는 자신감을 얻을 수 있습니다.

최종 확인

다음 장으로 넘어가기 전에 다음 사항을 확인해 보세요.

- ☐ Next.js가 프런트엔드와 백엔드를 모두 처리한다는 점을 이해했는가?
- ☐ Tailwind CSS의 클래스 기반으로 스타일링하는 방식을 이해했는가?
- ☐ Shadcn/ui가 미리 만들어진 컴포넌트를 제공한다는 것을 알았는가?
- ☐ Supabase가 데이터베이스와 인증을 담당한다는 점을 이해했는가?
- ☐ AI SDK가 여러 AI 모델을 하나로 통합해 다룰 수 있다는 개념을 파악했는가?
- ☐ 2장에서 설치한 Node.js가 정상적으로 실행되는가?
- ☐ 3장에서 설치한 커서가 정상적으로 실행되는가?
- ☐ Google 계정(Gemini API 키 발급용)이 있는가?

 memo

5장
연습 프로젝트:
AI 감성 분석 웹 서비스
만들기

지금까지 개발 환경을 설정하고, 커서의 기본 사용법을 익히며, 프로젝트에 필요한 핵심 기술 스택을 살펴봤습니다. 이제부터는 실제로 손에 잡히는 결과물을 만들어볼 차례입니다.

본격적인 실습 프로젝트를 진행하기에 앞서 워밍업으로 AI 감성 분석 웹 서비스를 만들어 봅니다. 이 서비스는 사용자가 입력한 텍스트를 AI가 분석하는 간단한 웹 애플리케이션입니다. 지금까지 학습한 기술 스택을 실제로 적용하며 실전 감각을 익히는 데 목적이 있습니다.

5.1 프로젝트 개요

AI 감성 분석(sentiment analysis) 웹 서비스는 사용자가 입력한 텍스트를 AI가 자동으로 분석해 긍정, 부정, 중립 중 하나의 감성으로 분류합니다. 예를 들어, "오늘 정말 좋은 하루였어요!"라는 문장을 입력하면 AI는 이를 긍정(95%)로 판단해 결과를 반환합니다.

이런 감성 분석 기술은 단순한 연습용 예제에 그치지 않고 실제 서비스에도 널리 활용됩니다. 예를 들어, 앱스토어나 쇼핑몰의 고객 리뷰 평가, 기업 내부의 직원 의견 분석, 소셜 미디어의 여론 모니터링 등 다양한 분야에서 즉시 적용할 수 있는 실용적 기술입니다.

그림 5-1 감성 분석 웹 서비스 작동 방식

5.1.1. 이 프로젝트에서 배우는 내용

이 프로젝트를 통해 다음 내용을 배우게 됩니다.

1. 기술적 경험

- Next.js 프로젝트 생성 및 기본 구조 이해
- Shadcn/ui 컴포넌트와 Tailwind CSS를 활용한 UI 구성 및 스타일링
- AI SDK와 Gemini API를 연동한 감성 분석 기능 구현
- 프런트엔드와 백엔드 연동 흐름 파악

2. AI 협업

- 커서의 AI 기능을 활용한 실제 개발 과정 진행
- AI에 요청하는 방법(AI가 제안한 코드를 검토, 수정, 개선하는 과정을 경험)
- AI와 협력해 문제를 해결하는 실전 협업 능력

프로젝트를 마치면 다음 결과물을 얻게 됩니다.

- 입력 텍스트에 대한 AI 감성 분석 기능
- 긍정/부정/중립 결과의 시각적 표현(UI)
- 모바일과 데스크톱 모두에서 동작하는 반응형 웹 디자인

5.1.2. 사용할 기술 스택

이번 프로젝트에서는 **4장**에서 살펴본 5가지 기술 중 Supabase를 제외한 4가지 기술과 Gemini API를 활용합니다.

표 5-1 프로젝트에서 사용할 기술

기술	역할	활용 예
Next.js	프런트엔드와 백엔드 통합	메인 페이지, API 라우트
Tailwind CSS	디자인과 스타일링 전담	버튼, 입력창, 결과 표시 영역
Shadcn/ui	세련된 UI 컴포넌트 제공	Button, Textarea, Card 컴포넌트
AI SDK	Gemini API 연동 단순화	텍스트 분석 API 호출
Gemini API	실제 AI 감성 분석 기능	문장의 감성 판별 및 점수 제공

5.2 프로젝트 환경 설정하기

프로젝트를 시작하려면 기본 환경부터 준비해야 합니다. 여기서 말하는 환경은 단순히 컴퓨터 안에 폴더를 하나 만드는 수준이 아니라 앞으로 작성할 코드가 들어갈 자리를 마련하고, 그 코드가 실행될 기반을 준비하는 과정을 의미합니다. 모든 과정을 지금 당장 완벽히 이해하지 않아도 괜찮습니다. 처음에는 설명을 차근차근 따라 하기만 해도 충분합니다. 이후 실습을 계속하다 보면 자연스럽게 익숙해지고, 왜 이런 과정이 필요한지 점점 더 명확하게 이해할 수 있습니다.

5.2.1 프로젝트 폴더 생성하기

가장 먼저 프로젝트 폴더를 만들어야 합니다. 앞으로 작성할 AI 감성 분석 서비스의 모든 코드와 설정 파일은 이 폴더 안에서 관리하게 됩니다. 프로젝트 폴더는 단순히 여러 파일을 모아두는 '폴더' 이상의 의미를 가집니다. Next.js 프로젝트를 생성할 때 자동으로 기본 뼈대(폴더 구조, 설정 파일, 실행 환경)가 이 폴더 안에 갖춰지기 때문에 지금은 비어 있는 폴더가 곧 완전한 웹 서비스의 시작점이 되는 셈입니다.

1. 원하는 위치(경로는 모두 영문으로)에 **sentiment-analyzer**라는 이름으로 새 폴더를 만듭니다.
2. 커서의 **File → Open Folder** 메뉴에서 방금 만든 sentiment-analyzer 폴더를 선택한 후 **[폴더 선택]** 버튼을 클릭합니다.
3. 사이드바에 sentiment-analyzer 폴더가 표시되며 프로젝트 작업 공간이 만들어집니다.

그림 5-2 프로젝트 폴더 생성

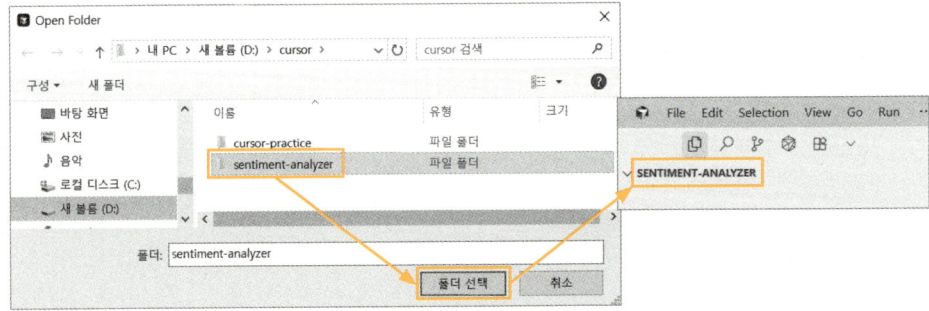

5.2.2. Next.js 프로젝트 생성하기

본격적으로 Next.js 프로젝트를 만들어 보겠습니다. Next.js는 프로젝트를 생성하는 순간 자동으로 여러 폴더와 파일을 만들어 줍니다. 예를 들어, app, components, public 같은 기본 폴더가 생기고, package.json, next.config.ts 같은 설정 파일도 자동으로 준비됩니다. 따라서 개발자가 모든 것을 처음부터 일일이 설정할 필요가 없고, 바로 코드를 작성할 수 있습니다.

1. 커서에서 터미널을 엽니다. 상단 메뉴에서 **Terminal → New Terminal**을 선택하거나 오른쪽 상단의 **토글 패널 아이콘**을 클릭하면 됩니다.

그림 5-3 터미널 열기

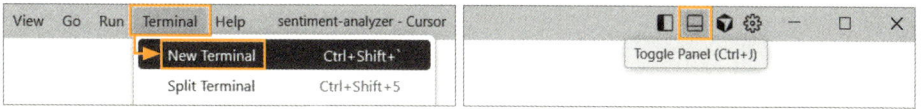

2. 열린 터미널의 현재 폴더가 **sentiment-analyzer**인지 확인합니다. 아닐 경우 sentiment-analyzer 폴더로 이동합니다.

그림 5-4 현재 위치 확인

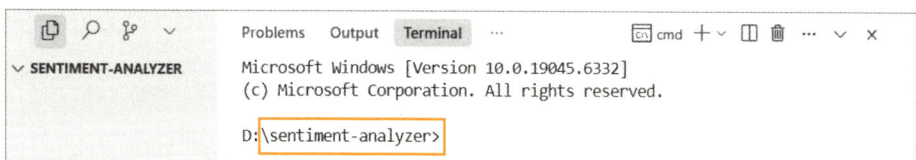

3. 터미널에 다음 명령어를 입력하고 Enter 를 눌러 실행합니다.

- **npx**: Node.js에서 제공하는 패키지 실행 도구입니다. 따로 설치하지 않아도 npm 저장소에 있는 패키지를 바로 실행할 수 있습니다.
- **create-next-app**: Next.js 프로젝트를 자동으로 생성하는 도구입니다. 이 명령어를 실행하면 폴더 구조, 설정 파일, 예제 코드가 자동으로 만들어집니다.
- **@latest**: 최신 버전을 사용하겠다는 의미입니다. 버전을 지정하지 않고도 항상 최신 Next.js 환경이 준비됩니다.

- . (한 칸 띄운 후 점 하나): 현재 폴더에 프로젝트를 생성하라는 의미입니다. 예를 들어, 현재 위치가 sentiment-analyzer 폴더라면 그 안에 바로 Next.js 프로젝트가 만들어집니다. 만약 점 대신 다른 이름(예 my-app)을 입력하면 해당 이름의 새 폴더가 생성되고 그 안에 프로젝트가 만들어집니다.

4. 설치 진행 여부를 묻는 질문이 나오면 **y**를 입력해 계속 진행합니다.

그림 5-5 설치 진행 여부 확인

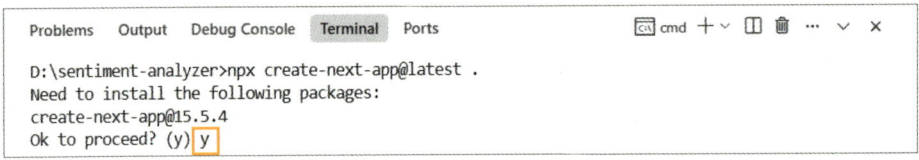

5. 이어서 Next.js 추천 기본 설정을 사용할지를 묻는 화면이 나오면 **Yes, use recommended defaults**를 선택합니다.

그림 5-6 기본 설정 선택 화면

만약 각각 선택하는 질문이 나오면 키보드 방향키를 사용해 다음과 같이 선택합니다.

- TypeScript? **Yes**
- linter? **ESLint**
- Tailwind CSS? **Yes**
- `src/` directory? **No**
- App Router? **Yes**
- Turbopack? **Yes**
- Import alias? **No**

6. 모든 패키지가 설치되면 터미널에 'Success!' 메시지가 표시됩니다. 이 메시지가 보이면 Next.js 프로젝트 생성 과정이 끝납니다.

그림 5-7 프로젝트 생성 완료

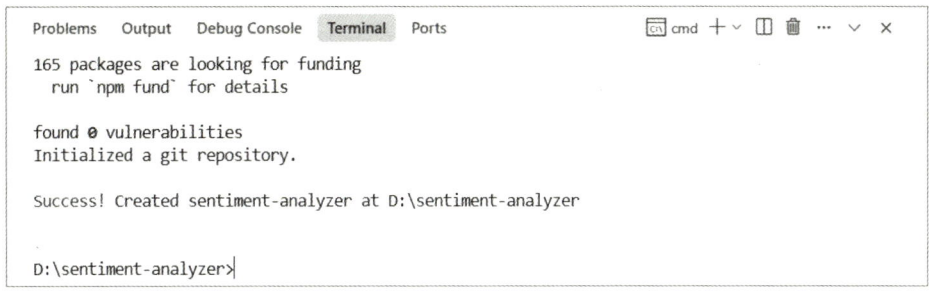

이제 Next.js 프로젝트 뼈대가 준비되었습니다. 이 폴더 안에서 원하는 기능을 추가하고, UI를 구성하며, AI 기능을 연동해 완전한 웹 서비스로 확장해 나가게 됩니다.

5.2.3. Shadcn/ui 설정 및 컴포넌트 추가하기

이번에는 프로젝트에서 UI를 쉽고 빠르게 만들 수 있도록 Shadcn/ui 라이브러리를 설치하고, 앞으로 자주 활용할 기본 컴포넌트들을 추가해 보겠습니다. Shadcn/ui는 버튼, 입력창, 카드 같은 UI 요소를 직접 코딩하지 않고도 가져다 쓸 수 있게 해주므로, 화면을 구성하는 시간을 크게 줄여줍니다.

1. 터미널에서 다음 명령어를 실행합니다.

- **shadcn@latest**: shadcn이라는 패키지의 최신 버전을 사용한다는 뜻입니다. 이 패키지는 Shadcn/ui를 설치하고 관리하는 도구입니다.
- **init**: 프로젝트를 Shadcn/ui에 맞게 초기화하는 명령어입니다. 실행하면 필요한 패키지를 설치하고 Tailwind CSS와 통합되도록 설정하며, 이후 컴포넌트를 추가할 수 있는 준비 작업이 이루어집니다.

2. 설치 과정이 진행되다가 환경 설정과 관련한 질문이 나오면 다음과 같이 선택합니다.

- OK to proceed? **y**
- base color? **Neutral**

3. 모든 과정이 끝나고 'Success!' 메시지가 보이면 Shadcn/ui 설치 및 초기화가 완료됩니다.

그림 5-8 패키지 설치 및 초기화 완료

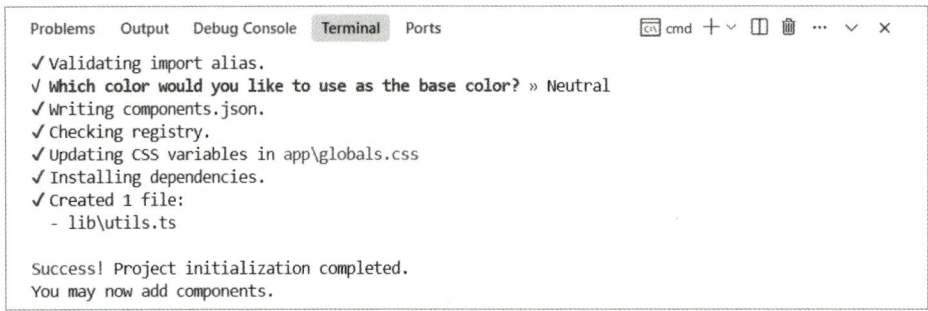

4. 이제 프로젝트에서 사용할 컴포넌트를 추가합니다. 터미널에 다음 명령어를 입력합니다.

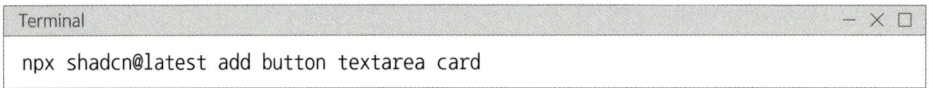

- **add**: 특정 컴포넌트를 프로젝트에 추가하는 명령어입니다.
- **button textarea card**: 추가할 컴포넌트 이름입니다. 여러 개를 띄어쓰기로 구분해 한 번에 지정할 수 있습니다. button은 저장, 전송 등 버튼 역할을 하는 컴포넌트, textarea는 여러 줄 입력을 위한 텍스트 영역(■ 분석할 텍스트 입력창), card는 정보를 담거나 결과를 표시할 때 사용하는 카드 형태의 컨테이너입니다.

그림 5-9 컴포넌트 설치 완료

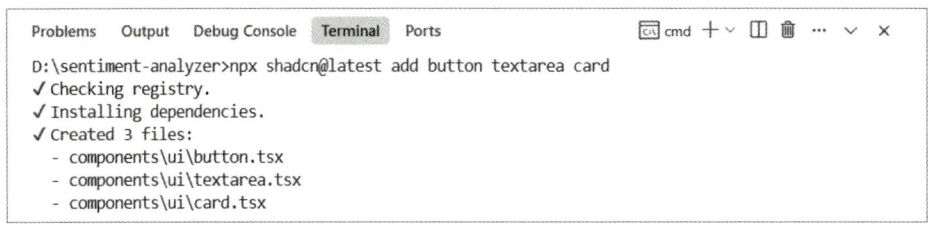

이제 버튼, 입력창, 카드 같은 UI 요소를 직접 작성하지 않고 바로 사용할 수 있습니다.

5.2.4. AI SDK 설치하기

다음으로 프로젝트에 AI 기능을 연결하기 위해 AI SDK를 설치하겠습니다.

1. 터미널에 다음 명령어를 입력합니다.

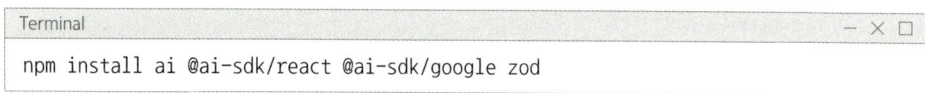

- **`npm install`**: npm을 통해 새로운 패키지를 설치하는 명령어입니다. 실행하면 package.json에 패키지가 추가되고, node_modules 폴더에 실제 코드가 다운로드됩니다.
- **`ai`**: AI SDK의 핵심 패키지로, 여러 AI 모델을 공통된 방식으로 다룰 수 있는 기본 기능이 들어 있습니다.
- **`@ai-sdk/react`**: React 환경에서 AI SDK를 쉽게 사용할 수 있도록 도와주는 패키지입니다. useChat, useCompletion 같은 React Hook을 제공해 채팅 화면이나 텍스트 자동 완성 같은 기능을 빠르게 구현할 수 있습니다.
- **`@ai-sdk/google`**: Google Gemini API를 연결하는 패키지입니다. AI SDK에 "Google Gemini 모델을 불러와 사용하라"라고 알려주는 역할을 합니다.
- **`zod`**: 데이터 검증 라이브러리입니다. AI가 생성한 응답이 올바른 형식(JSON 등)인지 확인하거나 잘못된 데이터를 걸러내는 데 쓰입니다. 예를 들어, 숫자만 와야 하는 곳에 문자열이 들어온 경우 같은 오류를 미리 잡아낼 수 있습니다.

2. 설치가 끝나면 관련 메시지가 표시됩니다.

그림 5-10 AI SDK 설치 완료

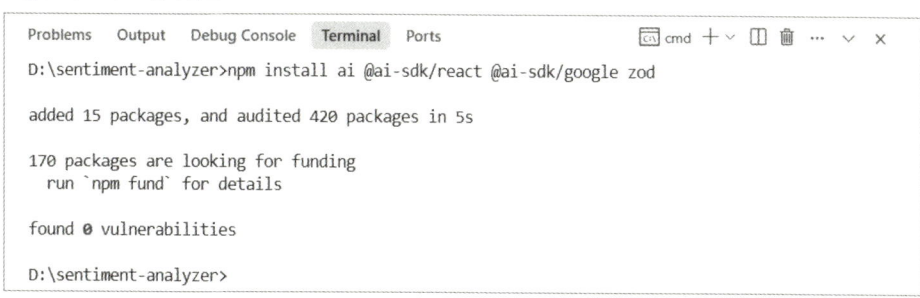

3. 프로젝트 폴더의 package.json 파일을 열어 "dependencies" 항목을 보면 설치한 패키지들의 버전을 확인할 수 있습니다(설치 시점에 따라 버전은 책과 다를 수 있습니다).

```
"dependencies": {
  "@ai-sdk/google": "^2.0.31",
  "@ai-sdk/react": "^2.0.92",
  "@radix-ui/react-slot": "^1.2.4",
  "ai": "^5.0.92",
  "class-variance-authority": "^0.7.1",
  "clsx": "^2.1.1",
  "lucide-react": "^0.553.0",
  "next": "16.0.1",
  "react": "19.2.0",
  "react-dom": "19.2.0",
  "tailwind-merge": "^3.4.0",
  "zod": "^4.1.12"
},
```

이제 프로젝트에서 AI SDK를 활용할 준비가 모두 끝났습니다. 앞으로는 몇 줄 코드만으로 Gemini API를 불러와 감성 분석 기능을 구현할 수 있습니다.

5.2.5. 프로젝트 폴더 구조 이해하기

프로젝트 안에 어떤 폴더와 파일이 자동으로 만들어졌는지 살펴보겠습니다. 사이드바를 열어보면 **그림 5-11**과 같은 구조가 보입니다.

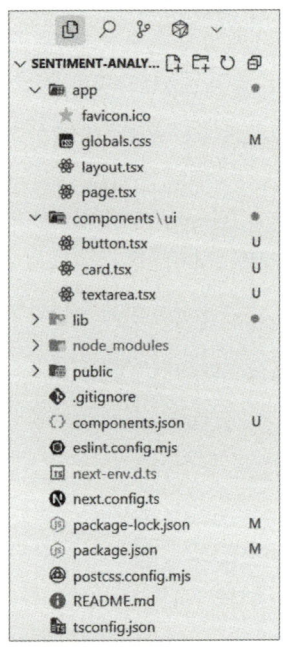

그림 5-11 프로젝트 폴더 구조

1. **app**: Next.js의 App Router가 적용되는 핵심 폴더입니다. 즉, app 폴더 안에 파일과 폴더를 만들면 웹사이트의 페이지와 URL이 자동으로 연결된다는 뜻입니다. 예를 들어, /app/about/page.tsx라는 파일을 만들면 웹 브라우저에서 localhost:3000/about 주소로 접속할 수 있습니다.

   · **layout.tsx**: 페이지 전반에 걸쳐 공통으로 쓰는 레이아웃(예 메뉴, 헤더, 푸터)을 정의하는 파일

   · **page.tsx**: 실제 화면에 보이는 페이지의 내용을 작성하는 파일

> 🐤 **용어** **App Router**란 Next.js에서 화면 전환(라우팅)을 담당하는 시스템을 말합니다. 웹사이트는 보통 홈, 소개, 로그인처럼 여러 페이지로 이루어져 있습니다. 이때 각 페이지를 어떤 주소(URL)와 연결할지 정하는 것이 라우터(router)의 역할입니다. Next.js 13부터 기존의 pages 폴더 대신 app 폴더를 사용하는 새로운 라우팅 방식(App Router)이 도입되었습니다.

2. **components**: 버튼, 입력창, 카드 같은 UI 컴포넌트를 모아두는 폴더입니다. Shadcn/ui를 통해 추가한 컴포넌트도 여기에 저장됩니다. 앞으로 직접 만들거나 수정하는 UI 요소 역시 이 폴더에 모아두면 관리하기가 수월합니다.

3. **lib**: 자주 쓰는 함수(유틸리티 함수)를 모아두는 폴더입니다. 예를 들어, 날짜 형식을 변환하는 함수나 공통 API 호출 함수를 여기에 작성해두면 여러 파일에서 편리하게 재사용할 수 있습니다.

4. **public**: 이미지, 아이콘, 로고, 오디오 파일 같은 정적 리소스를 관리하는 공간입니다. 여기에 저장된 파일은 프로젝트를 빌드한 후에도 그대로 제공되므로 리소스 관리에 많이 활용됩니다.

5. **next.config.ts**: Next.js의 동작 방식을 조정하는 설정 파일입니다. 보통은 기본값 그대로 사용해도 충분합니다. 프로젝트가 복잡해지거나 특수한 설정이 필요할 때만 수정합니다.

6. **package.json**: 프로젝트의 설명서 역할을 하는 중요한 파일입니다. 어떤 패키지가 설치되었는지, 어떤 명령어(script)를 실행할 수 있는지 모두 기록되어 있습니다.

이 모든 구조를 지금 당장 외울 필요는 없습니다. "아, 이런 폴더가 있고 이런 역할을 하는구나!" 정도만 알아두면 충분합니다. 앞으로 프로젝트를 진행하면서 자연스럽게 손에 익게 될 것입니다.

5.2.6. 개발 서버 실행하고 결과 확인하기

환경 설정이 모두 끝났으니, 실제로 프로젝트가 잘 동작하는지 웹 브라우저에서 확인해 보겠습니다.

1. 터미널에 다음 명령어를 입력합니다. 이 명령어는 Next.js 개발 서버를 실행하는 기본 명령어입니다.

```
Terminal
npm run dev
```

2. 개발 서버가 실행되면 터미널에 다음과 같은 주소가 출력됩니다. 보통은 **http://localhost:3000** 주소가 표시됩니다.

그림 5-12 개발 서버 실행

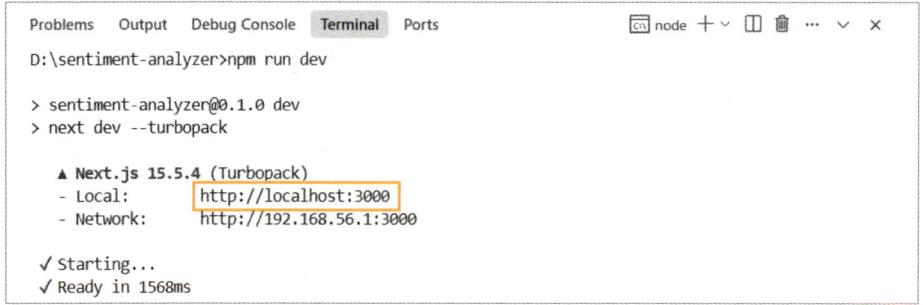

3. Ctrl 을 누른 채로 주소를 클릭하거나 웹 브라우저 주소창에 해당 주소를 입력하면 Next.js 기본 페이지가 열립니다.

그림 5-13 Next.js 기본 페이지

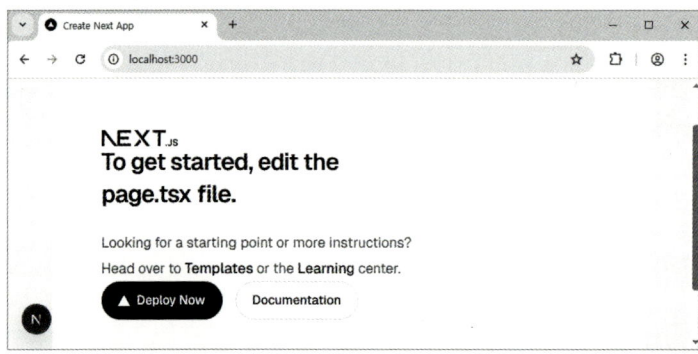

4. 개발 서버는 켠 상태에서 계속 유지됩니다. 작업이 끝나면 터미널에서 Ctrl + C 를 눌러 서버를 종료할 수 있습니다. 종료한 후 다시 실행하려면 npm run dev를 다시 입력하면 됩니다.

여기까지 진행했다면 프로젝트 환경 설정이 완전히 끝납니다. 이제 감성 분석 웹 서비스를 구현할 준비가 완료되었습니다.

5.3 감성 분석 화면 만들기

이제 커서의 AI 기능을 활용해 감성 분석 서비스의 화면을 만들어 보겠습니다. 단순히 AI가 코드를 자동으로 생성해주는 데서 끝나는 것이 아니라 AI와 협업하며 코드를 완성해 나가는 과정을 직접 경험할 수 있습니다.

5.3.1. 감성 분석 화면 구성하기

1. 커서에서 AI 패널을 열고 모드를 **Agent** 모드로 선택합니다. 모델은 **Sonnet 4.5**를 권장합니다(2025년 11월 기준 추천 모델: Sonnet 4.5, GPT-5 Codex, GPT-5). 만약 Pro 요금제 한도를 초과했다면 **Auto** 모드로 진행해도 무방합니다.

그림 5-14 모드와 모델 선택

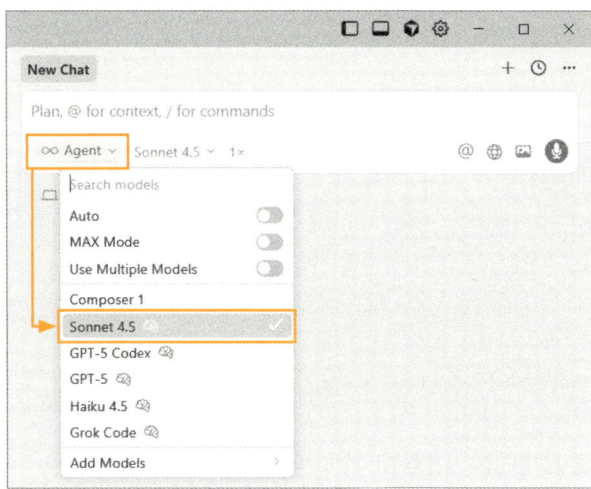

2. 프롬프트 입력창에 다음과 같은 요청을 입력해 감성 분석 화면을 생성합니다. 프롬프트를 예시 그대로 입력할 필요는 없습니다. 자신이 원하는 문구로 자유롭게 작성해도 AI가 적절히 반응합니다.

감성 분석 서비스의 화면을 다음 사항을 반영해 구현해 주세요.

1. 화면 구성

- 제목: "AI 감성 분석기"

- 설명: "텍스트를 입력하면 AI가 감성을 분석해 드립니다."

- 입력창: 여러 줄 텍스트 입력 가능

- 분석 버튼: 클릭하면 감성 분석 실행

- 결과 영역: 긍정/부정/중립 중 하나로 결과 시각화

2. 기술 요구사항

- Next.js App Router 사용

- Tailwind CSS로 스타일링

- Shadcn/ui 컴포넌트 활용

3. 디자인 요구사항

- 모바일에서도 잘 보이는 반응형 디자인

- 결과를 표시할 때 부드러운 애니메이션 효과

> **참고**
>
> 커서에서 AI가 코드를 작성하거나 수정하는 과정 중, 가끔 "개발 서버를 실행하려면 npm run dev를 실행해야 합니다."와 같은 요청이 표시될 때가 있습니다. 이때 화면에는 Run, Skip, Reject 중 하나를 선택할 수 있는 메뉴가 나타납니다.
>
> - **Run**: 커서가 대신 npm run dev 명령어를 실행합니다. 즉, AI가 직접 개발 서버를 켜는 옵션입니다.
> - **Skip**: 실행을 건너뛰고, 사용자가 터미널에서 직접 명령어를 입력해 서버를 실행하도록 합니다.
> - **Reject**: 해당 요청 자체를 거부합니다(AI가 명령을 실행하지 않음).
>
> 개발 서버는 한 번 실행하면 계속 유지되므로 실습 환경에서는 보통 **Skip**을 선택하고 터미널에 npm run dev를 직접 입력하는 편이 더 안전합니다.

그림 5-15 npm run dev 실행 권한 요청 시

3. AI가 화면 구성을 완료하면 마지막에 **[Keep All]** 버튼을 클릭해 생성된 코드를 프로젝트에 적용합니다.

그림 5-16 코드 생성 및 적용

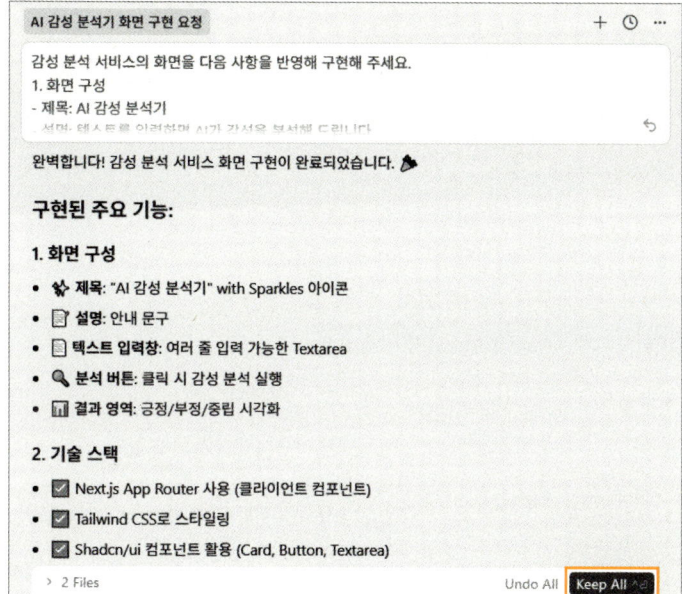

5.3.2. 화면 구성 결과 확인하기

1. 터미널에 다음 명령어를 입력해 개발 서버를 실행합니다. 이미 서버를 켜두었다면 이 단계는 건너뛰어도 괜찮습니다.

2. 웹 브라우저 주소창에, 터미널에 표시된 주소(예 http://localhost:3000)를 입력하면 결과 화면을 확인할 수 있습니다.

그림 5-17 AI 감성 분석기 메인 화면

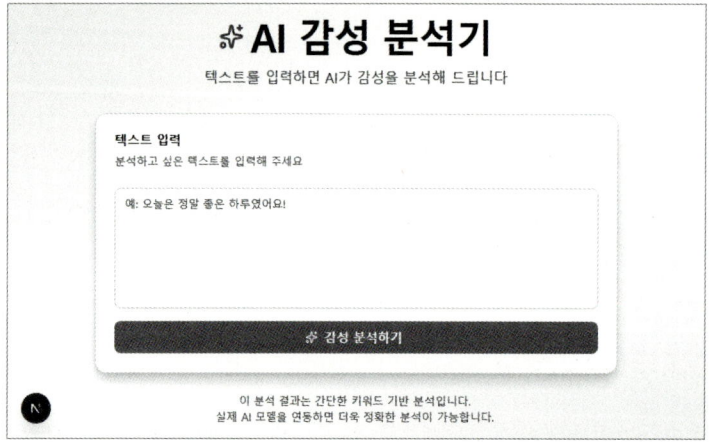

3. 생성형 AI의 특성상 화면 구성은 책과 조금 다를 수 있습니다. 다음 항목이 제대로 구현되었는지만 확인하세요.

- 제목과 설명이 명확하게 표시되는가?
- 텍스트 입력창에 글을 입력할 수 있는가?
- [감성 분석하기] 버튼이 정상 동작하는가?
- 웹 브라우저 크기를 줄였을 때(모바일 화면)도 잘 보이는가?

여기까지 진행했다면 감성 분석 서비스의 기본 화면이 구성된 것입니다.

5.4 감성 분석 기능 구현하기

앞에서 만든 감성 분석 서비스의 화면에 AI SDK와 Gemini API를 연결해 텍스트를 분석하는 기능을 추가해 보겠습니다. 단순히 모양만 갖춘 페이지가 아니라 실제로 동작하는 서비스를 완성하는 단계입니다.

5.4.1. Gemini API 연동하기

먼저 Google이 제공하는 Gemini API를 프로젝트에 연결합니다. 이 과정을 거치면 AI가 텍스트를 이해하고, 문장을 긍정·부정·중립 중 하나로 분석할 수 있게 됩니다.

API 키 발급하기

1. 웹 브라우저에서 Google AI Studio의 **Gemini API Key 페이지**(aistudio.google.com/api-keys)에 접속합니다. 로그인 화면이 나오면 Google 계정으로 로그인합니다.

2. 서비스 약관 및 개인정보처리방침에 관한 내용을 확인하는 창이 뜨면 **읽었음에 체크**하고 **[동의]** 버튼을 클릭합니다.

   그림 5-18 약관 동의

   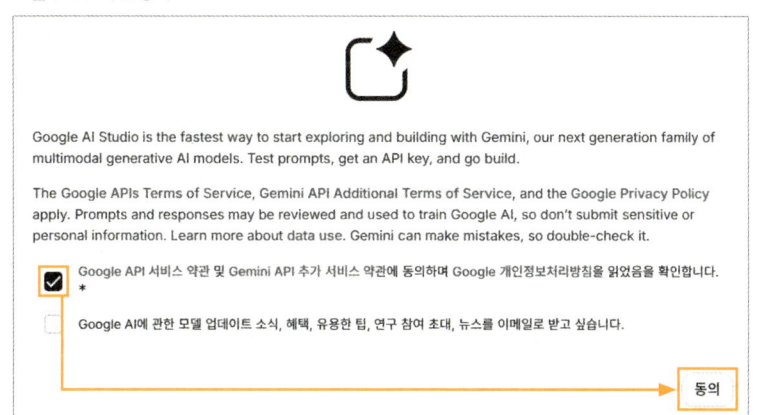

3. API 키 페이지의 오른쪽 상단에 있는 **[API 키 만들기]** 버튼을 클릭합니다.

그림 5-19 [API 키 만들기] 클릭

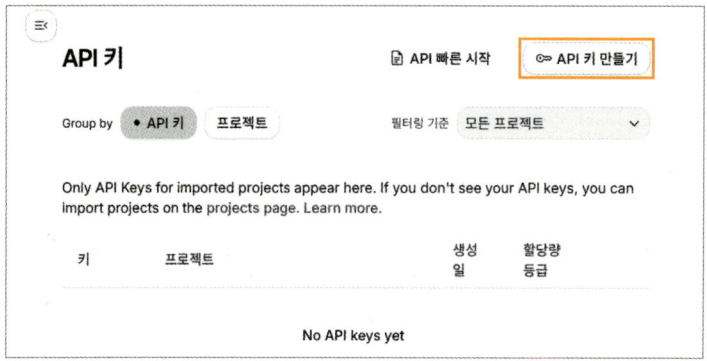

4. 새 키 만들기 창이 열리면 가져온 프로젝트 선택에서 **Create project**를 선택합니다.

그림 5-20 Create project 선택

5. 새 프로젝트 만들기 창이 열리면 sentiment-analyzer라고 입력하고 **[프로젝트 만들기]** 버튼을 클릭합니다.

그림 5-21 프로젝트 만들기

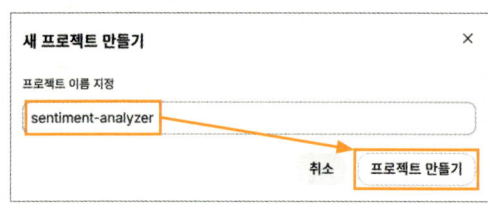

6. 다시 새 키 만들기 창이 열리면 **sentiment-analyzer**를 선택하고 **[키 만들기]** 버튼을 클릭합니다.

그림 5-22 프로젝트 선택 후 키 만들기

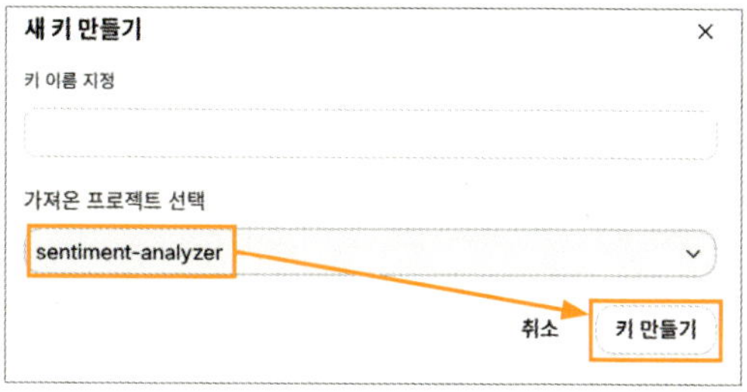

7. API 키 페이지에 생성된 키가 표시됩니다.

그림 5-23 API 키 생성 완료

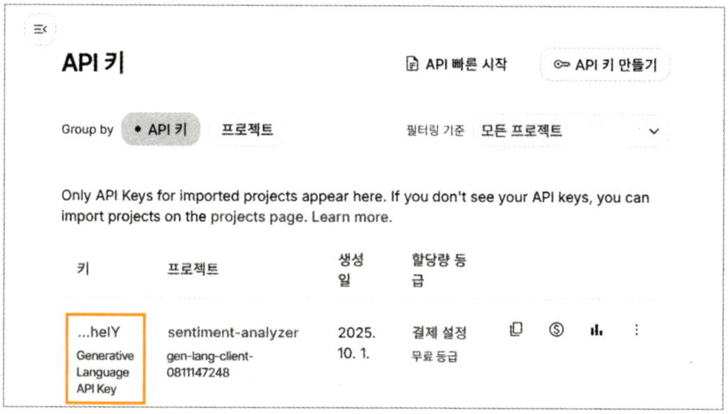

8. API 키를 클릭하면 세부정보가 표시됩니다. 키를 복사해서 따로 보관합니다. API 키는 절대 외부에 노출하면 안 됩니다.

그림 5-24 API 복사

환경 변수 설정하기

AI 기능을 안전하게 사용하려면 발급받은 API 키를 코드에 직접 적지 않고 **환경 변수**(environment variable) 파일에 저장해야 합니다. 환경 변수는 프로젝트 안에서만 읽을 수 있으며, 외부에는 공유되지 않도록 보호됩니다. 주로 API 키, 데이터베이스 비밀번호 같은 민감한 정보를 관리할 때 활용합니다.

1. 커서로 돌아와서 사이드바에서 **[New File...]** 버튼을 클릭해 프로젝트 폴더(sentiment-analyzer)에 **.env.local** 파일을 새로 만듭니다.

그림 5-25 환경 변수 파일(.env.local) 생성

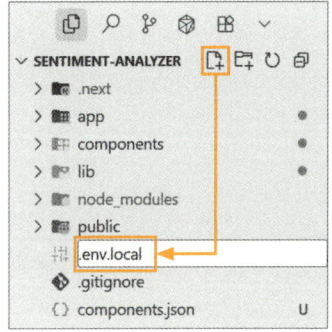

2. 중앙 코드 편집기에 열린 .env.local 파일에 다음과 같이 코드를 작성하고 저장합니다.

.env.local
```
GOOGLE_GENERATIVE_AI_API_KEY=복사한_API키
```

.env.local 파일은 Git에서 자동으로 제외되기 때문에 보통 원격 저장소에는 올라가지 않습니다. 하지만 화면을 공유하거나 스크린샷을 캡처할 때 노출될 수 있으니 주의하세요.

5.4.2. 감성 분석 기능 구현하기

API 키를 등록했다면 이제 감성 분석 기능을 구현할 차례입니다. 이번 단계에서도 커서의 AI 기능을 적극적으로 활용합니다.

1. AI 패널을 열고, 프롬프트 입력창에 감성 분석 기능을 구현하라는 요청을 작성합니다. "텍스트를 입력받아 Gemini API로 감성을 분석하고, 결과를 긍정/부정/중립 중 하나로 반환하는 기능을 만들어 주세요." 같은 문구를 입력하면 됩니다.

기존에 만든 화면에 다음 사항을 반영해 감성 분석 기능을 구현해 주세요.

1. 기술 요구사항

- AI SDK를 활용한 Gemini API 연동(gemini-2.5-flash)

- 환경 변수에 등록한 API 키 사용

- Next.js API Route로 백엔드 구현

2. 기능 요구사항

- 사용자가 입력한 텍스트 분석

- 긍정/부정/중립으로 분류

- 각 감성의 신뢰도를 백분율(%)로 표시

- 분석 이유를 간단히 설명

3. 오류 처리

- API 키가 없을 때 오류 메시지를 표시

- 네트워크에 오류가 있을 때 사용자에게 안내

- 입력이 너무 길 경우 길이 제한을 안내

2. 커서가 자동으로 코드를 작성하면 코드 내용을 확인합니다. 불필요한 부분은 없는지, 의도한 기능이 맞는지 검토한 뒤 [Keep All] 버튼을 눌러 프로젝트에 반영합니다.

그림 5-26 코드 생성 및 적용

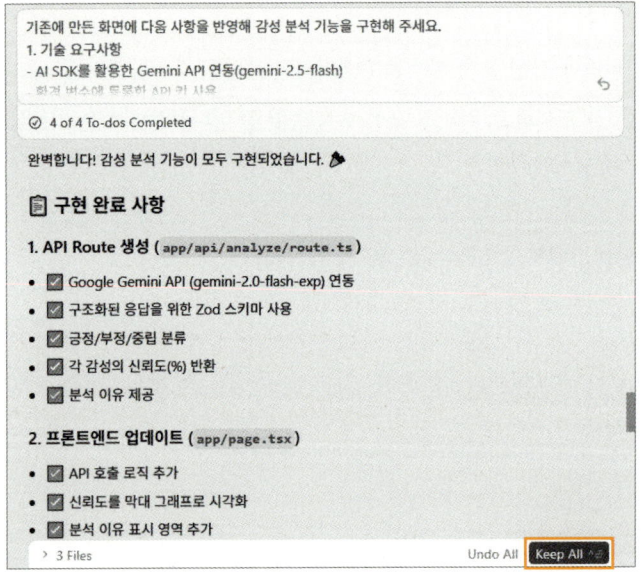

5.4.3. 감성 분석 기능 확인하기

구현한 기능이 올바르게 동작하는지 확인해 보겠습니다.

1. 터미널에 다음 명령어를 입력해 개발 서버를 실행합니다. 이미 켜 있다면 이 단계는 건너뜁니다.

2. 웹 브라우저를 열고, 터미널에 표시된 주소(예 http://localhost:3000)를 입력합니다.

3. 텍스트 입력창에 여러 문장을 입력해 결과가 기대한 대로 출력되는지 확인합니다.

- **긍정 문장 예**: 오늘 정말 좋은 하루였어요! 새로운 프로젝트도 성공적으로 시작했고 팀원들과도 즐겁게 일할 수 있었습니다.

- **부정 문장 예**: 요즘 일이 너무 힘들고 스트레스를 많이 받고 있어요. 뭘 해도 잘 안 돼서 기분이 우울합니다.

- **중립 문장 예**: 내일 오전 9시에 회의가 있고, 오후에는 보고서를 작성해야 합니다. 저녁에는 집에 일찍 들어갈 예정입니다.

그림 5-27 감성 분석 결과 예

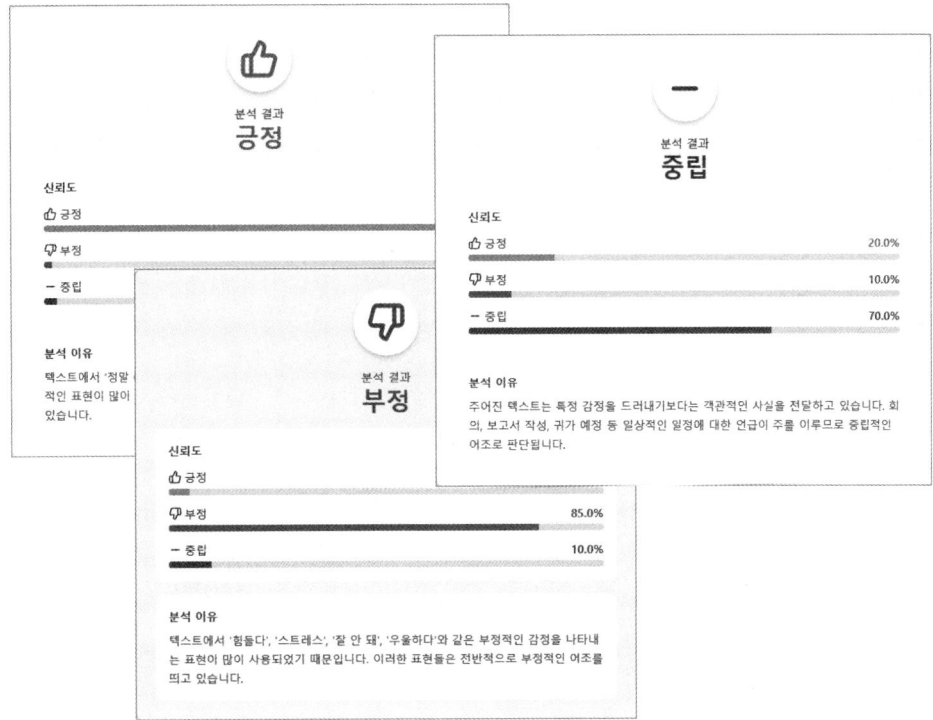

화면만 있던 감성 분석기가 실제로 동작하는 AI 서비스로 바뀌었습니다. 텍스트를 입력하면 AI가 긍정/부정/중립으로 분석하고, 그 근거까지 함께 설명해 줍니다.

생성형 AI의 특성상 결과는 실행할 때마다 조금씩 달라질 수 있습니다. 따라서 다음 사항이 제대로 동작하는지 중점적으로 확인해 보세요.

- 긍정적인 문장은 긍정으로 분석되는가?
- 부정적인 문장은 부정으로 분석되는가?
- 중립적인 문장은 중립으로 분석되는가?

처음부터 완벽할 필요는 없습니다. 중요한 것은 AI와 함께 코드를 수정하고 개선하면서 기능을 점점 더 정확하고 안정적으로 발전해 나가는 과정입니다.

정리하기

이번 장에서는 첫 번째 AI 웹 서비스인 감성 분석기를 완성했습니다. 단순히 화면을 만드는 수준을 넘어, AI와 함께 실제로 동작하는 웹 서비스를 개발하는 전체 과정을 직접 경험했습니다.

1. 기술적 성과

- **프로젝트 환경 구축**: Next.js 프로젝트 생성부터 Shadcn/ui 컴포넌트 추가, AI SDK 설치까지 직접 진행하며 개발 환경을 설정했습니다.
- **AI API 연동**: Google Gemini API 키 발급, 환경 변수 설정, 실제 API 호출을 거쳐 AI 기능을 프로젝트에 연결했습니다.
- **풀스택 개발 경험**: 프런트엔드(UI) 구성과 백엔드(API) 구현을 한 프로젝트 안에서 모두 다루며, 풀스택 개발의 흐름을 경험했습니다.

2. AI 활용 역량

- **효과적인 프롬프트 작성**: 구체적인 요구사항과 기술 스펙을 포함한 요청을 AI에 전달해 원하는 결과를 얻는 방법을 배웠습니다.
- **코드 검증**: AI가 생성한 코드를 직접 실행하고 검증하며, 올바른 결과를 확인하는 과정을 통해 신뢰도를 높였습니다.

3. 완성된 결과물

- **실제 작동하는 웹 서비스**: 텍스트 입력 → AI 분석 → 결과 표시까지 하나의 흐름으로 동작하는 웹 애플리케이션을 완성했습니다.
- **반응형 디자인**: 모바일과 데스크톱 화면에서 모두 매끄럽게 작동하는 UI를 구현했습니다.
- **실용적 AI 기능**: 긍정/부정/중립 감성을 판별하고, 신뢰도(%)까지 보여주는 AI 시스템을 구축했습니다.

무엇보다 중요한 성과는, 이번 프로젝트를 통해 'AI와 함께라면 나도 실제 웹 서비스를 만들 수 있다'는 자신감을 얻게 되었다는 점입니다. 감성 분석기는 워밍업 성격의 프로젝트였습니다. **6장**부터는 지금까지의 경험을 바탕으로, 더 복잡하고 실용적인 AI 할 일 관리 서비스를 본격적으로 만들어 갑니다.

> 😊 **최종 확인**
>
> **다음 장으로 넘어가기 전에 다음 사항을 확인해 보세요.**
>
> ☐ 프로젝트 환경 설정 과정을 이해했는가?
>
> ☐ 커서의 Agent 모드 사용법을 이해했는가?
>
> ☐ AI SDK와 Gemini API 연동 과정을 파악했는가?
>
> ☐ 환경 변수 파일(.env.local)의 관리 방법을 익혔는가?

Part 2

실습 프로젝트: AI 할 일 관리 웹 서비스 만들기

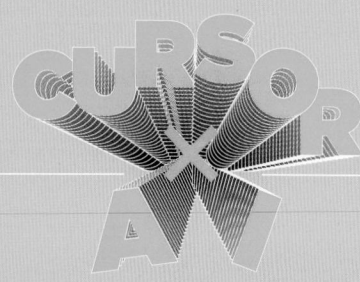

Part 2

실습 프로젝트:
AI 할 일 관리 웹 서비스 만들기

6장 프로젝트 시작하기: 환경 설정 및 규칙 정의

7장 프로젝트 기획하기: PRD 작성

8장 화면 구성하기: 디자인 시스템과 로그인/메인 페이지

9장 백엔드 구축하기: 데이터베이스, 인증, CRUD

10장 AI 기능 구현하기: 자연어 처리 및 분석

11장 서비스 배포하기: 실제 서비스 공개

12장 프로젝트 마무리와 이후 학습

6장
프로젝트 시작하기: 환경 설정 및 규칙 정의

5장에서 감성 분석 웹 서비스를 만들며 프로젝트 환경 설정 방법을 확인하고 커서의 AI 기능을 활용해 봤습니다. 6장부터는 그 경험을 바탕으로 AI 할 일 관리 웹 서비스를 본격적으로 개발합니다. 감성 분석 서비스가 기술 체험을 위한 연습 프로젝트였다면, 할 일 관리 서비스는 실생활에서 매일 활용할 수 있는 완성형 서비스입니다. 이 과정을 통해 AI와 협업해 실제로 가치 있는 서비스를 구현하는 방법을 배워봅니다.

6.1 프로젝트 개요

이 절에서는 AI 할 일 관리 서비스가 어떤 모습으로 완성될지, 어떤 기능을 구현할지, 이를 통해 어떤 성과를 얻을 수 있을지를 살펴보겠습니다.

6.1.1. 프로젝트 정의와 핵심 기능

AI 할 일 관리 웹 서비스가 기존의 할 일 관리 앱과 다른 점은 AI가 사용자의 자연어 입력을 이해하고 구조화된 데이터로 변환한다는 점입니다.

- **일반 할 일 관리 앱**: "회의 준비"처럼 간단한 제목만 입력
- **AI 할 일 관리 서비스**: "내일 오후 3시에 중요한 팀 회의 준비하기"를 입력하면 AI가 자동으로 제목, 날짜, 시간, 우선순위 추출

또한, **5장**에서 만든 감성 분석기보다 한층 더 복잡하고 실용적인 구조입니다.

표 6-1 프로젝트 비교

구분	감성 분석기	AI 할 일 관리 서비스
데이터베이스	사용 안 함	Supabase 활용
사용자 관리	없음	로그인/회원가입 기능
화면 구성	단일 페이지	로그인, 메인, 상세 등 3개 페이지
AI 기능	감성 분석	자연어 처리 + 요약/분석
완성도	체험용	실사용 가능

실습 프로젝트에서 구현할 주요 기능은 다음과 같습니다.

1. AI 자연어 처리

전체 문장을 입력하면 AI가 자동으로 제목, 날짜, 시간, 우선순위를 분석해 정리합니다.

예 "내일 오후 3시에 중요한 팀 회의 준비하기"

- **제목**: 회의 준비
- **날짜**: 내일
- **시간**: 15:00
- **우선순위**: 높음

2. 할 일 관리(CRUD)

CRUD는 **Create**(생성), **Read**(조회), **Update**(수정), **Delete**(삭제)의 약어로, 데이터를 다룰 때 기본적으로 필요한 4가지 동작을 의미합니다.

- 사용자가 직접 입력하거나 AI가 분석한 결과를 그대로 등록할 수 있습니다.
- 등록된 항목은 날짜/우선순위로 정렬하거나 태그/검색 기능으로 조회할 수 있습니다.
- 이미 추가한 항목은 제목을 변경하거나 완료/미완료 상태를 전환할 수 있습니다.
- 불필요한 항목은 개별 또는 여러 개를 선택해 한 번에 삭제할 수 있으며, 삭제할 때는 확인 창을 띄워 실수로 지우는 일을 방지합니다.

3. 자동 분류

사용자가 입력한 문장에서 중요도, 긴급도, 마감일 등 키워드를 분석해 자동으로 우선순위를 지정합니다.

예 "중요한", "긴급한" 등의 단어 + 마감일 정보

또한, 입력된 내용을 업무, 개인, 건강, 학습 등 주제별 태그로 자동 분류해 사용자가 할 일을 더욱 체계적으로 관리할 수 있도록 돕습니다.

4. 개인 데이터 관리

회원가입과 로그인 기능을 통해 사용자별 데이터를 안전하게 분리하고 관리합니다. 여러 사용자가 같은 서비스를 이용하더라도 각자의 할 일 정보는 독립적으로 저장되며, Supabase 인증 시스템을 통해 보안이 보장됩니다.

5. AI 인사이트

AI가 완료된 할 일과 남은 할 일을 종합해 일일 요약 보고서를 제공합니다. 이를 통해 사용자는 하루를 돌아보고 다음 날의 우선순위를 재정비할 수 있습니다.

> 예 "오늘 8개 중 6개를 완료했습니다. 남은 중요한 할 일 2개에 집중하세요."

또한, 주간 단위로 완료율, 생산성이 높은 시간대, 자주 미루는 패턴 등을 분석해 보여줌으로써 장기적 생산성 향상에 기여합니다.

6.1.2. 실제 사용 시나리오

서비스를 실제로 어떻게 사용하는지 직장인의 하루 일과를 예로 들어 살펴보겠습니다.

[예제 시나리오]

1. 오전 9시, 출근하자마자 "오전 10시에 팀 미팅 준비, 오후 2시에 보고서 제출, 퇴근 전 이메일 확인"을 입력합니다.

→ AI는 이를 자동으로 분석해 다음과 같이 정리합니다.

- **제목**: 팀 미팅 준비/보고서 제출/이메일 확인
- **시간**: 10:00/14:00/17:30
- **우선순위**: 높음/보통/낮음
- **카테고리**: 업무

2. 오후 3시, "내일 오전 8시에 헬스장 가기"를 입력합니다.

→ AI는 이를 개인 일정으로 분류해 별도의 '개인' 태그를 표시합니다.

3. 저녁 6시 퇴근 후 "내일 아침 첫 번째로 고객사 전화하기"를 입력합니다.

→ AI는 이를 높은 우선순위 할 일로 분류하고 내일 일정에 추가합니다.

이처럼 자연스러운 문장으로 입력만 해도 복잡한 일정이 자동으로 구조화되는 것, 바로 이것이 AI 할 일 관리 서비스의 핵심입니다.

6.1.3. 프로젝트에서 배우는 내용

이 프로젝트를 완성하면 다음과 같은 기술적·실무적 역량을 배우고 경험하게 됩니다.

1. 기술적 경험

- 실무 수준의 풀스택 개발
- 데이터베이스 설계 및 관리
- 사용자 인증과 보안 처리 구현
- AI 기능을 실제 서비스에 통합하는 방법

2. 실용적 결과물

- 실제 사용할 수 있는 완성형 웹 서비스 구축
- 포트폴리오로 활용 가능한 수준의 프로젝트 완성
- Vercel을 통한 실제 URL 배포로 언제든 시연 가능

3. AI 협업

- AI와 함께 복잡한 프로젝트를 체계적으로 완성
- 요구사항에 따라 최적의 AI 도구를 선택하고 활용

6.1.4. 프로젝트 진행 계획

실습 프로젝트는 6개 장에 걸쳐 단계적으로 완성됩니다.

표 6-2 프로젝트의 장 구성

장	주제	주요 학습 내용
6장	프로젝트 시작하기	환경 설정 및 규칙 정의
7장	프로젝트 기획하기	PRD 작성 및 기능 설계
8장	화면 구성하기	로그인/메인 페이지 UI 구현
9장	백엔드 구축하기	데이터베이스 설계, 인증, CRUD 구현
10장	AI 기능 구현하기	자연어 처리 및 AI 분석 기능 추가
11장	서비스 배포하기	실제 서비스 공개 및 검증

장이 끝날 때마다 완성된 결과물을 확인할 수 있도록 구성해, 단계별로 성취감을 느끼며 학습을 이어갈 수 있습니다.

처음부터 모든 기능을 완벽하게 만들려고 하면 금세 지치기 쉽습니다. 우선 동작하는 버전을 완성하고, 그다음 AI의 도움을 받아 기능을 점진적으로 개선하는 것이 실제 개발의 효율적인 방식입니다. AI와 함께라면 새로운 기능을 추가하거나 고도화하는 것도 훨씬 수월합니다.

6.2 프로젝트 환경 설정하기

AI 할 일 관리 웹 서비스를 만들려면 우선 개발 환경을 올바르게 설정하는 것이 중요합니다. 이 절에서는 Next.js, Tailwind CSS, TypeScript, Shadcn/ui, AI SDK를 설치하고 기본적인 프로젝트 구조를 확인한 뒤, 개발 서버를 실행해 초기 설정이 정상적으로 완료되었는지 검증합니다. **5장**에서 이미 환경 설정 과정을 한 차례 다뤘으므로 이번에는 그 내용을 복습하며 실습 프로젝트에 필요한 기술들을 본격적으로 준비합니다.

6.2.1. 프로젝트 폴더 생성하기

프로젝트를 저장할 작업 폴더부터 준비하겠습니다.

1. 원하는 위치에 **ai-todo-manager**라는 이름으로 새 폴더를 생성합니다. 이때 폴더 경로가 모두 영문이어야 오류가 발생하지 않습니다.

2. 커서를 열고 왼쪽 사이드바에서 **[Open Folder]** 버튼을 클릭하거나 상단 메뉴에서 **File → Open Folder**를 선택합니다.

3. **ai-todo-manager** 폴더를 선택한 뒤 **[폴더 선택]** 버튼을 클릭합니다.

4. 왼쪽 사이드바에 ai-todo-manager 폴더가 표시되면 준비가 끝납니다.

그림 6-1 프로젝트 폴더 생성

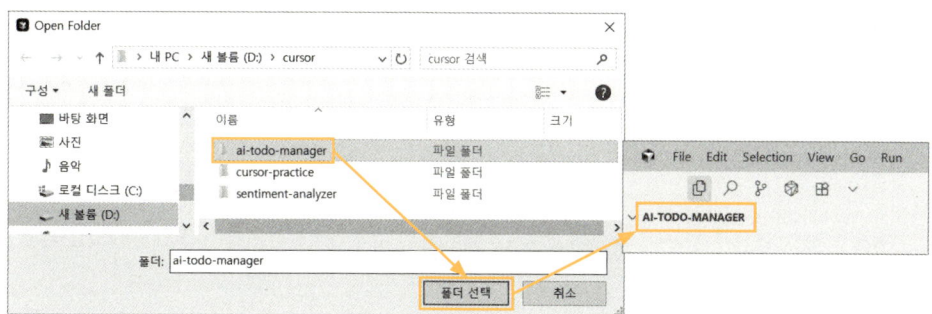

> **참고**
>
> 폴더를 한 번 열어두면 이후 커서가 자동으로 해당 경로를 인식하므로 명령어 실행이나 파일 추가 작업을 훨씬 빠르게 진행할 수 있습니다.
>
> 폴더를 추가했을 때 화면 레이아웃이 책과 다를 경우 상단 메뉴바에서 **Editor** 탭을 클릭하면 Editor 레이아웃으로 변경됩니다.

6.2.2. Next.js 프로젝트 생성하기

이제 웹 애플리케이션의 기반이 될 Next.js 프로젝트를 생성합니다.

1. 커서에서 하단 터미널을 열고 다음 명령어를 입력해 실행합니다.

> **참고**
>
> 터미널을 열려면 Windows/macOS/Linux 모두 동일하게 단축키 Ctrl + ` (백틱, 숫자 1 왼쪽의 키)을 누릅니다. 한 번 더 누르면 열려 있는 터미널이 닫히며, 토글 형태로 작동합니다. 또는 커서 상단 왼쪽의 패널 토글 아이콘을 클릭해도 터미널을 여닫을 수도 있습니다.

2. Next.js 추천 기본 설정을 사용할지를 묻는 화면이 나오면 **Yes, use recommended defaults**를 선택합니다.

그림 6-2 기본 설정 선택 화면

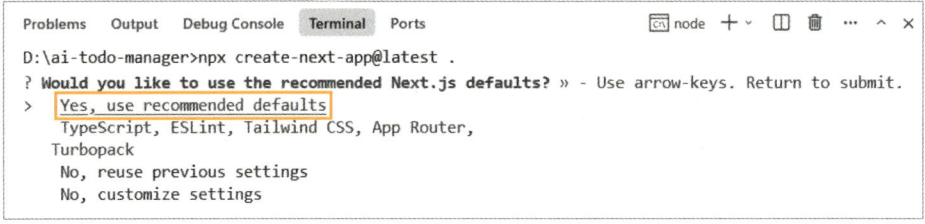

만약 각각 선택하는 질문이 나오면 키보드 방향키를 사용해 다음과 같이 선택합니다.

- TypeScript? **Yes**

- linter? **ESLint**

- Tailwind CSS? **Yes**

- `src/` directory? **No**

- App Router? **Yes**

- Turbopack? **Yes**

- Import alias? **No**

3. 설치가 끝나고 'Success!' 메시지가 표시되면 Next.js 프로젝트 생성이 끝납니다.

그림 6-3 프로젝트 생성 완료

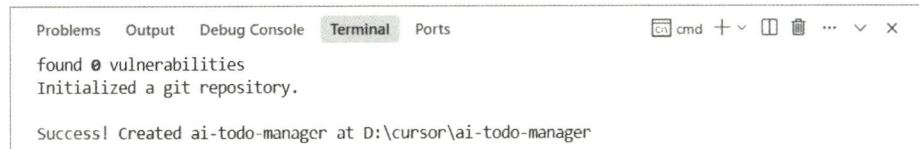

6.2.3. Shadcn/ui 설정 및 컴포넌트 추가하기

다음으로 Shadcn/ui를 설정합니다.

1. 터미널에 다음 명령어 입력해 Shadcn/ui 초기화 작업을 시작합니다.

2. 설치 진행 여부를 묻는 질문이 나오면 **y**를 입력하고 Enter 를 누릅니다(나오지 않을 수도 있습니다).

그림 6-4 설치 진행 여부 확인

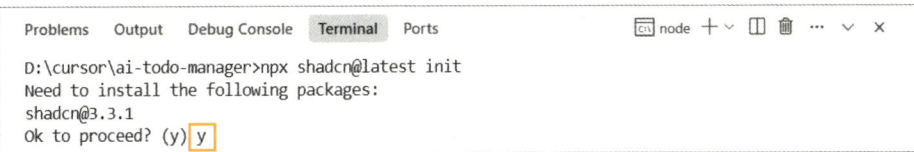

3. 설치 도중 'Which color would you like to use as the base color?'라는 질문이 나오면 **Neutral**을 선택하고 Enter 를 누릅니다. 잠시 후 'Success!' 메시지가 나타나면 패키지 설치가 끝납니다.

그림 6-5 shadcn 패키지 설치 완료

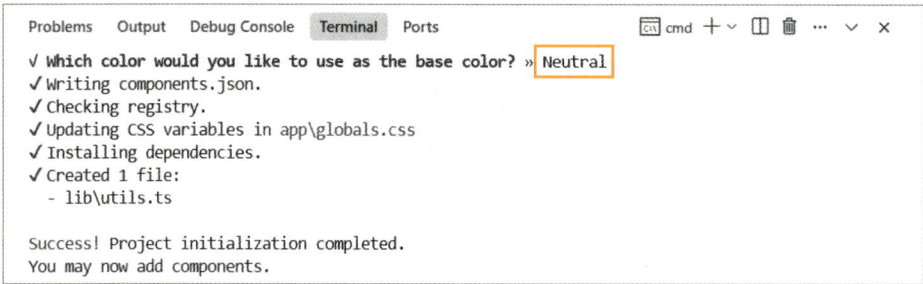

4. 프로젝트에서 사용할 모든 컴포넌트를 한 번에 추가하도록 다음 명령어를 실행합니다.

5. 설치가 끝나면 components, hooks, lib 폴더가 자동으로 생성되며, 그 안에는 각종 UI 컴포넌트 파일이 포함되어 있습니다(설치 시점에 따라 설치된 파일 수는 책과 다를 수 있습니다).

그림 6-6 컴포넌트 추가 완료

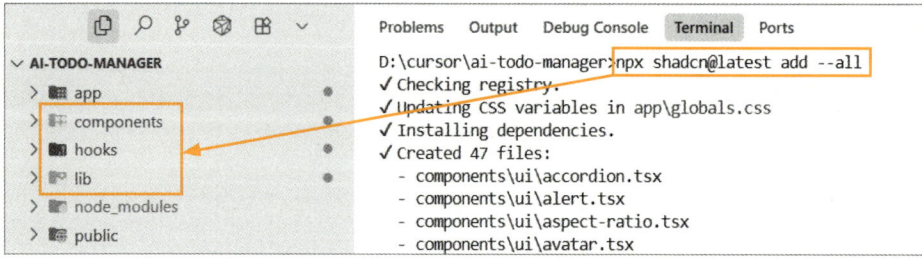

> 😀 **참고**
>
> Shadcn/ui는 프로젝트별 커스터마이징이 가능하며, Tailwind CSS의 색상 토큰이나 다크 모드 설정도 함께 지원합니다. 이후 **8장 화면 구성하기**에서 컴포넌트를 직접 활용해 로그인/메인 페이지 UI를 구현하겠습니다.

6.2.4. AI SDK 설치하기

이제 프로젝트에 AI 기능을 통합하기 위해 AI SDK를 설치합니다.

1. 커서에서 하단 터미널에 다음 명령어를 입력합니다.

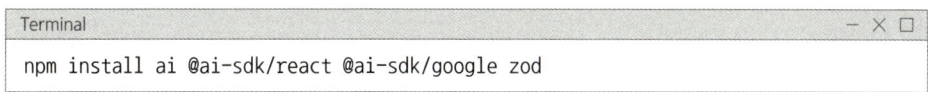

```
npm install ai @ai-sdk/react @ai-sdk/google zod
```

2. 설치가 끝나면 프로젝트 폴더(ai-todo-manager) 안에 .env.local 파일을 생성합니다. 이 파일에 **5장**에서 발급받은 Gemini API 키를 다음과 같이 저장합니다.

.env.local
```
GOOGLE_GENERATIVE_AI_API_KEY=발급받은_API_키
```

파일을 저장하면 환경 변수 설정이 완료됩니다. 이제 프로젝트에서 AI SDK를 안전하게 호출할 준비가 되었습니다.

> **참고**
> .env.local 파일은 민감한 정보를 보관하는 환경 변수 파일입니다. GitHub에 코드를 업로드할 때는 .gitignore에 자동으로 포함되어 공개되지 않으니 안심해도 됩니다. 단, 협업으로 공유해야 하는 경우에는 별도 환경 변수 관리 방법을 사용합니다.

6.2.5. 프로젝트 폴더 구조 살펴보기

설치가 완료되면 사이드바에 **그림 6-7**과 같은 여러 폴더와 파일이 자동으로 생성됩니다.

그림 6-7 프로젝트 폴더 구조

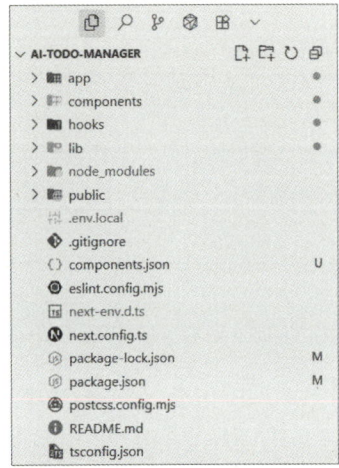

5장에서 다룬 기본 구성과 유사하므로 주요 폴더와 파일의 역할만 살펴보겠습니다.

1. **app**: Next.js의 App Router가 적용되는 폴더입니다. 폴더 내부의 page.tsx 파일은 각 페이지 본문을, layout.tsx 파일은 공통 레이아웃을 담당합니다.

2. **components**: Shadcn/ui 컴포넌트와 프로젝트 전용 UI 컴포넌트를 저장합니다.

3. **lib**: 프로젝트에서 사용하는 유틸리티 함수 및 공용 로직을 모아둡니다.

4. **public**: 이미지, 오디오, 아이콘, 로고 등 정적 리소스를 관리합니다.

5. **next.config.ts**: Next.js 프로젝트의 전역 설정 파일로, 환경 변수나 빌드 옵션 등을 지정합니다.

6. **package.json**: 프로젝트의 의존성 패키지 목록과 스크립트(명령)를 기록합니다.

이 구조를 이해해두면 앞으로 어떤 코드가 어느 폴더에 위치해야 하는지 쉽게 파악할 수 있습니다.

6.2.6. 개발 서버 실행하고 결과 확인하기

환경 설정이 정상적으로 완료되었는지 직접 확인해 보겠습니다.

1. 터미널에서 다음 명령어를 실행합니다.

2. 명령어를 입력하면 Next.js 개발 서버가 실행되며, 콘솔에 다음과 같은 주소가 표시됩니다.

그림 6-8 개발 서버 실행

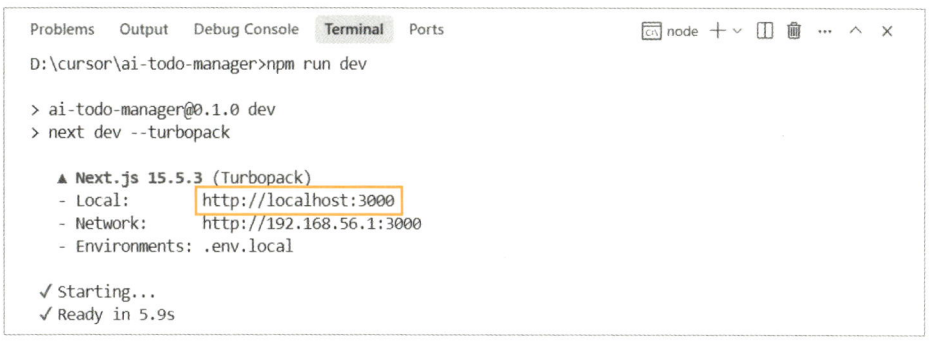

> 참고
>
> 개발 서버가 정상적으로 실행되지 않을 경우, 터미널에서 `npm install` 명령을 다시 실행해 누락된 의존성을 복구하거나 Node.js 버전을 확인하세요(권장 버전: Node.js 20 LTS 이상).

3. 웹 브라우저를 열고 표시된 주소로 접속하면 Next.js 기본 페이지가 나타납니다. 다음 화면이 보이면 모든 환경 설정이 정상적으로 완료된 것입니다.

그림 6-9 Next.js 기본 페이지

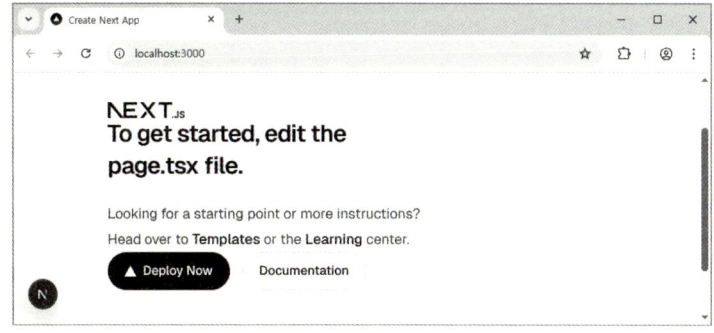

여기까지 완료하면 AI 할 일 관리 서비스를 개발하기 위한 기본 환경이 갖춰집니다. 다음 장에서는 본격적으로 프로젝트 기획과 기능 설계를 진행합니다.

6.3 프로젝트 규칙 설정하기

프로젝트 규모가 커질수록 AI에 맥락을 이해시켜야 하는 상황이 늘어납니다. 같은 설명을 반복하거나 팀의 코딩 스타일을 매번 다시 알려주는 일은 비효율적입니다. 이때 커서의 규칙 기능을 사용하면 불필요하게 프롬프트를 반복하는 일이 줄어들고, 코드 품질과 일관성이 자연스럽게 유지됩니다.

커서의 **규칙**(rules)은 커서가 코드를 이해하고 수정할 때 따라야 하는 기준과 지침입니다. 즉, '이 프로젝트에서는 어떤 방식으로 코드를 작성하고, 어떤 표현을 써야 하는지'를 항상 일관되게 지키도록 도와주는 자동 가이드라인이라고 보면 됩니다.

예를 들어, 다음과 같은 내용을 규칙으로 정해두면 커서는 코드를 생성하거나 수정할 때마다 그 기준에 맞게 자동으로 행동합니다.

- 이 프로젝트에서는 변수 이름을 모두 스네이크 표기법으로 작성
- React 컴포넌트는 함수형으로 작성
- API 관련 코드는 src/api 폴더 안에 만들기

커서는 대형 언어 모델(LLM, Large Language Model)을 기반으로 작동하지만, 모델 자체는 대화가 끝나면 기억을 유지하지 않습니다. 이때 규칙이 지속적 맥락(persistent context) 역할을 해서 세션이 시작될 때마다 프롬프트의 맨 앞부분에 자동으로 포함됩니다. 규칙을 통해 AI에 매번 같은 지침을 다시 말할 필요가 없게 되는 셈입니다.

6.3.1. 규칙의 유형

커서의 규칙은 적용 범위에 따라 다음 네 가지로 구분됩니다.

표 6-3 규칙 적용 범위에 따른 구분

종류	적용 범위	저장 위치	특징
프로젝트 규칙	프로젝트 단위	.cursor/rules	특정 프로젝트에만 적용, Git으로 공유 가능
사용자 규칙	개인 환경 전역	Settings → Rules	모든 프로젝트에 항상 적용
팀 규칙	팀 전체	팀 대시보드	관리자 관리, 팀 공통 규칙
AGENTS.md	간단한 프로젝트용	프로젝트 루트	마크다운 형식, 구조 단순

이 중에서도 가장 기본이자 자주 사용하는 것은 프로젝트 규칙입니다. 프로젝트 구조와 함께 Git에 포함되기 때문에 협업 시에도 그대로 공유됩니다.

6.3.2. 프로젝트 규칙의 구조와 작성 방식

프로젝트별 규칙은 .cursor/rules 폴더에 저장됩니다. 하위 폴더에도 별도의 .cursor/rules를 둘 수 있으며, 그 경우 해당 폴더 범위에만 규칙이 적용됩니다.

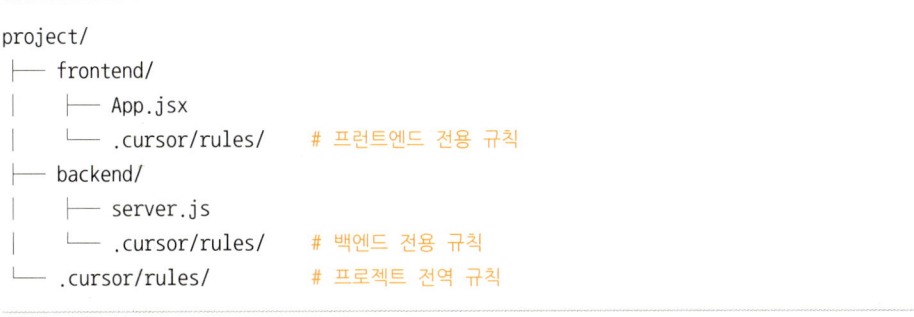

커서는 파일이 속한 폴더의 .cursor/rules를 자동으로 불러옵니다. 예를 들어 frontend/App.jsx를 수정할 때는 프로젝트 전역 규칙 + 프런트엔드 전용 규칙이 함께 적용됩니다. 이 방식을 **중첩 규칙**(nested rules)이라고 합니다.

규칙 파일 형식

커서의 규칙 파일은 .mdc 확장자를 가지며, 메타데이터 영역과 본문 내용으로 구성됩니다. 본문(--- 아래 부분)은 실제로 커서가 지켜야 할 행동 지침입니다. 다음 예시에서는 "RPC 서비스를 만들 때는 우리 팀의 내부 패턴을 따르고, 서비스 이름은 snake_case로 작성한다."라는 규칙을 커서에게 알려주는 역할을 합니다.

```
---
description: RPC 서비스 기본 템플릿
globs: *.ts
alwaysApply: false
---
- 서비스를 정의할 때는 우리 팀의 내부 RPC 패턴을 사용합니다.
- 서비스 이름은 항상 snake_case(스네이크 표기법)를 사용합니다.
@service-template.ts
```

- `description`: 규칙의 이름 또는 설명
- `globs`: 규칙을 적용할 파일 패턴을 지정할 때 사용, 비워두면 전체 적용
- `alwaysApply: false`: 모든 세션에 항상 적용하지 않고, 관련 파일이나 상황에서만 적용

개별 규칙 파일(.mdc)에 작성한 규칙을 언제 적용할지는 규칙 유형으로 정할 수 있습니다.

표 6-4 규칙 유형

유형	설명	예시
Always Apply (항상 적용)	모든 세션에서 자동 적용	"모든 코드에서 TypeScript 사용"
Apply Intelligently (자동 판단 적용)	관련 있다고 판단될 때만	"React 관련 파일에서만 컴포넌트 스타일 적용"
Apply to Specific Files (특정 파일에만 적용)	glob 패턴이 일치할 때	"*.test.js 파일에만 테스트 규칙 적용"
Apply Manually (수동 적용)	@로 직접 호출할 때만	"@보안체크"라고 입력했을 때만 실행되는 규칙

6.3.3. 규칙 생성하기

규칙의 구조와 유형을 모두 살펴봤으니, 실제 프로젝트에서 직접 규칙을 만들어 보겠습니다. 규칙을 만드는 방법은 2가지입니다.

- Agent 모드에서 AI에 생성 요청하기
- File → Preferences → Cursor Settings → Rules 메뉴에서 직접 작성하기

여기서는 AI 자동 생성 방식을 사용하겠습니다.

1. 커서에서 AI 패널을 열고 **Agent** 모드로 전환한 뒤, 다음과 같은 프롬프트를 입력합니다. 프롬프트에는 프로젝트 특성, 기술 스택, 코딩 스타일을 구체적으로 작성해야 AI가 올바른 규칙을 생성합니다.

> 프로젝트 폴더에 .cursor/rules/project-rules.mdc 파일을 생성하고, 다음 내용을 참고해 "AI 할 일 관리 웹 서비스"를 위한 개발 규칙을 정의해 주세요.
>
> **1. 프로젝트 특성**
>
> - Next.js 15 App Router 기반의 웹 애플리케이션
>
> - 사용자 경험 최우선: 로딩/빈 상태/오류 상태 UI를 모두 제공하고 상호작용 지연을 최소화한다.
>
> - 오류 처리 철저: 서버/클라이언트 모두 예외를 포착하고, 사용자에게는 한글로 친절한 메시지를 제공한다(개발 환경에서는 상세 로그 출력).
>
> **2. 기술 스택**
>
> - Next.js 15(App Router)
>
> - TypeScript(필수, strict 권장)
>
> - Tailwind CSS(스타일링)
>
> - Shadcn/ui(UI 컴포넌트)
>
> - Supabase(Auth/DB 등)
>
> - AI SDK(모델 연동)
>
> - ESLint(Next/TS 규칙 기반)
>
> **3. 코딩 스타일**
>
> - 함수형 컴포넌트를 기본으로 사용한다.
>
> - 모든 함수는 화살표 함수로 작성한다.
>
> - 컴포넌트 파일명은 파스칼 케이스로 저장한다(예 TodoList.tsx).
>
> - 한글 주석 필수: 함수/컴포넌트 상단에 한 문장 개요를 한글로 작성하고, JSDoc도 한글로 기술한다.
>
> - ESLint 규칙을 준수한다.

2. AI가 생성한 규칙 초안(.cursor/rules/project-rules.mdc)을 확인하고, 적절하면 [Keep All] 버튼을 클릭합니다. 이 버튼을 클릭해야 규칙이 저장되고, 이후 코드를 생성할 때 자동으로 반영됩니다.

그림 6-10 규칙 생성 및 적용

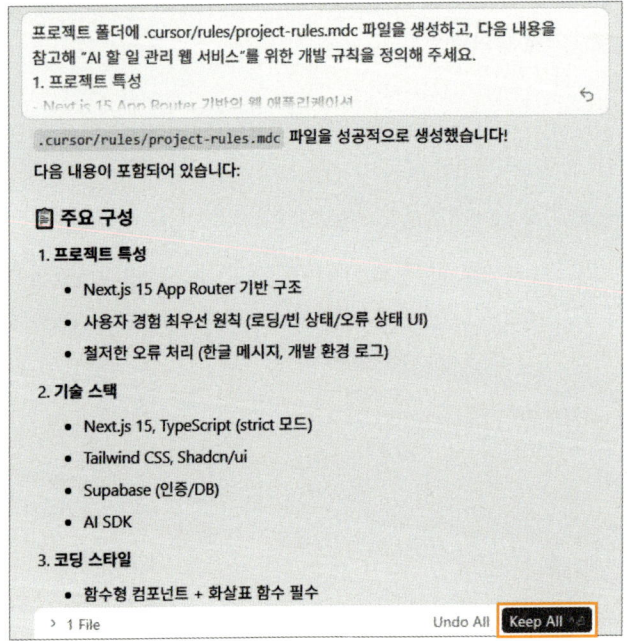

 참고

필요에 따라 폴더별 .cursor/rules 규칙을 구성할 수도 있습니다. 예를 들어, frontend, backend 등으로 나누어 영역별 맞춤 규칙을 설정하면 각 폴더에 해당하는 코드만 별도로 관리할 수 있습니다.

3. 규칙을 수정한 뒤에는 AI 패널을 다시 열거나 새 대화를 시작해야 변경 사항이 반영됩니다. 규칙이 제대로 적용되는지 확인해 보겠습니다. AI 패널을 **Ask** 모드로 바꾸고 다음 프롬프트를 입력합니다.

> 이 프로젝트의 규칙이 커서의 규칙 작성 원칙에 맞춰 잘 작성되었는지 확인해 주세요.

4. AI가 프로젝트의 규칙을 검증해주면 정상적으로 적용된 것입니다. 검증 내용에 개선 사항이 있으면 Agent 모드에서 다시 요청해 규칙을 개선합니다.

그림 6-11 규칙 적용 확인

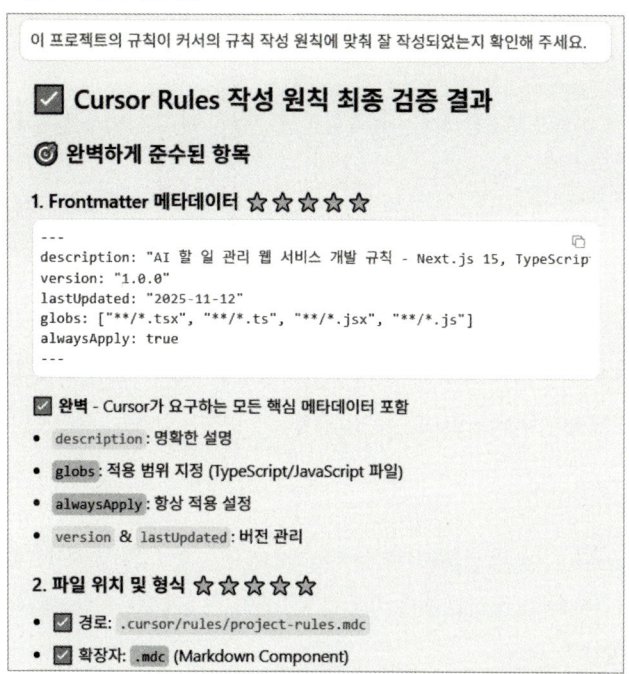

커서의 규칙 기능은 프로젝트 전체 품질과 일관성을 유지하는 강력한 도구입니다. 규칙 파일은 단 한 번 작성하고 끝나는 문서가 아니라, 프로젝트가 발전함에 따라 함께 진화하는 '살아 있는 가이드'입니다. 새로운 패턴이 도입되거나 반복적인 문제가 발견될 때마다 규칙 파일을 갱신하면, AI는 항상 최신 개발 기준에 맞는 코드를 생성합니다.

정리하기

5장의 감성 분석 프로젝트 경험을 바탕으로 6장에서는 본격적인 AI 할 일 관리 서비스 개발을 위한 준비를 완료했습니다.

1. 프로젝트 환경 구축

- **프로젝트 생성**: ai-todo-manager 폴더를 만들고 Next.js로 초기화해 서비스의 기반을 마련했습니다.
- **컴포넌트 라이브러리 완비**: Shadcn/ui 컴포넌트를 설치해 복잡한 UI 구현을 위한 준비를 마쳤습니다.
- **개발 도구 설정**: AI SDK와 필요한 라이브러리를 설치해 AI 기능을 통합할 수 있는 환경을 구축했습니다.

2. AI 협업 체계 구축

- **커서 규칙 정의**: /Generate Cursor Rules 명령을 사용해 프로젝트에 맞는 개발 규칙을 자동으로 생성했습니다. 생성된 규칙은 .cursor/rules 폴더 내 .mdc 파일로 관리되며, 커서가 코드를 생성할 때 자동으로 프로젝트 규칙을 반영합니다.
- **일관된 코딩 스타일 수립**: TypeScript, Tailwind CSS, 함수형 컴포넌트 등 체계적인 개발 원칙을 세워 안정적인 협업 기반을 마련했습니다.

6장까지는 기술적 기반을 다지는 준비 단계였습니다. 7장부터는 실무에서와 동일한 흐름으로 기획 → 설계 → 구현 단계를 순차적으로 진행합니다. ChatGPT와 커서를 함께 활용해 PRD(제품 요구사항 정의서)를 작성하고 데이터베이스 구조를 설계하며, 단순한 코드 작성 단계를 넘어 AI와 협업하는 실제 개발 프로세스를 직접 경험하게 됩니다.

> 😊 **최종 확인**
>
> 다음 장으로 넘어가기 전에 다음 사항을 확인해 보세요.
> - ☐ npm run dev 명령을 실행하면 개발 서버가 정상적으로 작동하는가?
> - ☐ components/ui 폴더에 Shadcn/ui 컴포넌트가 모두 설치되었는가?
> - ☐ AI SDK와 필요한 라이브러리가 정상적으로 설치되었는가?
> - ☐ AI가 코드를 생성할 때 .cursor/rules 폴더 내 규칙이 잘 반영되는가?

7장
프로젝트 기획하기: PRD 작성

6장에서 프로젝트 환경을 구축하고 개발 규칙을 정의했습니다. 이 장에서는 본격적인 기능 구현에 앞서, 실무에서와 동일한 기획 절차를 거칩니다. 앞 장까지는 '일단 만들어보자'는 실습 중심의 개발이었다면 이제부터는 서비스 개발의 실제 흐름인 기획 → 설계 → 구현 단계를 순서대로 밟아 나갑니다. 특히 이 장에서는 PRD를 작성해 프로젝트의 목표와 기능 요구사항을 명확히 정리하고, 이어지는 단계에서 활용할 데이터베이스 구조 설계의 기반을 마련합니다. 이 과정을 통해 단순한 실습 단계를 넘어 실제 서비스 수준의 개발 준비가 어떻게 이루어지는지 직접 경험하게 됩니다.

7.1 PRD 개요

서비스 개발은 단순히 코드를 작성하는 것만으로 시작되지 않습니다. 먼저 '무엇을, 왜, 어떻게' 만들 것인지를 명확히 정의해야 합니다. 이때 활용하는 문서가 바로 PRD입니다. PRD는 프로젝트의 출발점이자 방향을 제시하는 나침반으로, 기획자, 디자이너, 개발자가 공통 목표를 공유하고 같은 방향으로 나아가도록 돕는 문서입니다.

이 절에서는 PRD의 개념과 필요성을 이해하고, AI 할 일 관리 서비스에 적합한 PRD 구성 요소를 정리해 보겠습니다.

7.1.1. PRD 개념과 필요성

PRD(Product Requirements Document)는 말 그대로 제품(또는 서비스)의 요구사항을 정의하는 문서입니다. 이 문서의 핵심은 다음 세 가지 질문에 대한 답을 명확히 정리하는 것입니다.

- 무엇을 만들 것인가?
- 왜 이 기능이 필요한가?
- 어떻게 구현할 것인가?

실무에서 PRD는 다음과 같은 역할을 합니다.

1. **소통의 도구**: 기획자, 디자이너, 개발자가 공통 목표와 이해를 공유할 수 있습니다.
2. **서비스의 나침반**: '이 기능이 정말 필요한가?', '우선순위는 무엇인가?'와 같은 판단이 필요할 때 기준점으로 삼을 수 있습니다.
3. **품질 관리의 기준**: 기능이 완성된 후 '제대로 만들어졌는가?'를 평가하는 근거가 됩니다.

프로젝트를 진행하다 보면 다음과 같은 결정이 자주 필요합니다.

- 할 일을 어떤 형태로 저장할까?
- 사용자 로그인과 인증은 어떤 방식으로 처리할까?
- AI 기능은 언제, 어떤 상황에서 작동하게 할까?
- 할 일의 우선순위는 어떤 기준으로 정할까?

이러한 결정을 개발 도중에 즉석에서 내리면 일관성이 무너지고 수정 비용이 커질 위험이 있습니다. 하지만 PRD가 있다면 처음 세운 기준에 맞춰 흔들림 없이 프로젝트를 진행할 수 있습니다.

7.1.2. 프로젝트의 PRD 구성 요소

PRD의 구성은 프로젝트 성격에 따라 달라질 수 있습니다. 이 책에서 만드는 AI 할 일 관리 서비스의 경우, PRD에 다음과 같은 요소를 포함합니다.

- **주요 기능**: 어떤 기능을 제공할 것인가? 예 할 일 생성/조회/수정/삭제, AI 기반 자동 분류, 추천 기능
- **화면 구성**: 어떤 화면이 필요하고, 화면 간 흐름은 어떻게 연결되는가? 예 로그인 화면, 메인 화면, 할 일 작성 화면
- **사용 기술**: 어떤 기술 스택을 선택하고 어떤 이유로 사용하는가? 예 Next.js, Tailwind CSS, Shadcn/ui, Supabase, Gemini API
- **데이터 구조**: 어떤 데이터를 저장하고, 각 데이터 간 관계는 어떻게 구성되는가? 예 사용자 계정, 할 일 목록, 카테고리, AI 분석 결과

이렇게 PRD를 작성하면 단순한 아이디어 수준을 넘어 실제 구현 가능한 구체적인 설계도를 확보할 수 있습니다. 즉, '무엇을 만들지'뿐만 아니라 '어떻게 만들지'까지 명확히 정의된 상태에서 AI와 협업하는 개발을 진행할 수 있게 됩니다.

7.2 AI와 함께 PRD 작성하기

앞서 PRD의 필요성을 이해했다면, 이제 실제로 PRD를 작성해 보겠습니다. 그동안 커서 하나로 대부분의 작업을 진행했지만, 기획 문서 작성은 코드 작성과는 성격이 다릅니다. 기획 단계에서는 아이디어를 구조화하고 체계적인 문서 형태로 정리하는 능력이 필요합니다. 이 과정에서는 코드 편집기보다 ChatGPT처럼 언어 생성에 특화된 도구가 더 적합합니다. 각 도구의 강점은 다음과 같습니다.

- **커서**: 프로젝트 분석, 코드 생성, 실시간 코딩 지원
- **ChatGPT**: 체계적 문서 작성, 기획 아이디어 구조화, 다양한 관점 제시

즉, 코드 작성에는 커서, 기획 문서 작성에는 ChatGPT처럼 작업 목적에 맞는 AI 도구를 선택하는 것이 효율적입니다.

이 절에서는 ChatGPT를 사용해 PRD를 작성하고, 그 결과를 검토 및 조정합니다.

7.2.1 PRD 작성 요청하기

ChatGPT로 PRD를 만들 때 가장 중요한 것은 프롬프트(요청문)입니다. 단순히 "PRD를 만들어 줘."라고 입력하면 일반적인 형식의 문서만 생성되므로 프로젝트의 목표, 주요 기능, 화면 구성, 기술 스택 등 구체적인 정보를 함께 제공해야 합니다. 이렇게 해야 실제 개발에 활용할 수 있는 맞춤형 PRD를 얻을 수 있습니다.

1. 웹 브라우저에서 **ChatGPT 사이트**(https://chat.openai.com)에 접속합니다.
2. 프로젝트 개요와 목표를 포함한 프롬프트를 작성합니다. 나중에 커서에서 활용할 수 있도록 마크다운(.md) 파일 형태로 요청합니다. 예를 들어 다음과 같은 형식으로 입력합니다.

> 😀 참고
> PRD를 마크다운 형식으로 저장하면 커서의 파일 참조 기능으로 개발 중에도 손쉽게 불러올 수 있습니다.

프로젝트의 전반적인 방향과 기능을 구체화하기 위해 주요 기능, 화면 구성, 기술 스택, 데이터 구조를 포함한 PRD(제품 요구사항 정의서)를 작성해 주세요. 문서는 실제 개발에 바로 활용할 수 있는 수준으로 구성하고, 결과는 마크다운 형식으로 작성하고 PRD.md 파일로도 내려받을 수 있게 해주세요.

1. 주요 기능

1) 이메일/비밀번호 로그인 및 회원가입: Supabase Auth를 활용해 사용자 인증 기능 제공

2) 할 일 관리(CRUD)

- 할 일의 생성(Create), 조회(Read), 수정(Update), 삭제(Delete) 지원
- 필드: 제목(title), 설명(description), 생성일(created_date), 마감일(due_date), 우선순위(priority), 카테고리(category), 완료 여부(completed)

3) 검색, 필터, 정렬 기능

- 검색: 제목과 설명으로 검색 가능
- 필터링: 우선순위(높음/중간/낮음), 카테고리(업무/개인/학습 등), 진행 상태(진행 중, 완료, 지연) 선택
- 정렬: 우선순위순, 마감일순, 생성일순

4) AI 할 일 생성 기능: 사용자가 자연어로 입력한 문장을 AI가 분석해 구조화된 할 일 데이터로 변환

- 입력 예: "내일 오전 10시에 팀 회의 준비"
- 변환 결과 예:

```
{
  "title": "팀 회의 준비",
  "description": "내일 오전 10시에 있을 팀 회의를 위해 자료 작성하기",
  "created_date": "YYYY-MM-DD, HH:MM",
  "due_date": "YYYY-MM-DD, 10:00",
  "priority": "high",
  "category": ["업무"],
  "completed": false,
}
```

5) AI 요약 및 분석 기능: 버튼 클릭 한 번으로 AI가 전체 할 일을 분석하고 요약 결과 제공

- 일일 요약: 오늘 완료된 항목과 남은 작업 요약
- 주간 요약: 이번 주의 전체 진행 상황과 완료율 분석

◐ 계속

2. 화면 구성

1) 로그인/회원가입 화면: 사용자 인증 및 계정 관리

2) 할 일 관리 메인 화면: 할 일 목록, 할 일 추가, 검색, 필터, 정렬, AI 요약 및 분석

3) 이후 확장: 통계 및 분석 화면을 추가해 주간 활동량, 완료율, 카테고리별 통계 등 시각화

3. 사용 기술

- Next.js, Tailwind CSS, Shadcn/ui, Supabase, AI SDK(Google Gemini API)

4. 데이터 구조(Supabase 활용)

- users: 사용자 데이터 관리(Supabase Auth와 연동)

- todos: 개별 사용자의 할 일을 관리하며 users 테이블과 연결

3. 프롬프트를 입력한 뒤 잠시 기다리면 ChatGPT가 프로젝트에 특화된 PRD 문서의 초안을 생성합니다. 결과는 제공한 정보의 구체성과 맥락의 일관성에 따라 달라질 수 있으므로 필요하면 여러 번 수정을 요청해 완성도를 높입니다. "이 부분을 기술적으로 더 구체화해줘."처럼 역할 지시(role prompt)를 추가하면 더 명확한 결과를 얻을 수 있습니다.

그림 7-1 ChatGPT에서 생성한 PRD

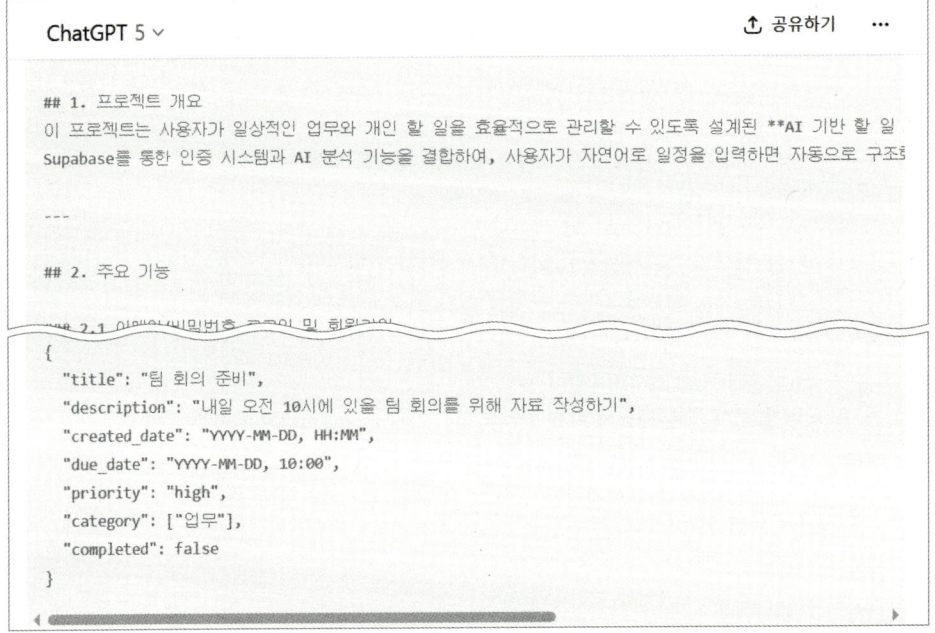

7.2.2. 결과 검토하기

완성된 PRD가 프로젝트의 의도를 제대로 담고 있는지 반드시 검토해야 합니다. AI가 작성한 결과물을 그대로 사용하는 것이 아니라 서비스의 방향과 요구사항이 정확히 반영되었는지 확인하는 과정이 필수입니다.

검토 시 다음 항목을 중심으로 점검해 보세요.

- [ ] 프로젝트 개요와 목표가 명확하게 설명되었는가?
- [ ] 주요 기능이 빠짐없이 반영되었는가?
- [ ] 화면 구성이 실제 서비스 구조와 일치하는가?
- [ ] 기술 스택이 실제로 사용할 기술과 일치하는가?

이 체크리스트 외에도 프로젝트 특성에 맞춰 항목을 추가하거나 불필요한 부분을 삭제해도 됩니다. 부족한 내용은 ChatGPT에 다시 요청해 보완하면 됩니다.

AI 할 일 관리 서비스 PRD 예(일부 발췌)

\# AI 할 일 관리 웹 서비스 PRD (Product Requirements Document)

\#\# 1. 개요
프로젝트명: AI Todo Manager
목표:
사용자가 자연어로 할 일을 입력하면 AI가 이를 자동으로 구조화하고,
효율적인 일정 관리 및 생산성 분석을 지원하는 **AI 기반 할 일 관리 웹 서비스**를 구축한다.

\#\# 2. 주요 기능
\#\#\# 2.1 사용자 인증 (Auth)
- **기능:** 이메일 및 비밀번호 기반 회원가입/로그인
- **기술:** [Supabase Auth](https://supabase.com/docs/guides/auth)
- **설명:**
  - 신규 사용자 회원가입 및 로그인 기능 제공
  - 인증 상태에 따라 접근 가능한 페이지를 구분 (비로그인 사용자는 로그인 화면으로 리다이렉트)
  - 사용자 정보(이메일, 이름 등)는 Supabase의 \`users\` 테이블과 연동
\#\#\# 2.2 할 일 관리 (CRUD)
- **기능:** 할 일 데이터의 생성(Create), 조회(Read), 수정(Update), 삭제(Delete)
- **등록 필드:**

○ 계속

```
| 필드명       | 설명      | 타입        | 예시                        |
|-------------|----------|-------------|-----------------------------|
| title       | 할 일 제목 | string      | "프로젝트 회의 준비"          |
| description | 상세 설명  | text        | "회의 안건 정리 및 발표자료 준비" |
| due_date    | 마감일    | date/time   | "2025-10-20 15:00"          |
| priority    | 우선순위  | enum("높음","중간","낮음") | "높음"      |
| category    | 분류      | enum("업무","개인","학습")  | "업무"      |
| created_at  | 생성일    | timestamp   | 자동 기록                    |
| completed   | 완료 여부  | boolean     | false                       |
```

2.3 검색, 필터, 정렬 기능
- **검색(Search):**
  - 제목(title)과 설명(description) 텍스트를 기준으로 부분 일치 검색
- **필터(Filter):**
  - 우선순위별: 높음 / 중간 / 낮음
  - 카테고리별: 업무 / 개인 / 학습
  - 진행 상태별: 진행 중 / 완료 / 지연
- **정렬(Sort):**
  - 우선순위순
  - 마감일순
  - 생성일순

(중략)

7. 참고 및 주의사항
- Supabase 프로젝트 환경 변수는 `.env.local`에 저장 (`NEXT_PUBLIC_SUPABASE_URL`, `NEXT_PUBLIC_SUPABASE_ANON_KEY`)
- AI API 키(`GOOGLE_API_KEY`)는 절대 클라이언트 코드에 직접 노출하지 않음
- 개발 시 `npm run dev` 명령어로 개발 서버 실행

✅ **요약:**
이 PRD는 실제 구현 가능한 수준의 요구사항 정의서로, Next.js + Supabase + Gemini API를 이용한 **AI 할 일 관리 서비스의 MVP 개발**을 목표로 한다.

PRD는 개발을 위한 가이드 문서이지 최종 산출물이 아닙니다. 처음부터 100% 완벽하게 만들려고 시간을 과도하게 쓰기보다 약 80% 수준까지만 만들고 개발 과정 중 지속해서 업데이트하는 것이 가장 효율적입니다. 실무에서도 이러한 반복 개선이 일반적인 방식입니다.

7.3 PRD와 커서 연동하기

ChatGPT로 작성한 PRD를 커서에서 직접 활용해 보겠습니다. 단순히 문서를 저장하는 데서 그치지 않고, 커서의 컨텍스트 참조 기능(@)을 사용해 AI가 문서 내용을 이해하고 답변에 반영하는지 확인합니다. 이 과정을 통해 기획 문서와 코드가 분리되지 않고 작업 맥락 안에서 함께 활용되는 AI 기반 개발 협업 흐름을 경험할 수 있습니다.

7.3.1. PRD 저장하기

1. 커서로 돌아와서 프로젝트 폴더 옆의 **[New Folder...]** 아이콘을 클릭하고 새로운 폴더 이름을 **docs**로 지정합니다.

그림 7-2 PRD용 폴더 생성

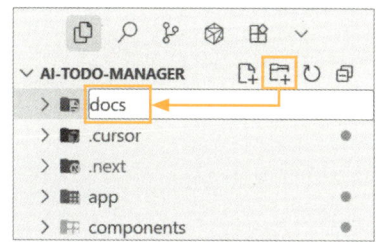

2. docs 폴더 안에 **PRD.md** 파일을 새로 생성한 뒤, ChatGPT에서 작성한 PRD 내용을 복사해 붙여넣고 저장합니다.

그림 7-3 PRD.md 파일 생성 및 저장

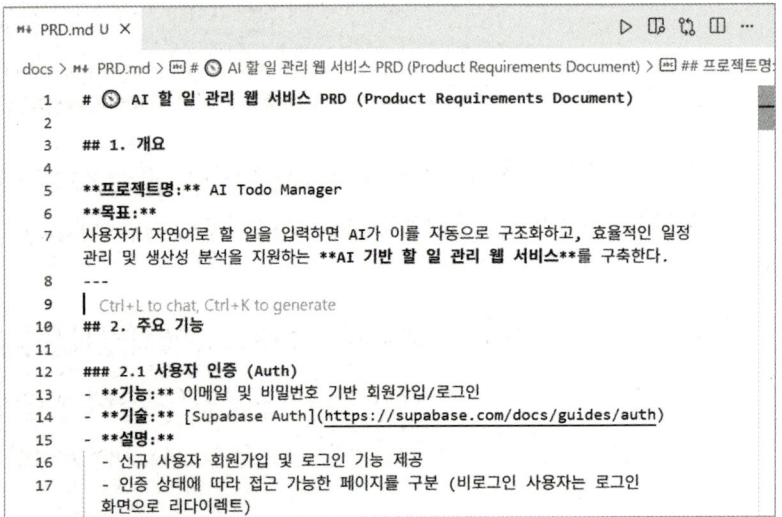

> 💬 참고
>
> PRD.md 파일은 단순한 문서가 아니라 AI가 맥락을 이해하는 데이터로 활용됩니다. docs 폴더는 이후 다른 문서(예: 설계서, API 명세서 등)를 추가할 때도 동일한 구조로 확장할 수 있습니다.

7.3.2. PRD 참조하기

저장한 PRD 파일이 커서에서 정상적으로 인식되는지 확인해 보겠습니다.

1. 커서의 AI 패널에서 **Ask** 모드로 전환하고 입력창에 다음 프롬프트를 작성합니다.

> @PRD.md 이 문서의 주요 기능과 기술 스택을 요약해 주세요.

2. 커서가 PRD.md 파일의 내용을 정확히 불러와 요약하거나 설명한다면 문서 참조 설정이 정상적으로 완료된 것입니다.

   그림 7-4 PRD.md 문서 참조 결과

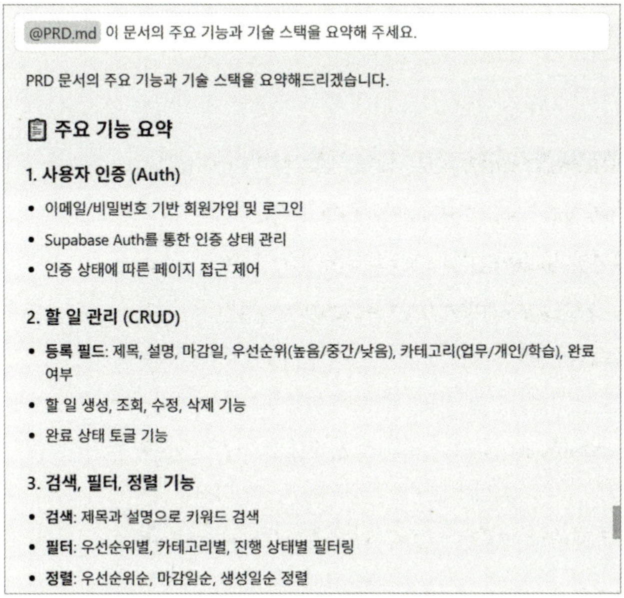

   > **@PRD.md** 이 문서의 주요 기능과 기술 스택을 요약해 주세요.
   >
   > PRD 문서의 주요 기능과 기술 스택을 요약해드리겠습니다.
   >
   > 📋 **주요 기능 요약**
   >
   > **1. 사용자 인증 (Auth)**
   > - 이메일/비밀번호 기반 회원가입 및 로그인
   > - Supabase Auth를 통한 인증 상태 관리
   > - 인증 상태에 따른 페이지 접근 제어
   >
   > **2. 할 일 관리 (CRUD)**
   > - 등록 필드: 제목, 설명, 마감일, 우선순위(높음/중간/낮음), 카테고리(업무/개인/학습), 완료 여부
   > - 할 일 생성, 조회, 수정, 삭제 기능
   > - 완료 상태 토글 기능
   >
   > **3. 검색, 필터, 정렬 기능**
   > - 검색: 제목과 설명으로 키워드 검색
   > - 필터: 우선순위별, 카테고리별, 진행 상태별 필터링
   > - 정렬: 우선순위순, 마감일순, 생성일순 정렬

> 💬 **참고**
>
> 커서의 참조 기능(@)은 프로젝트 내부의 파일을 AI가 직접 읽고 이해할 수 있도록 합니다. 이 기능을 활용하면 기획 문서, 데이터베이스 설계서, 기술 명세서 등을 AI의 답변에 자연스럽게 반영할 수 있습니다. 문서가 인식되지 않는다면, 경로(@PRD.md 또는 @docs/PRD.md)가 정확한지 확인하세요.

이제부터는 코드 작성뿐 아니라 기획 문서까지 AI 컨텍스트로 불러와 협업할 수 있습니다.

정리하기

7장에서는 본격적인 개발에 앞서 실무와 동일한 기획 과정을 단계별로 경험했습니다. AI를 활용해 단순한 아이디어를 구체적인 개발 계획으로 발전시키고, '문서 기반의 AI 협업 개발 프로세스'를 직접 실습했습니다.

1. 기획 과정 경험

- **PRD 작성**: ChatGPT를 활용해 PRD(제품 요구사항 정의서)를 체계적으로 작성했습니다.
- **기획 문서화**: 개발 가이드라인으로 사용할 기능 명세와 화면 구성을 정리했습니다.
- **AI 도구 활용**: 코딩에는 커서, 기획에는 ChatGPT처럼 작업 목적에 따라 AI 도구를 구분해 사용하는 방법을 익혔습니다.

2. 개발 준비 완료

- **명확한 목표 설정**: '무엇을 만들지'에 대한 구체적인 목표와 기능 범위를 명확히 정의했습니다.
- **문서 기반 개발**: 커서에서 PRD를 직접 참조하며 AI가 문서 내용을 이해한 상태로 일관된 개발을 진행할 수 있는 기반을 마련했습니다.
- **체계적 접근**: 기획 → 설계 → 구현의 전문적인 개발 프로세스를 실제로 적용했습니다.

6장에서 구축한 프로젝트 환경 위에 7장에서 명확한 개발 방향과 기획 문서 체계를 설정함으로써 다음 단계로 8장에서 진행할 화면 구성의 구체적인 설계와 구현을 위한 가이드라인을 완성했습니다. 이제 7장에서 작성한 PRD를 기반으로 사용자가 실제로 보게 될 서비스 화면을 만들어 보겠습니다.

> 😊 **최종 확인**
>
> **다음 장으로 넘어가기 전에 다음 사항을 확인해 보세요.**
>
> ☐ PRD.md 파일이 정삭적으로 생성되고, 내용이 저장되었는가?
>
> ☐ 커서에서 @PRD.md(또는 @docs/PRD.md)로 문서를 참조할 수 있는가?
>
> ☐ 주요 기능과 화면 구성이 명확히 정의되었는가?
>
> ☐ ChatGPT로 기획 문서를 작성하는 과정을 이해했는가?
>
> ☐ 커서와 ChatGPT를 역할에 따라 구분해 사용할 수 있는가?
>
> ☐ @ 기호를 이용한 문서 참조 기능을 사용할 수 있는가?

8장
화면 구성하기: 디자인 시스템과 로그인/메인 페이지

7장에서는 ChatGPT로 PRD를 작성하고, 커서에서 직접 참조할 수 있도록 설정했습니다. 이제 PRD를 바탕으로 실제 화면을 설계하고 구현하는 단계로 넘어갑니다.

앞에서는 개발 환경 준비(6장)와 체계적인 기획(7장)에 집중했다면, 이 장에서는 사용자가 실제로 보고 조작할 수 있는 UI를 만들어 봅니다. 특히 로그인/회원가입 화면과 할 일 관리 메인 화면을 구현하며 단순히 코드만 작성하는 것이 아니라 일관된 디자인 시스템과 사용자 경험을 중심으로 서비스다운 완성도를 갖춘 화면을 만들어 봅니다.

이 과정을 통해 '문서 속 기획'이 '실제 동작하는 인터페이스'로 구체화되는 흐름, 그리고 브랜드 컬러 정의 → 컴포넌트 설계 → 로그인/회원가입 화면 구현 → 메인 화면 구현이라는 전체 설계 과정을 자연스럽게 익히게 됩니다.

8.1 디자인 시스템 이해와 활용하기

디자인 시스템(design system)은 서비스 전반의 일관된 사용자 경험을 제공하기 위해 필요한 디자인 원칙과 규칙의 집합입니다. 여기서 **사용자 경험**(UX, User Experience)이란 단순히 화면이 예쁘거나 기능이 잘 작동하는 수준을 넘어 사용자가 제품을 처음 접했을 때의 인상, 사용하는 과정에서의 편의성, 사용 후의 만족감까지 포함한 총체적인 경험을 뜻합니다.

대표적인 디자인 시스템으로는 구글의 머티리얼 디자인(material design), 애플의 쿠퍼티노 디자인(cupertino design)이 있습니다. 이들은 각 브랜드의 아이덴티티를 반영하면서도 사용자 누구나 일관된 경험을 하도록 돕는 체계를 제공합니다.

디자인 시스템은 처음부터 완벽하게 만들 필요는 없습니다. 색상, 글꼴(타이포그래피), 컴포넌트 같은 기본 요소부터 정의하고 서비스가 성장할 때마다 점진적으로 발전해 나가는 것이 바람직합니다. 이 프로젝트에서는 그 출발점으로 브랜드 컬러와 주요 UI 컴포넌트를 정의하고, 이를 실제 화면 구현에 적용하겠습니다.

8.1.1. 브랜드 컬러 정의하기

브랜드 컬러(brand color)는 사용자가 서비스를 떠올릴 때 가장 먼저 연상하는 대표 색상입니다.

- 네이버 = 초록색
- 카카오 = 노란색
- 토스 = 파란색

이처럼 색상은 단순한 꾸밈 요소가 아니라 서비스의 정체성과 신뢰감을 형성하는 시각 언어입니다. 즉, 브랜드 컬러는 단순히 '예쁜 색'이 아니라 사용자가 서비스를 인식하고 기억하게 만드는 시각적 정체성(identity)입니다. 초기에 명확한 색상을 정의해두면 이후 모든 UI 작업에서 디자인 일관성을 유지할 수 있습니다.

프로젝트에서는 PRD에 정의된 서비스의 톤앤매너를 기반으로 AI에 브랜드 컬러를 추천받아 적용하겠습니다.

1. 커서의 AI 패널을 **Ask** 모드로 설정하고 다음과 같이 입력합니다.

> `@PRD.md` 서비스의 성격과 사용자 대상에 어울리는 브랜드 컬러를 추천해 주세요.

2. 커서가 제안하는 색상 중 마음에 드는 것을 선택합니다. 추천 결과가 마음에 들지 않으면 "밝고 신뢰감을 주는 톤으로" 또는 "모바일 화면에서 눈에 잘 띄는 색상으로"처럼 조건을 추가해 재요청할 수 있습니다.

그림 8-1 브랜드 컬러 제안

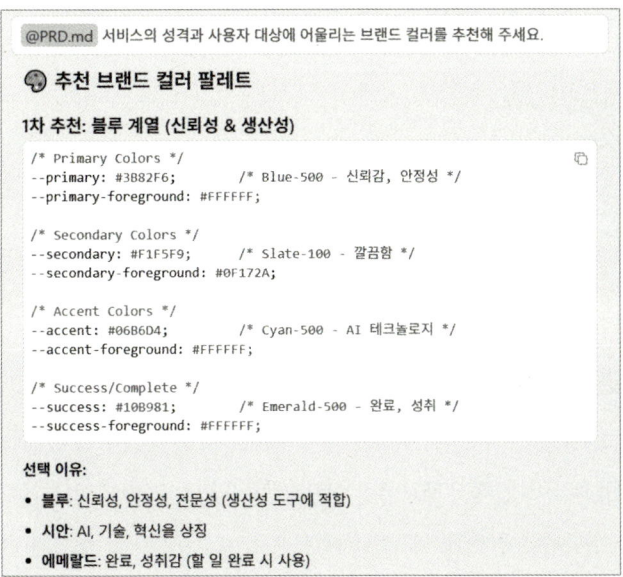

3. 선택한 브랜드 컬러는 로고, 버튼, 링크, 강조 영역 등 서비스 전반에 반복해서 사용됩니다. 애플리케이션 전체에 동일한 색상을 적용하려면 전역 스타일을 사용해야 합니다. 전역 스타일은 global.css에서 관리하므로 커서를 **Agent** 모드로 전환하고 다음과 같이 요청합니다. 여기서는 **블루 (#3B82F6)** 색상을 선택합니다.

> 용어 **전역 스타일**(global style)이란 애플리케이션 전체에 공통으로 적용되는 CSS 규칙을 뜻합니다. 주로 색상, 글꼴, 버튼 스타일처럼 모든 페이지에 영향을 주는 디자인 속성을 정의합니다.

> `@globals.css` 추천 브랜드 컬러(#3B82F6)를 전역 스타일에 적용해 주세요.

4. 커서가 브랜드 컬러를 전역 스타일에 적용하면 **[Keep All]** 버튼을 클릭해 완료합니다.

그림 8-2 전역 스타일에 브랜드 컬러 적용

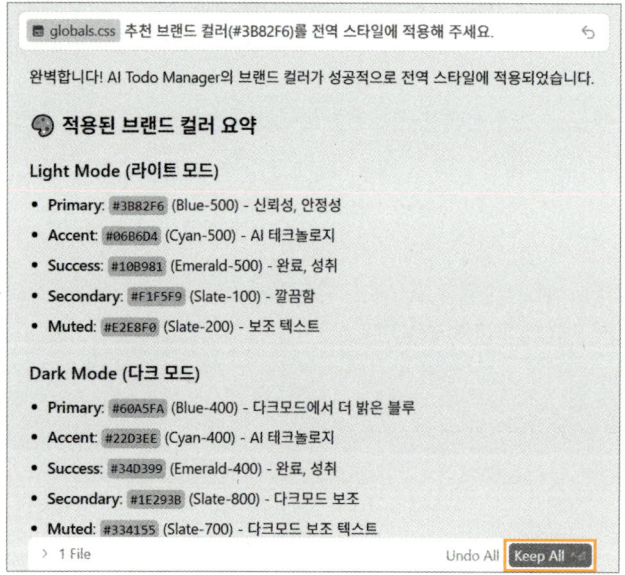

8.1.2. 할 일 관리 컴포넌트 생성하기

브랜드 컬러를 정의했다면 이제 화면 곳곳에서 반복해서 사용할 컴포넌트를 만들어 보겠습니다. **컴포넌트**는 버튼, 입력창, 카드처럼 여러 화면에서 재사용할 수 있는 독립적인 UI 단위입니다. 컴포넌트를 사용하면 일관된 사용자 경험을 제공하고, 코드의 재사용성과 유지보수성을 높이며, 서비스를 확장할 때 개발 효율을 극대화할 수 있습니다.

서비스가 발전할수록 컴포넌트는 계속 추가, 수정, 삭제되므로 지속해서 관리해야 합니다. 이번 단계에서는 할 일 관리 기능에 필요한 기본 컴포넌트만 먼저 생성하고, 필요에 따라 점진적으로 확장해 나가겠습니다.

1. 커서의 **Agent** 모드에서 다음과 같이 입력해 components/todo 폴더와 기본 컴포넌트를 생성하도록 요청합니다.

   > @PRD.md 이 문서를 참조해 components/todo 폴더를 만들고 다음 컴포넌트들을 생성해 주세요.
   >
   > 1. TodoCard: 개별 할 일을 표시하는 카드
   > 2. TodoList: 할 일 목록
   > 3. TodoForm: 할 일 추가/편집 폼

2. 커서가 폴더와 기본 컴포넌트 생성을 완료하면 **[Keep All]** 버튼을 클릭합니다.

   그림 8-3 components/todo 폴더와 기본 컴포넌트 생성 및 적용

   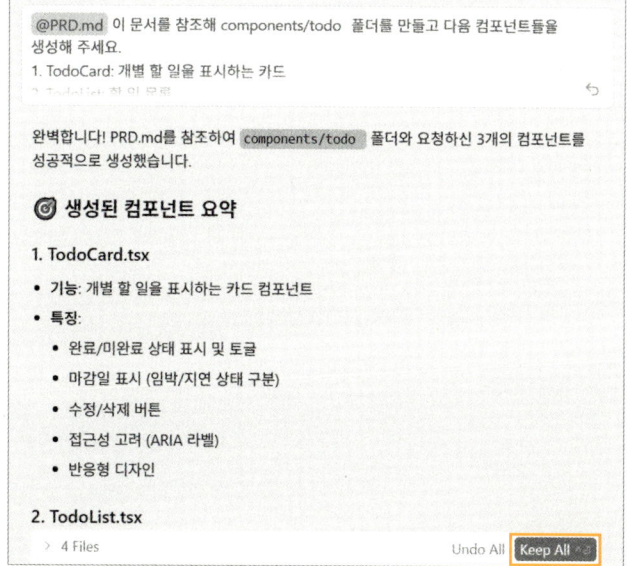

> 참고
>
> 커서가 명령을 바로 실행하지 않고, 사용자에게 실행 허용 여부를 묻는 확인 창을 표시할 수 있습니다. 이런 경우 **[Run]** 버튼을 클릭합니다. 자주 사용하는 명령어라면 **[Add 'mkdir' to Allowlist]**를 클릭해 목록에 추가해두면 다음부터 확인 창이 뜨지 않습니다.
>
> 그림 8-4 명령어 실행 시 사용자 확인 요청
>
>

3. 생성된 코드를 적용하면 지정한 경로에 컴포넌트 파일들이 자동으로 생성됩니다.

그림 8-5 생성된 할 일 관리 컴포넌트

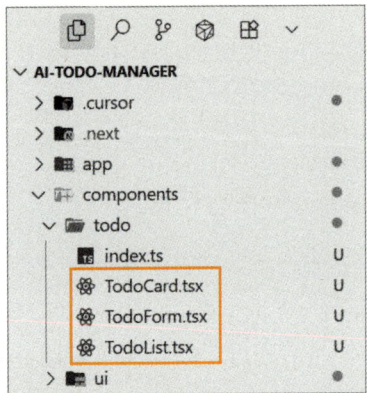

생성된 TodoCard, TodoList, TodoForm 컴포넌트를 조합하면 실제 화면을 구성할 준비가 완료됩니다. 이제 이 컴포넌트들을 기반으로 로그인/회원가입 화면과 할 일 관리 메인 화면을 단계별로 만들어 나가겠습니다.

8.2 로그인과 회원가입 화면 구성하기

로그인/회원가입 화면은 사용자가 처음 접하는 서비스의 시작점입니다. AI 할 일 관리 서비스에서는 로그인한 사용자만 할 일 관리 기능에 접근할 수 있으므로 인증 화면이 필요합니다. 아직 Supabase 인증 기능을 연결하지 않았지만, 이 절에서 UI 구조를 먼저 구성해 사용자 흐름과 화면 레이아웃을 확인하겠습니다. 이를 통해 이후 인증 기능을 연동할 때 UI가 자연스럽게 확장되도록 준비합니다.

8.2.1. 로그인 화면 구성하기

로그인 화면은 이메일과 비밀번호를 입력하는 폼을 기반으로 하는 기본 인증 화면입니다. 하지만 단순한 입력 폼만으로는 부족합니다. 서비스의 첫인상을 결정하는 중요한 지점이므로 로고, 서비스 소개 문구, 회원가입 페이지로 이동할 수 있는 링크까지 포함해 완성도 높은 화면을 구성해야 합니다.

1. 커서의 AI 패널에서 **Agent** 모드를 선택하고, 로그인 페이지를 생성하도록 다음과 같이 요청합니다.

   > @PRD.md 이 문서를 기반으로 app/login/page.tsx 파일을 생성하고, 로그인 화면을 구성해 주세요.
   >
   > **필수 요소**
   >
   > - 서비스 로고와 간단한 소개
   >
   > - 이메일/비밀번호 입력 폼
   >
   > - 회원가입 페이지로 이동하는 링크
   >
   > - Shadcn/ui 컴포넌트 활용

2. 로그인 화면 코드가 모두 생성되면 **[Keep All]** 버튼을 클릭해 변경 사항을 프로젝트에 적용합니다.

그림 8-6 로그인 화면 코드 생성 및 적용

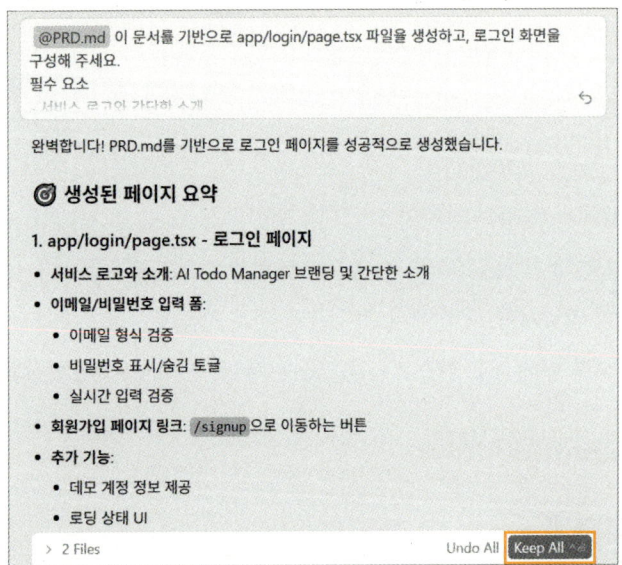

> 💡 **참고**
>
> 커서가 실행 여부를 확인하는 창을 띄울 때 **[Run]** 버튼을 클릭하면 일부 환경에서는 다음과 같이 '명령 구문이 올바르지 않습니다.'와 같은 메시지가 표시될 수 있습니다.
>
> 그림 8-7 잘못된 명령어 실행을 제안하는 경우
>
>
>
> 이 오류는 -p 옵션 때문입니다. -p는 Linux나 macOS에서 상위 폴더까지 한 번에 생성할 때 사용하는 옵션으로, Windows의 명령 프롬프트에서는 지원되지 않습니다. 커서는 이 문제를 자동으로 감지해 -p 옵션을 제거한 새로운 명령어를 다시 제안합니다. 이 경우 다시 **[Run]** 버튼을 클릭하면 정상적으로 실행됩니다.

3. 개발 서버를 실행해 실제 결과를 확인합니다. 터미널에서 `npm run dev` 명령어로 개발 서버를 실행한 뒤 웹 브라우저에서 **로그인 페이지**(http://localhost:3000/login)에 접속합니다.

그림 8-8 로그인 화면 구성 결과

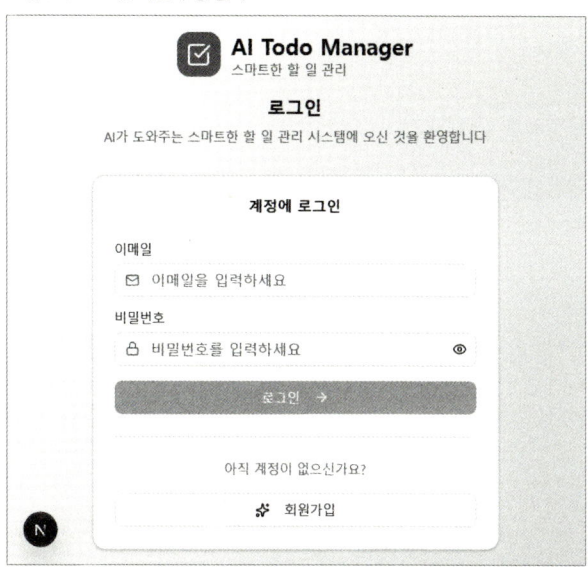

4. 생성된 로그인 화면이 기획서(PRD)의 요구사항을 제대로 반영했는지 다음 항목을 확인합니다.

   ☐ 서비스 로고와 간단한 소개 문구가 포함되었는가?

   ☐ 이메일 입력란이 있는가?

   ☐ 비밀번호 입력란이 있는가?

   ☐ 로그인 버튼이 있는가?

   ☐ 회원가입 페이지로 이동하는 링크가 있는가?

생성형 AI가 만들어주는 코드는 항상 같은 결과가 나오지 않습니다. 디자인 구성이나 레이아웃이 마음에 들지 않는다면 "더 간결하게", "왼쪽 정렬로", "모바일 환경에서도 잘 보이게"처럼 원하는 방향을 구체적으로 다시 요청하면 쉽게 수정할 수 있습니다.

로그인 화면은 나중에 Supabase 인증 기능을 연결할 때 진입 지점(시작 화면)이 되므로 지금 단계에서는 기능보다 화면의 구조와 사용자 흐름에 집중하는 것이 중요합니다.

8.2.2. 회원가입 화면 구성하기

이번에는 회원가입 화면을 만들어 보겠습니다. 회원가입 화면 역시 이메일과 비밀번호를 입력하는 폼을 기반으로 하는 기본 인증 UI입니다. 디자인은 로그인 화면과 일관된 구조, 스타일을 유지해야 하며, 두 화면은 서로 연결되어 사용자가 자연스럽게 이동할 수 있도록 구성해야 합니다.

1. 커서의 AI 패널을 **Agent** 모드로 설정하고, 다음과 같이 요청합니다.

> @PRD.md 이 문서를 기반으로 app/signup/page.tsx 파일을 생성하고, 회원가입 화면을 구성해주세요.
>
> **필수 요소**
>
> - 서비스 로고와 간단한 소개
>
> - 이메일/비밀번호 입력 폼
>
> - 로그인 페이지로 이동하는 링크
>
> - Shadcn/ui 컴포넌트 활용

2. 코드 생성 과정은 로그인 화면과 동일합니다. 코드가 생성되면 **[Keep All]** 버튼을 클릭해 적용합니다.

그림 8-9 회원가입 화면 코드 생성 및 적용

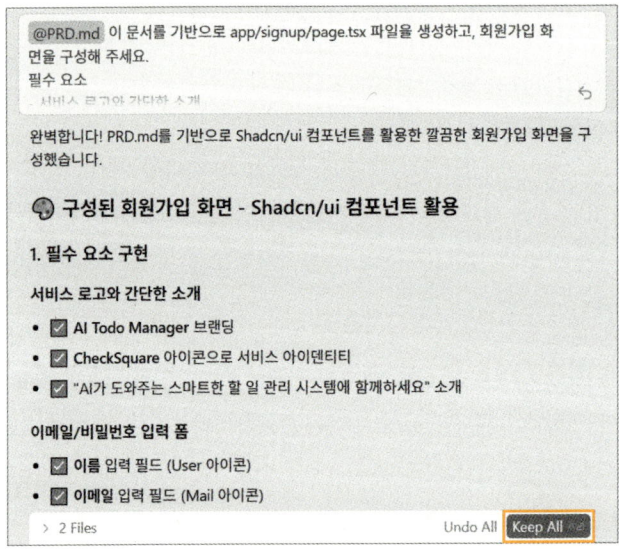

3. 개발 서버를 실행한 상태에서 웹 브라우저에서 로그인 페이지에 접속해 **[회원가입]** 버튼을 클릭합니다. 또는 **회원가입 페이지**(http://localhost:3000/signup)에 접속해 화면이 제대로 표시되는지 확인합니다.

그림 8-10 회원가입 화면 구성 결과

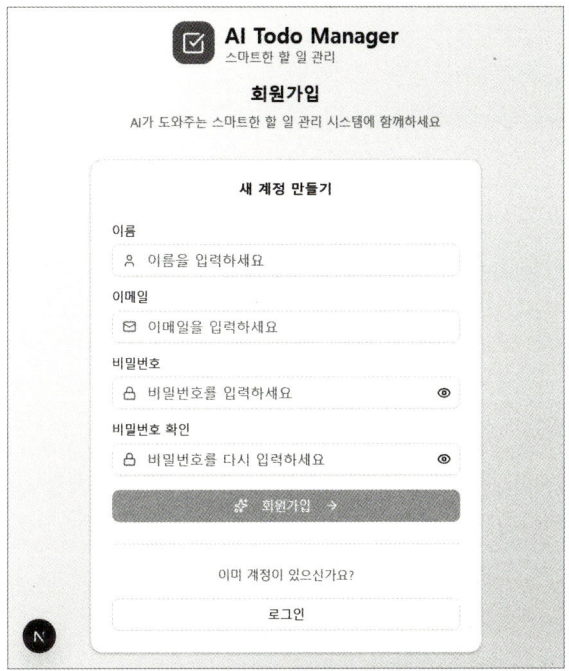

4. 생성된 회원가입 화면이 요구사항을 충실히 반영했는지 다음 항목을 확인합니다.

    ☐ 서비스 로고와 간단한 소개 문구가 포함되었는가?

    ☐ 이메일 입력란이 있는가?

    ☐ 비밀번호 입력란이 있는가?

    ☐ 회원가입 버튼이 있는가?

    ☐ 로그인 페이지로 이동하는 링크가 있는가?

로그인 화면과 회원가입 화면은 서로 짝을 이루는 관계이므로 디자인 요소(색상, 버튼 크기, 여백 등)는 동일한 디자인 시스템을 유지해야 합니다. 초기에는 완벽한 디자인을 목표로 하기보다 화면의 흐름이 자연스럽게 이어지는지에 집중하세요. 이후 Supabase 인증 기능을 연동할 때 버튼을 클릭하면 실제 인증 요청이 이루어지도록 기능을 확장하면 됩니다.

8.3 할 일 관리 메인 화면 구성하기

이제 서비스의 핵심인 할 일 관리 메인 화면을 구성해 보겠습니다. 화면은 앞에서 작성한 PRD와 컴포넌트(TodoCard, TodoList, TodoForm)를 기반으로 구현합니다. 생성형 AI를 활용해 자동으로 구성하므로 결과물은 요청한 프롬프트의 구체성이나 프로젝트 상태에 따라 달라질 수 있습니다. 따라서 완성된 결과가 다르더라도 걱정하지 마세요. AI와 협업하며 점진적으로 화면을 다듬어가는 과정 자체가 중요합니다.

1. 커서의 AI 패널을 **Agent** 모드로 전환하고 다음과 같이 입력합니다.

> `@PRD.md` 이 문서를 기반으로 app/page.tsx 메인 화면을 구성해 주세요. 다음 기능과 구성을 포함해야 합니다.
>
> **1. 주요 기능**
> - 할 일 목록 표시
> - 할 일 관리(추가, 수정, 삭제, 조회)
> - 검색, 필터, 정렬
> - 사용자 정보 표시
> - 로그아웃 기능
>
> **2. 컴포넌트**
> - 상단 헤더(Header): 서비스 로고 또는 이름 표시, 현재 로그인한 사용자 정보 표시, 로그아웃 버튼 배치
> - 툴바(Toolbar): 검색 입력창, 상태(완료/미완료) 및 우선순위 필터, 정렬 기준 드롭다운 메뉴
> - 본문(Main Area): 좌측(또는 상단)에 TodoForm 컴포넌트, 우측(또는 하단)에 TodoList 컴포넌트, 각 할 일 항목은 TodoCard로 구성

3. 구현 지침

- 이미 만든 components/todo의 TodoForm, TodoList, TodoCard 컴포넌트를 불러와 사용

- Shadcn/ui 컴포넌트를 활용

- 데이터 연동은 아직 하지 않으므로 mock 데이터로 화면 구조만 먼저 구성

- 레이아웃은 flex 또는 grid를 사용해 반응형으로 구성

2. 코드 생성을 마치면 [Keep All] 버튼을 클릭해 프로젝트에 적용합니다.

그림 8-11 메인 화면 코드 생성 및 적용

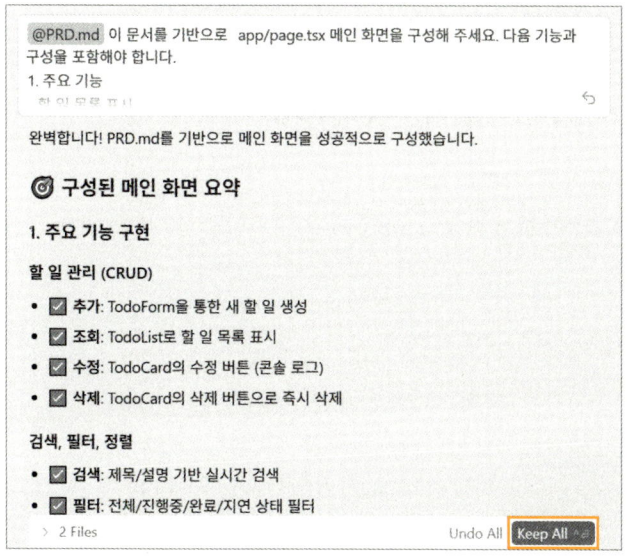

3. 개발 서버를 실행한 상태에서 웹 브라우저로 **메인 페이지**(http://localhost:3000)에 접속해 결과를 확인합니다.

그림 8-12 메인 화면 구성 결과

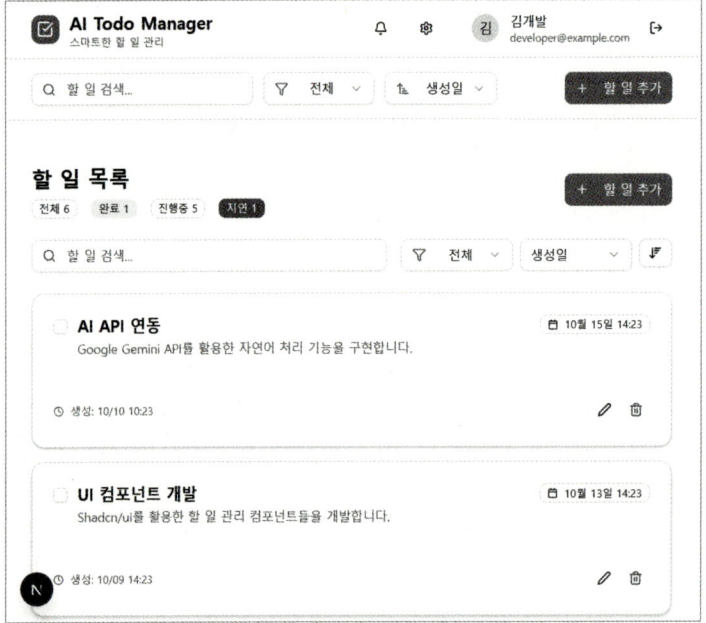

4. 생성된 메인 화면이 PRD의 요구사항을 충실히 반영했는지 다음 항목을 확인합니다.

   ☐ 할 일 목록이 정상적으로 표시되는가?

   ☐ 할 일 추가/수정/삭제/조회 기능이 버튼이나 아이콘으로 제공되는가?

   ☐ 검색, 정렬, 필터 UI가 존재하는가?

   ☐ 사용자 정보가 화면 상단에 표시되는가?

   ☐ 로그아웃 버튼이 있는가?

생성형 AI가 만들어주는 코드는 초기 버전일 뿐이며, 요구사항을 일부 누락했거나 화면 구성이 어색할 수 있습니다. 이런 경우 직접 코드를 수정하거나 "검색창을 상단으로 옮겨줘.", "정렬 메뉴를 드롭다운으로 바꿔줘."처럼 구체적인 요청을 다시 입력해 점진적으로 개선해 나가면 됩니다.

실제 서비스 수준으로 발전시키는 과정은 AI와 사람이 함께 다듬어가는 반복적 협업 과정임을 기억하세요.

8장에서는 7장에서 작성한 PRD를 바탕으로 실제 사용자가 접하게 될 화면을 설계하고 구현했습니다. 이 과정을 통해 디자인 시스템을 정의하고, AI를 활용해 기획 문서가 구체적인 인터페이스로 발전하는 전 과정을 경험했습니다.

1. 디자인 시스템 구축

- **브랜드 컬러 정의**: 서비스의 시각적 정체성을 나타내는 브랜드 컬러를 설정하고, 이를 전역 스타일에 적용해 일관된 색상 체계를 완성했습니다.
- **핵심 컴포넌트 생성**: TodoCard, TodoList, TodoForm 컴포넌트를 제작해 재사용 가능한 UI 요소를 체계적으로 관리할 수 있도록 했습니다.

2. 핵심 화면 완성

- **로그인/회원가입 화면**: 사용자가 서비스를 처음 접하는 진입 화면을 구현했습니다. 일관된 디자인과 자연스러운 이동 흐름을 통해 서비스의 첫인상을 설계했습니다.
- **메인 화면**: 할 일 관리의 핵심 기능(추가, 수정, 삭제, 조회)에 검색, 필터, 정렬 기능을 시각적으로 결합해 대시보드 형태로 구현했습니다.

3. AI 활용 개발 경험

- 커서의 AI 기능을 활용해 PRD(기획 문서)를 실제 동작하는 화면으로 전환하는 과정을 실습했습니다.
- AI에 명확한 요구사항을 전달하고, 생성된 결과물을 검토, 수정, 보완하는 과정을 통해 AI와 협업하는 개발 방식을 자연스럽게 익혔습니다.

4. 완성된 성과

- 브랜드 컬러와 할 일 관리용 UI 컴포넌트
- 로그인/회원가입 화면
- 할 일 관리 기능이 포함된 메인 화면

8장에서 구현한 화면들은 시각적인 뼈대에 해당합니다. 현재는 버튼을 클릭해도 실제 기능이 작동하지 않으며, 입력한 데이터가 저장되지도 않습니다. 다음 9장에서는 Supabase 데이터베이스를 연결해 회원가입과 로그인이 실제로 작동하고, 새로운 할 일을 추가하면 데이터베이스에 저장되며, 목록에서 수정과 삭제가 가능한 완전한 기능의 서비스를 완성합니다.

> **최종 확인**
>
> **다음 장으로 넘어가기 전에 다음 사항을 확인해 보세요.**
> - [ ] 로그인 화면이 정상적으로 표시되는가?
> - [ ] 회원가입 화면이 올바르게 구성되었는가?
> - [ ] 메인 화면의 모든 요소가 요구사항에 맞게 배치되었는가?
> - [ ] 브랜드 컬러가 전체 화면에 일관되게 적용되었는가?
> - [ ] 모바일과 데스크톱 환경 모두에서 화면이 올바르게 표시되는가?

9장
백엔드 구축하기:
데이터베이스, 인증, CRUD

8장에서는 로그인, 회원가입, 메인 화면을 구성하며 서비스의 겉모습(프런트엔드)을 완성했습니다. 이제는 7장에서 설계한 데이터 구조를 실제 데이터베이스로 구현하고, 이를 프런트엔드 화면과 연결해 실제로 동작하는 서비스를 완성할 차례입니다. 이 장에서는 Supabase를 활용해 다음 기능을 단계별로 구현합니다.

- 데이터베이스 생성 및 테이블 구조 정의
- 사용자 인증 기능 연동
- 할 일 관리 기능 구현

이 과정을 모두 마치면 회원가입 → 로그인 → 할 일 추가/조회/수정/삭제가 실제로 작동하는 완성형 AI 할 일 관리 웹 서비스를 직접 확인할 수 있습니다.

9.1 Supabase 프로젝트 생성

8장에서 만든 로그인, 회원가입, 메인 화면은 아직 실제 데이터와 연결되어 있지 않습니다. 이 절에서는 4장에서 소개한 Supabase를 활용해 데이터베이스를 구축하고, 7장에서 설계한 데이터 구조를 실제 테이블로 구현하겠습니다. 이 과정을 거치면 사용자가 입력한 정보가 데이터베이스에 안전하게 저장되고, 다시 불러와 활용할 수 있는 실제 서비스의 기반(백엔드)이 마련됩니다.

9.1.1. Supabase 프로젝트 생성하기

Supabase에 접속해 새로운 프로젝트를 생성해 보겠습니다. Supabase 프로젝트를 만들면 클라우드에 PostgreSQL 데이터베이스가 자동으로 준비되고, 회원가입, 로그인 등 인증(auth) 기능도 함께 사용할 수 있습니다. 이렇게 생성한 프로젝트는 앞으로 개발할 AI 할 일 관리 서비스의 핵심 백엔드 인프라가 됩니다.

1. 웹 브라우저를 열고 **Supabase 사이트**(https://supabase.com)에 접속합니다. 이미 계정이 있다면 로그인(Sign in)하고, 처음이라면 회원가입을 진행합니다.

   그림 9-1 Supabase 사이트 로그인 또는 회원가입

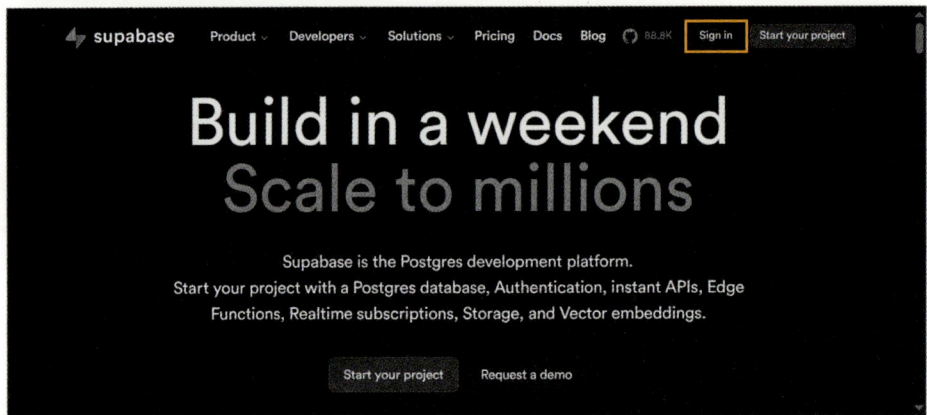

2. 회원가입은 이메일로 직접 할 수도 있지만, 여기서는 GitHub 계정을 연동해 간편하게 가입합니다.

   그림 9-2 GitHub 계정 연동

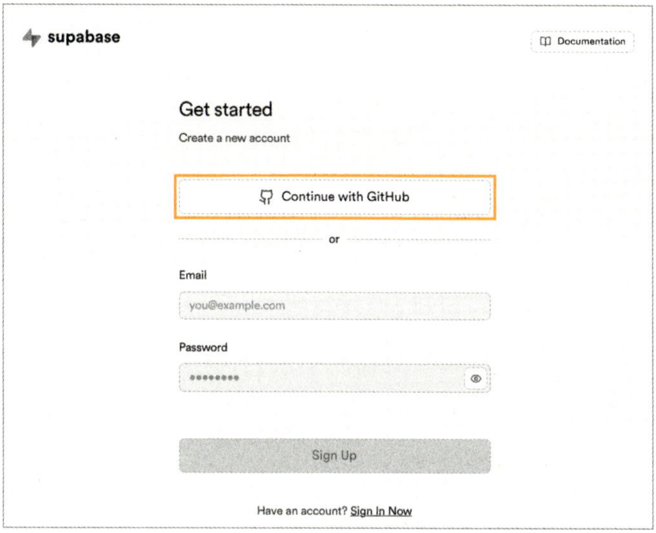

   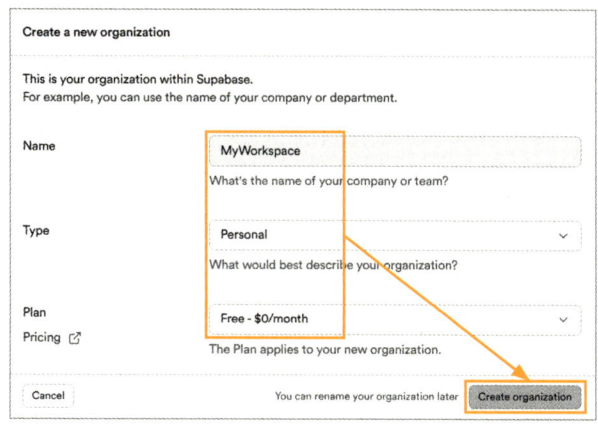

3. GitHub 계정으로 회원가입하면 조직(organization)을 생성하는 화면이 나옵니다. 조직은 하나 이상의 프로젝트를 담는 상위 개념입니다. 다음과 같이 입력하고 [Create organization] 버튼을 클릭합니다.

   - **Name**: 자유롭게 입력(예 MyWorkspace)
   - **Type**: Personal
   - **Plan**: Free

   그림 9-3 조직 생성

4. 조직을 만든 뒤에는 프로젝트 생성 화면이 열립니다. 다음 정보를 입력한 뒤 **[Create new project]** 버튼을 클릭합니다.

- **Organization**: 앞에서 생성한 조직 선택
- **Project name**: 자유롭게 입력(예 ai-todo-manager)
- **Database password**: Generate a password를 클릭해 자동 생성(이 비밀번호는 데이터베이스에 접속할 때 필요하므로 복사해 안전한 곳에 보관)
- **Region**: Northeast Asia (Seoul)

그림 9-4 프로젝트 생성

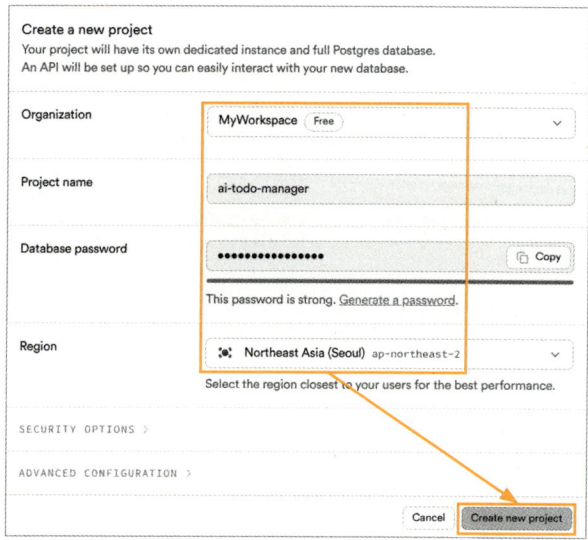

5. 잠시 후 프로젝트가 생성되고 자동으로 해당 프로젝트의 대시보드 화면으로 이동합니다. 대시보드에서는 다음과 같은 주요 메뉴를 확인할 수 있습니다.

- **Database**: 데이터베이스 구조 관리
- **Authentication**: 사용자 인증 설정
- **Storage**: 파일 저장 공간 관리
- **Edge Functions**: 서버리스 함수 설정
- **Realtime**: 실시간 데이터 업데이트

처음에는 메뉴가 많아 복잡해 보일 수 있지만, 지금 당장은 데이터베이스와 인증 기능만으로 충분합니다. 나머지 기능은 이후 필요할 때 차근차근 살펴보세요.

그림 9-5 Supabase 대시보드

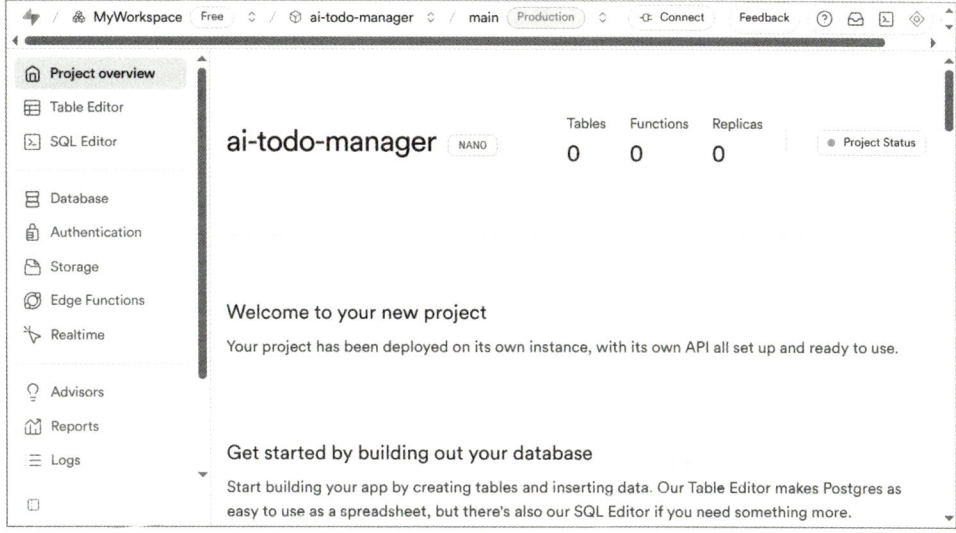

여기까지 완료했다면 Supabase 프로젝트가 정상적으로 생성된 상태입니다. 이제 클라우드에 준비된 데이터베이스와 인증 시스템을 활용해 로그인, 회원가입, 할 일 관리 기능을 연결할 준비가 끝났습니다.

9.1.2. 환경 변수 설정하기

Supabase와 Next.js 프로젝트를 연결해 보겠습니다. 이를 위해서는 Supabase에서 발급받은 Project URL과 API 키를 Next.js의 환경 변수 파일(.env.local)에 등록해야 합니다. 이 단계가 완료되어야 프런트엔드 코드에서 Supabase 데이터베이스에 접근할 수 있습니다.

1. Supabase 프로젝트의 고유 주소인 Project URL을 확인합니다. Supabase 대시보드의 왼쪽 메뉴에서 **Project Settings → Data API**를 선택합니다. 오른쪽 화면의 API Settings 영역에서 **Project URL** 항목을 찾을 수 있습니다. **[Copy]** 버튼을 클릭해 URL을 복사한 뒤, 임시로 메모장에 저장해 둡니다.

> **참고**
>
> Project URL은 Supabase 프로젝트를 구분하는 고유 주소로, Next.js 앱이 Supabase와 통신할 때 필요합니다.

그림 9-6 Project URL 확인

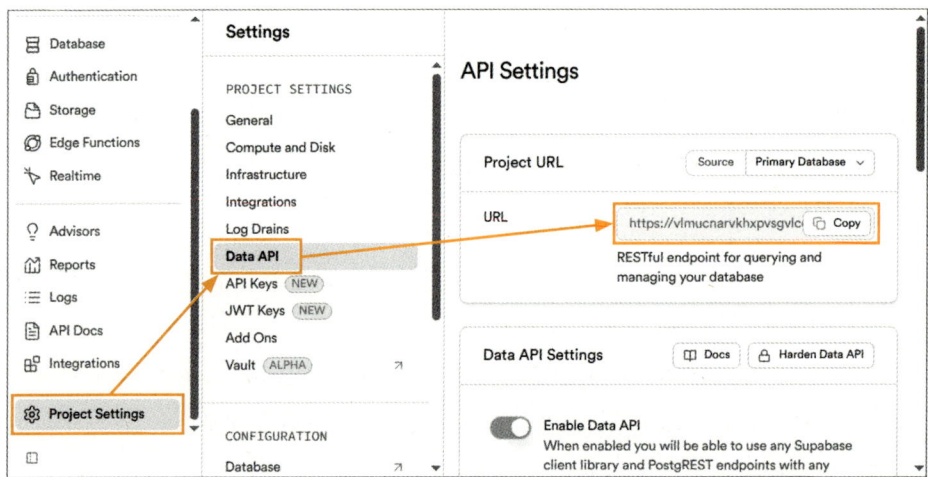

2. 다음으로 프로젝트에 연결할 API 키를 발급받습니다. 대시보드 왼쪽 메뉴에서 **Project Settings → API Keys**를 선택합니다. 오른쪽 화면에서 **API Keys** 탭을 선택하면 **[Create new API keys]** 버튼이 보입니다. 이 버튼을 클릭합니다.

그림 9-7 API 키 생성 메뉴

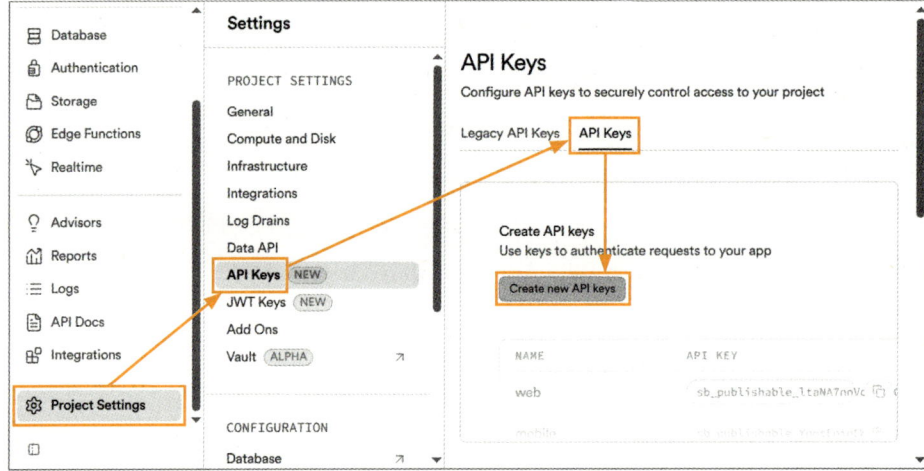

3. API 키 생성을 확인하는 창이 뜨면 [Create keys] 버튼을 클릭해 키를 생성합니다.

그림 9-8 API 키 생성 확인

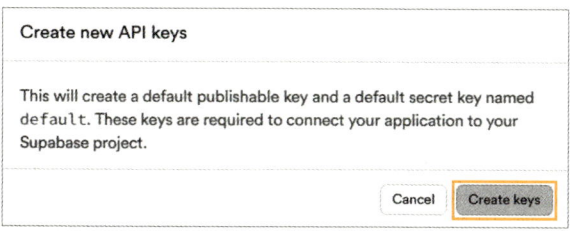

4. API Keys 탭 하단에 발급된 키 목록이 표시됩니다. 여기에는 두 가지 주요 키가 있습니다. 이 단계에서는 **Publishable key**만 복사합니다.

- **Publishable key(anon key, 공개 키)**: 웹 브라우저(클라이언트)에서 Supabase에 접근할 때 사용하는 키입니다. 노출해도 되지만, .env.local 파일에 저장해 관리하는 것을 권장합니다.
- **Secret keys(Service Role Key, 비밀 키)**: 서버 전용 키로, 관리자 권한을 가지고 있습니다. 모든 데이터베이스 작업을 실행할 수 있으므로 절대 클라이언트에 노출하면 안 됩니다. 서버 환경에서만 안전하게 사용해야 합니다.

그림 9-9 생성된 API 키 확인

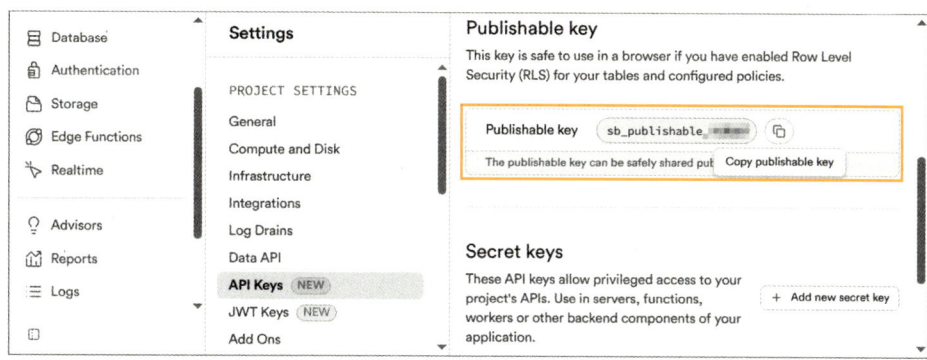

5. 커서로 돌아가 프로젝트 루트 폴더에 있는 .env.local 파일을 열고 다음과 같이 Project URL과 API 키를 추가합니다.

.env.local

```
NEXT_PUBLIC_SUPABASE_URL=Project_URL
NEXT_PUBLIC_SUPABASE_PUBLISHABLE_KEY=API_Key
```

파일을 저장하면 환경 변수 설정이 완료됩니다. 이제 프로젝트에서 Supabase 클라이언트를 초기화할 때 값들을 불러와 사용할 수 있습니다.

9.1.3. 프로젝트에 Supabase 연결하기

환경 변수 등록을 마쳤다면 프로젝트 코드에서 Supabase를 사용할 수 있도록 라이브러리를 설치하고, 연결용 설정 파일을 만들어야 합니다.

1. 터미널을 열고 프로젝트 폴더(ai-todo-manager) 경로에서 다음 명령어를 실행합니다.

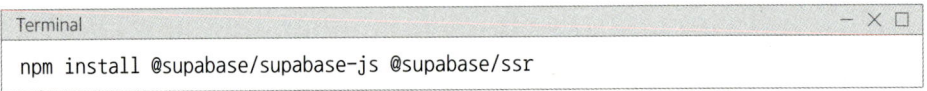

```
npm install @supabase/supabase-js @supabase/ssr
```

- `npm install`: Node.js의 패키지 관리자(npm)를 사용해 라이브러리를 설치하는 명령어입니다.
- `@supabase/supabase-js`: Supabase의 공식 JavaScript 클라이언트 라이브러리로, Database, Auth(인증), Storage, Realtime 기능을 코드에서 직접 호출할 수 있습니다.
- `@supabase/ssr`: Next.js 13 이상 버전에서 SSR 환경에 맞게 Supabase를 사용할 수 있도록 지원하는 라이브러리입니다. 쿠키 기반 인증을 지원해 로그인 상태를 서버와 클라이언트 양쪽에서 안전하게 관리할 수 있습니다.

> **용어** **서버사이드 렌더링**(SSR, Server-Side Rendering)이란 사용자가 웹 페이지를 요청하면 서버가 필요한 데이터를 불러와 HTML 형태로 완성한 뒤 웹 브라우저에 전달하는 방식입니다. 초기 화면 표시 속도가 빠르고, 검색 엔진 최적화(SEO)에 유리하며, 인증 정보나 API 키 같은 민감한 데이터를 서버에서 안전하게 처리할 수 있습니다.

> **참고**
> 라이브러리를 설치할 때 터미널에 다음과 같은 메시지가 표시될 수 있습니다.
>
> 그림 9-10 버전 업데이트 알림 메시지
>
>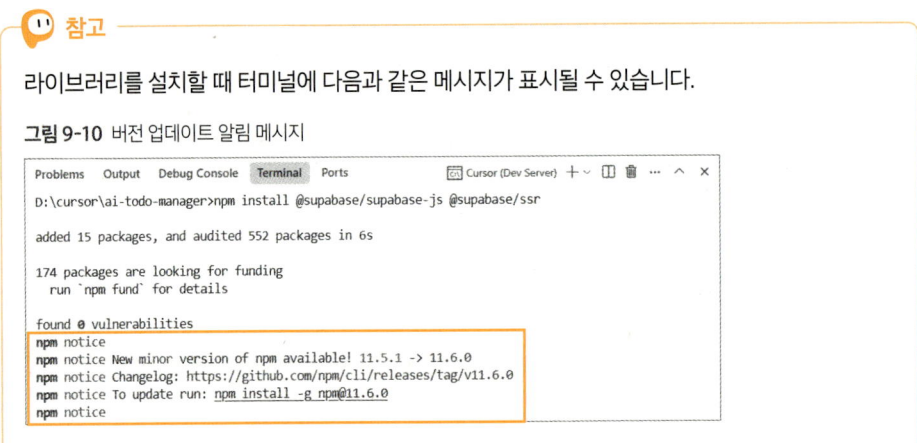

이 메시지는 'npm의 새로운 버전이 있다'는 안내입니다. 예를 들어, 현재 버전은 11.5.1이고, 최신 버전은 11.6.0입니다. 꼭 업데이트하지 않아도 작업은 진행할 수 있지만, 최신 기능이나 보안 패치를 적용하려면 메시지에 나온 명령어를 실행해 업데이트할 수 있습니다.

```
npm install -g npm@11.6.0
```

2. 다음으로 프로젝트 내에서 Supabase를 초기화할 설정 파일을 만듭니다. 커서의 AI 패널을 **Agent** 모드로 전환한 뒤 다음과 같이 입력합니다.

> AI 할 일 관리 프로젝트에 Supabase 설정 파일을 생성해 주세요.
>
> 1. 필요한 파일은 다음과 같습니다.
>
> - lib/supabase/server.ts: 서버 컴포넌트용 Supabase 클라이언트(createClient)
>
> - lib/supabase/client.ts: 클라이언트 컴포넌트용 Supabase 클라이언트(createClient)
>
> 2. 이미 다음 패키지가 설치되어 있습니다.
>
> - @supabase/supabase-js
>
> - @supabase/ssr
>
> 3. 환경 변수(.env.local)는 다음과 같이 추가했습니다.
>
> - NEXT_PUBLIC_SUPABASE_URL=Project_URL
>
> - NEXT_PUBLIC_SUPABASE_PUBLISHABLE_KEY=API_Key
>
> 이외 화면이나 로직은 수정하지 말고, 필요한 초기화 코드만 작성해 주세요.

> 😊 **참고**
>
> 프롬프트에 @를 입력하면 참조 기능이 활성화됩니다. 단순히 @를 입력하고 싶다면 [ESC]를 눌러 기능을 취소합니다.

3. 코드 생성을 마치면 **[Keep All]** 버튼을 클릭해 프로젝트에 반영합니다.

그림 9-11 Supabase 설정 파일 생성 및 적용

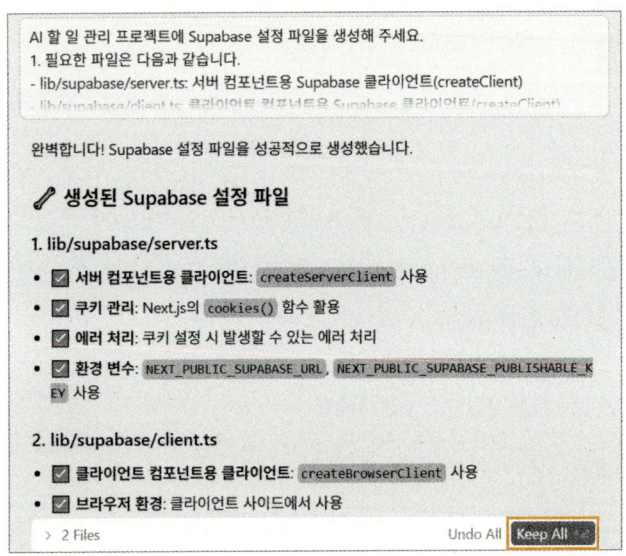

4. 파일이 생성되면 lib 또는 utils 폴더 아래에 client.ts, server.ts 등의 파일이 자동으로 추가됩니다(생성형 AI 특성상 파일 생성 위치는 책과 다를 수 있습니다. 파일 이름만 동일하면 됩니다). 이 파일들은 프로젝트 전반에서 Supabase 클라이언트를 불러올 때 사용합니다.

- **client.ts**: 웹 브라우저(클라이언트)에서 Supabase를 호출할 때 사용
- **server.ts**: 서버 컴포넌트나 API 라우트 등 서버 환경에서 사용

그림 9-12 생성된 파일 확인

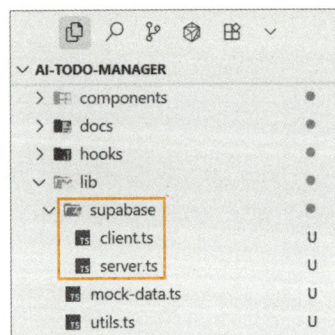

이제 Supabase와 Next.js 프로젝트가 성공적으로 연결되었습니다. 다음 단계에서는 데이터베이스 테이블을 생성해 실제 할 일 데이터를 저장하고 불러올 수 있는 구조를 만들어 보겠습니다.

9.2 데이터베이스 테이블 생성하기

백엔드의 핵심은 데이터를 안전하게 저장하고 관리하는 것입니다. Supabase에 실제 데이터베이스 테이블을 생성해 이를 직접 확인해 보겠습니다. users(사용자 정보), todos(할 일 정보) 테이블을 SQL 쿼리로 생성하고, 보안 강화를 위해 RLS 정책도 적용합니다.

> **용어 RLS**(Row Level Security)는 데이터베이스 행(row)마다 접근 권한을 따로 설정할 수 있는 보안 기능입니다. 보통은 테이블 전체에 대해 '읽을 수 있다/없다' 식으로만 권한을 정하지만, RLS를 사용하면 '이 사용자는 자기 데이터만 볼 수 있다'처럼 조건을 세세히 지정할 수 있습니다. 예를 들어 여러 사용자가 같은 todos 테이블을 사용하더라도 각 사용자는 자신이 만든 할 일만 조회하거나 수정할 수 있고, 다른 사람의 데이터에는 접근할 수 없습니다. Supabase에서는 테이블마다 RLS 기능을 활성화(enable)하고, 그 안에 구체적인 정책(policy)을 만들어 적용합니다.

9.2.1. SQL 쿼리 생성하기

커서의 AI 기능을 활용해 작성한 PRD 문서를 기반으로 실행 가능한 SQL 쿼리를 자동 생성해 보겠습니다. 이렇게 하면 사람이 일일이 쿼리를 작성하지 않아도 AI가 요구사항을 분석해 초안을 만들어 줍니다.

> **용어 SQL**(Structured Query Language)은 관계형 데이터베이스에서 데이터를 저장, 검색, 수정, 삭제할 때 사용하는 표준 언어입니다. 이때 쿼리(query)는 데이터베이스에 보내는 요청이나 명령문을 뜻합니다. 즉, "이 테이블에서 이름이 '홍길동'인 데이터를 찾아줘." 같은 명령을 SQL 문장으로 작성해 데이터베이스에 전달하는 것입니다.

1. 커서의 AI 패널을 열고 **Agent** 모드에서 다음 프롬프트를 실행합니다.

    > @PRD.md 이 문서의 데이터 구조를 기준으로 Supabase용 바로 실행 가능한 SQL 쿼리를 생성해 주세요.
    >
    > 필수 요소
    >
    > - public.users: auth.users(id)와 1:1로 연결되는 사용자 프로필 테이블
    > - public.todos: 각 사용자(user_id)별 할 일 관리 테이블
    > - 두 테이블 모두 RLS 활성화 및 정책(소유자만 읽기/쓰기) 추가
    > - 결과는 schema.sql 파일로 저장

> **참고**
>
> Supabase에는 기본적으로 사용자 인증 기능이 포함되어 있어서 새 프로젝트를 만들면 자동으로 auth.users 테이블이 함께 생성됩니다. 이 테이블은 사용자의 이메일, 비밀번호, 생성 시각 등 로그인에 필요한 최소한의 정보만 저장합니다.
>
> AI 할 일 관리 서비스에서는 단순한 로그인 정보뿐 아니라 사용자 이름, 프로필 이미지, 자기소개 등 추가적인 프로필 정보가 필요합니다. 하지만 auth.users는 Supabase 내부에서 관리하는 시스템 테이블이기 때문에 임의로 필드를 추가하거나 수정할 수 없습니다. 따라서 이러한 부가 정보를 저장하기 위해 별도의 public.users 테이블을 생성하는 것이 좋습니다. 이때 public.users의 id 칼럼을 auth.users(id)에 외래키(FK)로 연결하면 두 테이블이 1:1 관계로 연결되어 인증 정보와 프로필 정보를 함께 관리할 수 있습니다.

2. 쿼리가 생성되면 **[Keep All]** 버튼을 클릭해 프로젝트에 적용합니다.

그림 9-13 SQL 쿼리 생성 및 적용

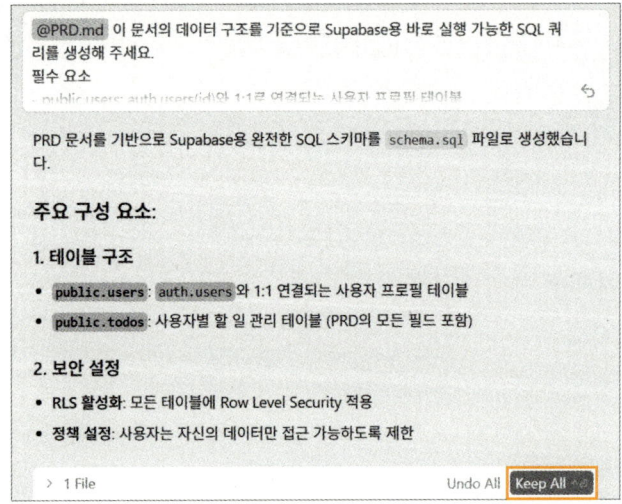

3. 사이드바에서 프로젝트 폴더를 보면 schema.sql 파일이 생성된 것을 볼 수 있습니다.

그림 9-14 생성된 schema.sql 파일 확인

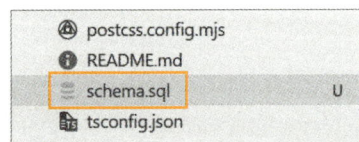

> **참고**
>
> 생성형 AI 특성상 파일 생성 위치는 각자 다를 수 있습니다. Ctrl + P 또는 command + p 를 눌러 나오는 검색창에 파일명을 입력하고 Enter 를 누르면 해당 파일을 열 수 있습니다.

4. schema.sql 파일 안에 Supabase에서 실행할 SQL 쿼리가 들어 있습니다. --로 시작하는 줄은 주석으로, SQL을 실행할 때 무시됩니다.

SQL 쿼리 예시(일부 발췌)

```sql
-- AI Todo Manager - Supabase Database Schema
-- PRD 문서 기반 데이터베이스 구조
-- =========================================
-- 1. 사용자 프로필 테이블 (public.users)
-- =========================================
-- auth.users와 1:1로 연결되는 사용자 프로필 테이블
CREATE TABLE IF NOT EXISTS public.users (
    id UUID PRIMARY KEY REFERENCES auth.users(id) ON DELETE CASCADE,
    email TEXT NOT NULL,
    created_at TIMESTAMPTZ DEFAULT NOW() NOT NULL
);
-- =========================================
-- 2. 할 일 관리 테이블 (public.todos)
-- =========================================
-- 사용자별 할 일을 관리하는 테이블
CREATE TABLE IF NOT EXISTS public.todos (
    id UUID PRIMARY KEY DEFAULT gen_random_uuid(),
    user_id UUID NOT NULL REFERENCES public.users(id) ON DELETE CASCADE,
    title TEXT NOT NULL,
    description TEXT,
    due_date TIMESTAMPTZ,
    priority VARCHAR(10) NOT NULL DEFAULT '중간' CHECK (priority IN ('높음', '중간', '낮음')),
    category VARCHAR(50) NOT NULL DEFAULT '업무' CHECK (category IN ('업무', '개인', '학습')),
    completed BOOLEAN DEFAULT FALSE NOT NULL,
    created_at TIMESTAMPTZ DEFAULT NOW() NOT NULL
);
(중략)
-- =========================================
-- 4. RLS (Row Level Security) 활성화
-- =========================================
```

```sql
-- users 테이블 RLS 활성화
ALTER TABLE public.users ENABLE ROW LEVEL SECURITY;
-- todos 테이블 RLS 활성화
ALTER TABLE public.todos ENABLE ROW LEVEL SECURITY;
(중략)
-- ============================================
-- 스키마 생성 완료
-- ============================================
-- 생성된 테이블 확인
SELECT
    schemaname,
    tablename,
    tableowner
FROM pg_tables
WHERE schemaname = 'public'
    AND tablename IN ('users', 'todos')
ORDER BY tablename;

-- 생성된 뷰 확인
SELECT
    schemaname,
    viewname,
    viewowner
FROM pg_views
WHERE schemaname = 'public'
    AND viewname = 'user_todo_stats';
-- 생성된 함수 확인
SELECT
    routine_name,
    routine_type,
    data_type
FROM information_schema.routines
WHERE routine_schema = 'public'
    AND routine_name IN ('handle_new_user', 'get_today_completed_todos', 'get_weekly_stats')
ORDER BY routine_name;
```

생성형 AI의 특성상 쿼리 내용은 일부 다를 수 있습니다. 하지만 파일의 주석을 통해 각 테이블과 제약, 정책의 역할을 쉽게 파악할 수 있으니 PRD와 비교하며 필요한 경우 필드명과 제약 조건을 조정하세요.

9.2.2. SQL 실행하기

이제 SQL 파일을 Supabase에서 실행해 실제 데이터베이스 테이블을 만들어 보겠습니다.

1. Supabase 프로젝트 대시보드로 이동합니다. 왼쪽 메뉴에서 **SQL Editor**를 클릭하면 오른쪽에 SQL 편집기 화면이 열립니다.

   그림 9-15 SQL 편집기 열기

   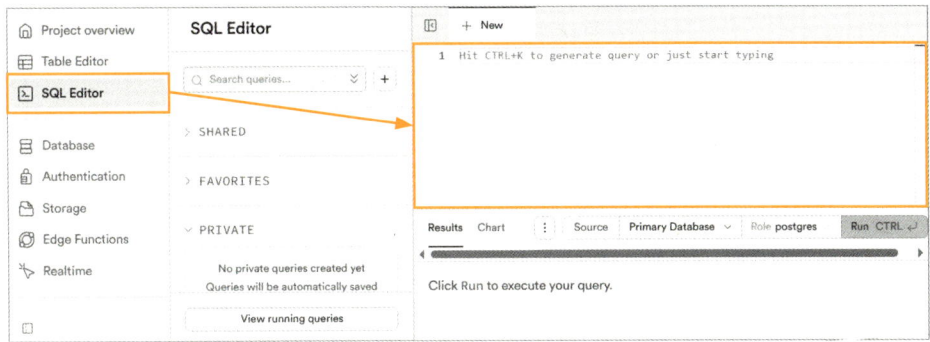

2. 앞에서 생성한 schema.sql 파일의 내용을 모두 복사합니다. 복사한 내용을 SQL 편집기의 입력 창에 붙여넣은 뒤 **[Run]** 버튼을 클릭합니다.

   그림 9-16 SQL 편집기에 schema.sql 파일 내용을 붙여넣고 실행

   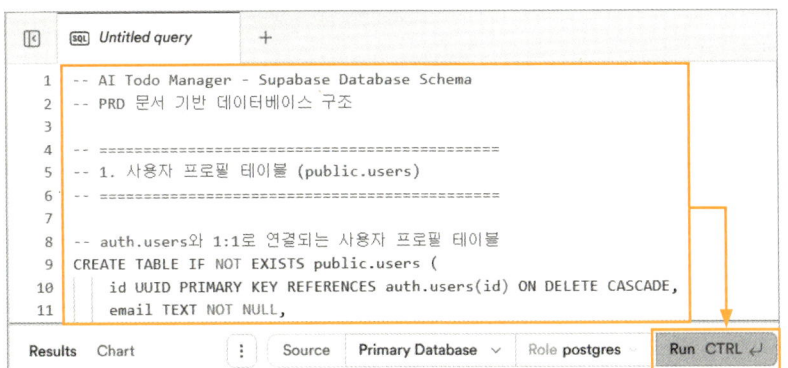

> **참고**
>
> [Run] 버튼을 클릭했을 때 경고창이 뜰 수 있습니다. 이는 데이터를 삭제하거나 변경할 수 있는 위험한 SQL 쿼리(예 DELETE, DROP, UPDATE)임을 안내하는 메시지입니다.
>
> 데이터가 없는 상태에서 처음 실행한다면 [Run this query] 버튼을 클릭합니다. 데이터가 있다면 커서의 Ask 모드로 질문해 해당 쿼리가 삭제하거나 변경하는 쿼리가 없는지 확인한 후 진행하세요.

3. 실행이 끝나면 하단 결과 창에 생성된 테이블이 표시됩니다. 테이블 대신 'Success' 메시지만 표시될 수도 있습니다.

그림 9-17 SQL 쿼리 실행 결과

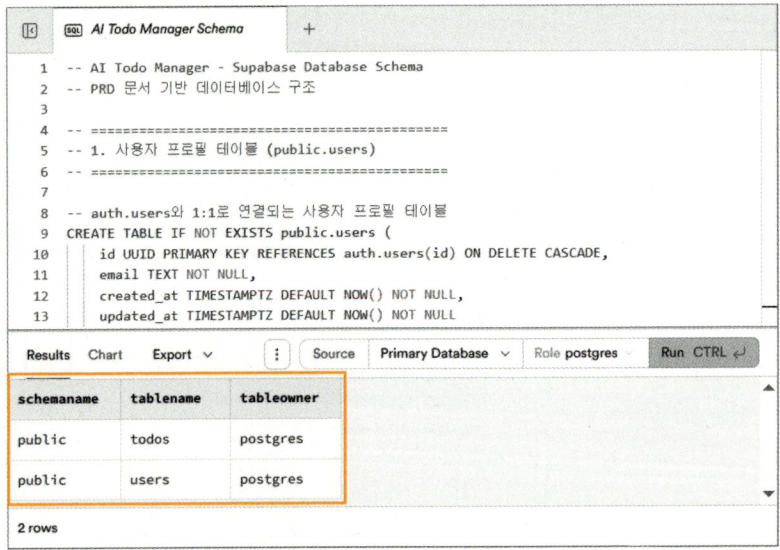

4. 대시보드의 왼쪽 메뉴에서 **Table Editor**를 선택하고 schema를 **public**으로 지정하면 새로 만들어진 테이블을 확인할 수 있습니다.

그림 9-18 생성된 테이블 확인

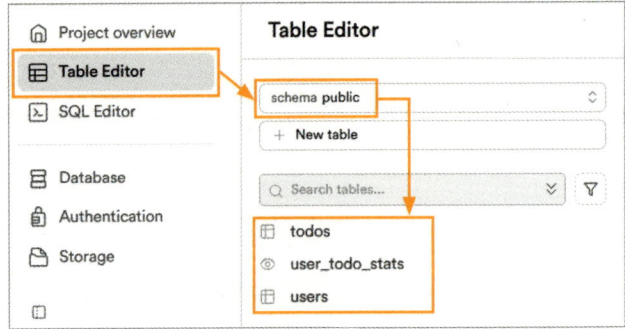

이때 users, todos 외에 user_todo_stats와 같은 추가 테이블 또는 뷰가 보일 수 있습니다. 이는 입력한 SQL로 생성된 것이 아니라 Supabase가 내부 기능(예 사용자 통계 및 시스템 관리용 뷰)을 위해 자동으로 만드는 항목입니다. 이름에 stats가 포함된 항목은 대체로 통계 집계용 뷰입니다. 실습에서는 users와 todos 두 테이블만 사용합니다.

> **용어** 뷰(view)는 기존 테이블을 바탕으로 만든 '가상의 테이블'입니다. 실제 데이터를 새로 저장하지 않고, 자주 쓰는 SELECT 쿼리를 미리 정의해두면 일반 테이블처럼 간편하게 조회할 수 있습니다. 예를 들어 '사용자별 완료된 할 일 개수'를 집계하는 쿼리를 뷰로 저장하면 user_todo_stats라는 뷰를 통해 바로 그 결과를 확인할 수 있습니다.

이 절에서는 Supabase에 users와 todos 테이블을 생성하고, 보안 강화를 위한 RLS 정책을 적용했습니다. 이제 데이터베이스 구조가 준비되었으니 다음 절에서는 회원가입과 로그인 기능을 구현해 실제 사용자와 데이터를 연결해 보겠습니다.

9.3 회원가입과 로그인/로그아웃 기능 구현하기

Supabase Auth 기능을 활용해 회원가입과 로그인 기능을 구현하겠습니다. 회원가입과 로그인을 통해 사용자를 식별하고, 인증된 사용자만 자신의 데이터를 안전하게 다룰 수 있도록 하는 것이 주요 구현 내용입니다.

9.3.1. 회원가입 기능 구현하기

먼저 이메일과 비밀번호를 이용한 회원가입 기능을 만들어 보겠습니다.

1. 커서의 AI 패널을 **Agent** 모드로 전환한 뒤 다음 프롬프트를 입력합니다.

> `@app/signup/page.tsx` 이 파일에 Supabase 회원가입 기능을 추가해 주세요.
>
> **1. 필요한 기능**
>
> - 폼 데이터 수집 및 유효성 검사(이메일 형식, 최소 비밀번호 길이 등)
>
> - Supabase signUp 함수 호출(이름/이메일/비밀번호 기반)
>
> - 성공 시 처리: 이메일 확인 흐름을 고려해 안내 메시지를 표시하거나 즉시 메인 페이지(/)로 이동 (프로젝트 설정에 맞게 구현)
>
> - 실패 시 처리: 오류 메시지를 화면에 표시(사용자 친화적 문구로)
>
> - 로딩 상태 처리: 제출 중 중복 클릭 방지(버튼 비활성화), 스피너/텍스트 피드백 제공
>
> **2. 구현 조건**
>
> - 화면 레이아웃과 스타일은 그대로 유지하고, 기능만 구현(기능 구현을 위해 필요한 최소한의 UI 보완은 허용)

2. 코드가 생성되면 **[Keep All]** 버튼을 클릭해 프로젝트에 반영합니다.

그림 9-19 회원가입 코드 생성 및 적용

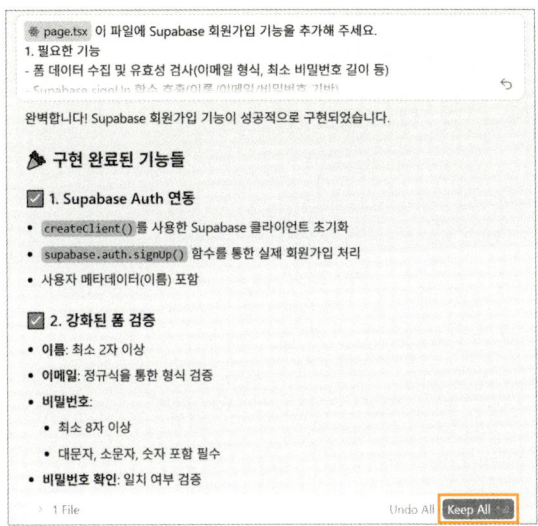

3. 터미널에서 `npm run dev` 명령어로 개발 서버를 실행합니다. 웹 브라우저에서 **회원가입 페이지**(http://localhost:3000/signup)로 접속합니다. 회원가입 화면이 나오면 이름, 이메일, 비밀번호를 입력하고 **[회원가입]** 버튼을 클릭합니다(버튼 이름은 각자 다를 수 있습니다).

그림 9-20 회원가입 기능 확인

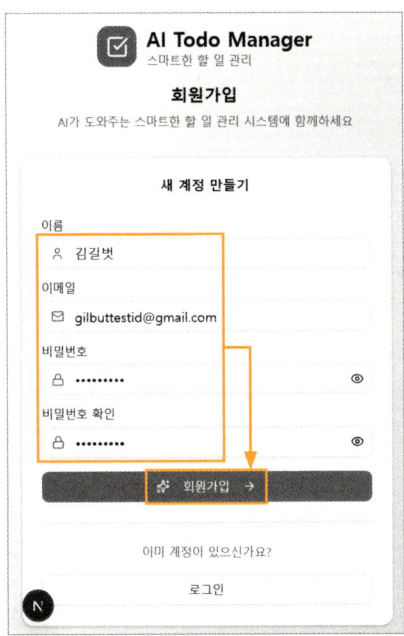

> 참고
>
> 나중에 인증 기능을 확인해야 하므로 실제 사용하는 이메일을 입력해 주세요.

오류 발생 시 대처 방법

회원가입 버튼을 눌렀을 때 다음과 같은 오류가 표시될 수 있습니다.

그림 9-21 회원가입 시 오류 발생 예

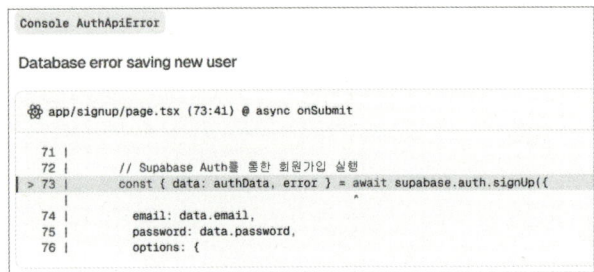

이럴 때는 다음 절차로 문제를 해결하세요.

❶ 오류 메시지를 그대로 복사합니다.

❷ 커서의 Agent 모드에서 오류 내용을 프롬프트에 붙여넣고 "이 오류를 해결해 주세요."라고 입력합니다.

❸ 커서가 제안한 수정안을 적용하고 다시 실행해 봅니다.

❹ 문제가 해결되지 않으면 수정된 코드와 함께 다시 요청합니다.

이처럼 커서를 활용하면 코드 작성뿐 아니라 오류 분석과 수정 과정까지 AI의 도움을 받아 신속하게 해결할 수 있습니다.

4. 회원가입이 완료되면 입력한 이메일 주소로 'Confirm Your Signup'이라는 제목으로 인증 메일이 옵니다. 메일을 열어 **Confirm your mail**을 클릭하면 로그인 페이지로 이동하며 회원가입이 완료됩니다.

그림 9-22 인증 메일 확인

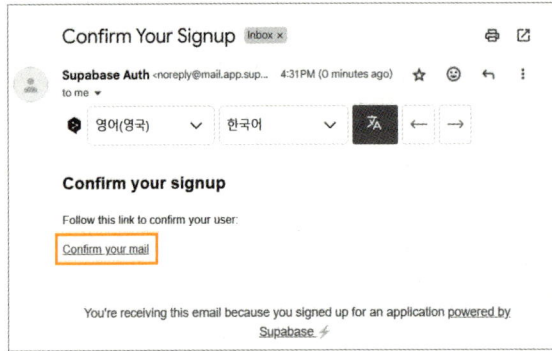

5. Supabase 대시보드의 **Table Editor** → **users** 테이블로 이동합니다. 새로 가입한 사용자의 데이터가 정상적으로 저장된 것을 확인할 수 있습니다.

그림 9-23 users 테이블 확인

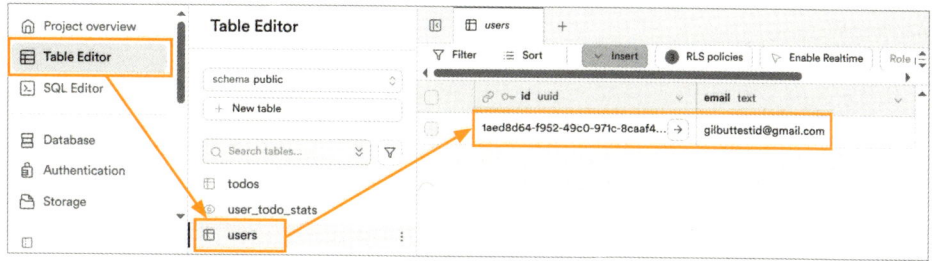

이로써 회원가입 기능이 완성되었습니다. 다음 절에서는 로그인 기능을 구현해 이미 가입한 사용자가 안전하게 접속하고 개인화된 할 일 데이터를 관리할 수 있도록 만들어 보겠습니다.

9.3.2. 로그인/로그아웃 기능 구현하기

이번에는 로그인과 로그아웃 기능을 함께 구현해 보겠습니다. 로그인은 회원가입할 때 사용한 이메일과 비밀번호를 입력해 Supabase Auth를 통해 인증하는 방식으로 작동합니다. 로그아웃은 현재 로그인된 사용자의 세션을 종료하고 로그인 페이지로 이동하도록 처리합니다.

1. AI 패널의 입력창에 다음 프롬프트를 입력합니다.

> @app/login/page.tsx 이 파일에 Supabase 로그인 기능을 추가해 주세요. 또한, 로그인 후 화면(헤더 또는 상단 영역)에 사용할 로그아웃 동작도 함께 구현해 주세요. 화면 레이아웃과 스타일은 그대로 유지하고, 기능만 구현합니다(기능 구현을 위해 필요한 최소한의 UI 보완은 허용).
>
> **1. 로그인 기능**
>
> - 폼 입력값 수집 및 기본 유효성 검사(이메일 형식, 비밀번호 공백 방지 등)
>
> - Supabase의 `signInWithPassword` 함수 호출(이메일, 비밀번호 기반 로그인)
>
> - 로그인 성공 시: 메인 페이지(/)로 이동, 세션은 Supabase Auth에서 자동 관리
>
> - 로그인 실패 시: 사용자 친화적 오류 메시지 표시(예 "이메일 또는 비밀번호가 올바르지 않습니다.")
>
> - 로딩 상태 처리: 로그인 요청 중 버튼 비활성화 및 스피너/텍스트 표시

○ 계속

2. 로그아웃 기능

- supabase.auth.signOut() 호출 함수 구현

- 로그아웃 성공 시: 세션 제거 확인 후 로그인 페이지(/login)로 이동 또는 현재 페이지에서 사용자 정보/보호 영역 초기화

- 로그아웃 실패 시: 사용자에게 오류 메시지 표시

- UI: 로그인 성공 상태에서만 노출되는 로그아웃 버튼 마련

2. 코드가 생성되면 **[Keep All]** 버튼을 클릭해 프로젝트에 적용합니다.

그림 9-24 로그인 코드 생성 및 적용

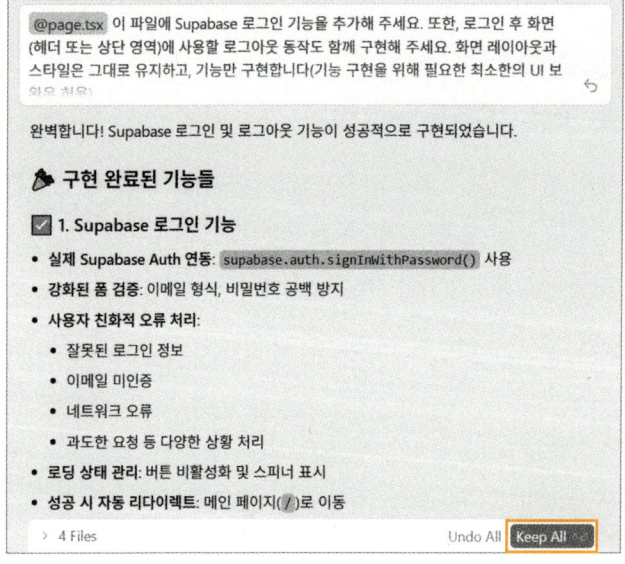

3. 개발 서버가 실행 중인 상태에서 웹 브라우저로 **http://localhost:3000/login** 주소에 접속합니다. 로그인 화면이 표시되면 회원가입했던 이메일과 비밀번호를 입력하고 **[로그인]** 버튼을 클릭합니다.

그림 9-25 로그인 기능 확인

4. 로그인에 성공하면 메인 페이지로 이동합니다. 화면 상단 프로필을 클릭하면 로그아웃이 표시됩니다. 클릭하면 계정이 로그아웃되고 로그인 페이지(/login)로 이동합니다.

그림 9-26 로그인 시 메인 페이지 이동 확인

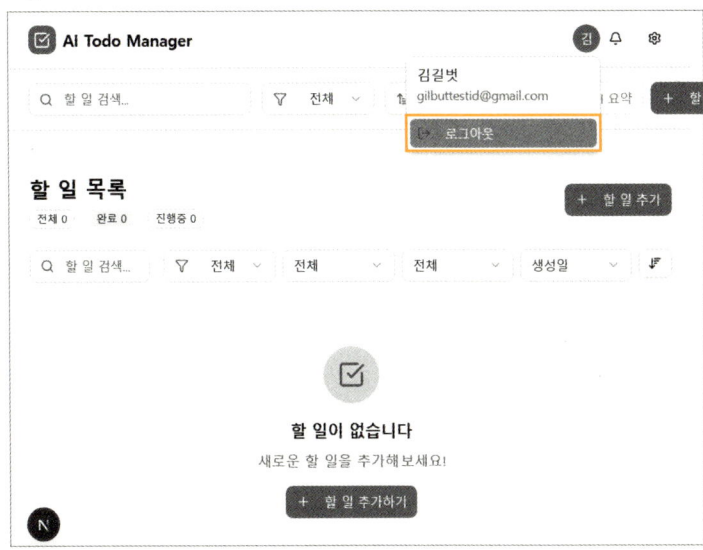

이제 사용자가 자신의 계정으로 로그인하고, 필요할 때 언제든 로그아웃할 수 있는 기본적인 인증 흐름이 완성되었습니다.

9.3.3. 사용자 인증 상태 관리 기능 구현하기

회원가입과 로그인 기능 구현이 끝났다면 사용자의 인증 상태를 관리하는 기능을 추가해야 합니다. 이 기능은 로그인 여부에 따라 접근할 수 있는 화면을 제어하고, 로그인한 사용자의 정보를 표시하는 역할을 합니다. 즉, 로그인하지 않은 사용자가 메인 페이지에 직접 접근하는 것을 막고, 반대로 로그인한 사용자가 다시 로그인 페이지로 이동하려고 하면 자동으로 메인 화면으로 리다이렉트되도록 처리합니다.

1. AI 패널의 **Agent** 모드에서 입력창에 다음 프롬프트를 입력합니다.

Supabase 인증 상태를 관리하는 기능을 추가해 주세요.

1. 필요한 기능

- 로그인하지 않은 사용자가 메인 페이지(/)에 접근하면 자동으로 로그인(/login) 페이지로 리다이렉트
- 로그인된 사용자가 로그인 페이지에 접근하면 자동으로 메인 페이지로 리다이렉트
- 로그인된 사용자의 이메일(또는 프로필 정보)을 상단 영역에 표시
- 로그아웃 시 세션이 즉시 해제되고 로그인 페이지로 이동
- 상태 변화(로그인/로그아웃) 실시간 반영

2. 구현 조건

- 전체 레이아웃(app/layout.tsx) 또는 상단 헤더 컴포넌트에서 인증 상태 확인
- 화면 스타일은 유지, 기능 구현을 위한 최소한의 수정만 허용

2. 코드를 생성하면 **[Keep All]** 버튼을 클릭해 프로젝트에 적용합니다.

그림 9-27 사용자 인증 상태 관리 기능 코드 생성 및 적용

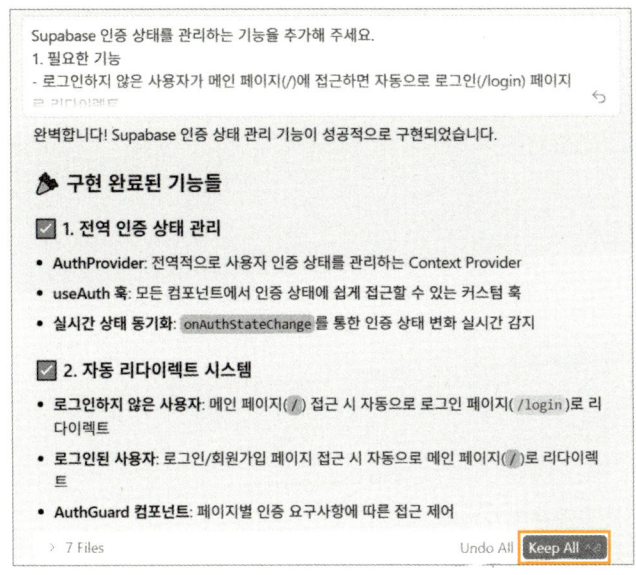

3. 인증 상태 관리가 올바르게 동작하는지 다음 항목으로 확인합니다.

- ☐ 비로그인 상태에서 메인 페이지로 접근할 때 로그인 페이지로 자동 전환되는가?
- ☐ 로그인된 상태에서 로그인 페이지로 접근할 때 메인 페이지로 자동 전환되는가?
- ☐ 로그인한 사용자의 이메일 또는 프로필 정보가 화면 상단에 표시되는가?
- ☐ 로그아웃 버튼을 클릭하면 로그인 페이지로 전환되는가?

테스트 중 문제가 있다면 발생한 오류 메시지를 프롬프트에 입력해 "이 오류를 해결해줘."라고 요청한 뒤 수정된 내용을 적용하고 다시 테스트합니다.

그림 9-28 사용자 인증 상태 관리 기능 확인

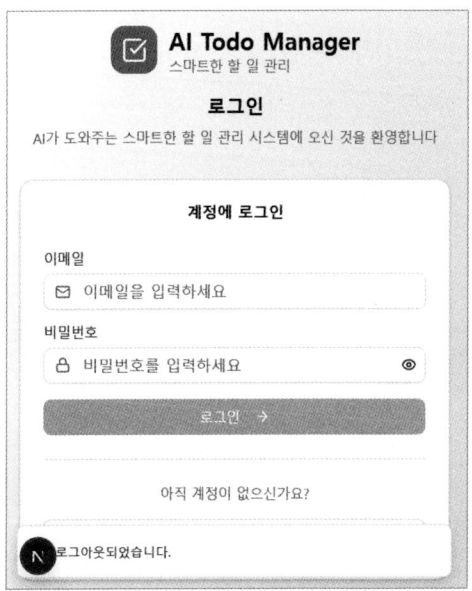

이 절에서는 Supabase Auth를 활용해 회원가입 → 로그인/로그아웃 → 인증 상태 관리까지의 전체 인증 흐름을 완성했습니다. 이제 사용자가 실제로 가입하고 로그인해 자신의 계정으로 개인화된 데이터를 관리할 수 있습니다.

다음 절에서는 할 일 관리(CRUD) 기능을 구현해 사용자별 데이터를 실제로 등록(추가), 조회, 수정, 삭제할 수 있는 완전한 서비스를 완성해 보겠습니다.

9.4 할 일 관리 기능 구현하기

이번에는 할 일 관리의 핵심 기능을 구현해 보겠습니다. 이 기능을 사용해 사용자는 할 일을 추가(Create)하고, 조회(Read)하며, 수정(Update)하거나 삭제(Delete)할 수 있습니다. 또한 검색, 필터, 정렬 기능을 이용해 많은 할 일을 효율적으로 관리할 수 있습니다.

앞에서 구성한 메인 화면에 실제 데이터를 연동해 입력한 내용이 데이터베이스에 저장되고 다시 불러와 표시되는 완전한 동작을 구현하겠습니다.

9.4.1. 코드 작성하기

메인 화면에 할 일 관리 CRUD 기능을 연결하겠습니다.

1. AI 패널을 열고 **Agent** 모드에서 다음 프롬프트를 입력합니다.

> @app/page.tsx 이 파일에 Supabase와 Next.js App Router를 사용해 할 일 관리 기능(CRUD + 검색/필터/정렬)을 실제로 동작하도록 구현해 주세요. 기존에 만들어둔 화면과 컴포넌트(TodoForm, TodoList, TodoCard 등)에 다음 기능을 연결해 완전한 할 일 관리 기능을 완성합니다.
>
> **1. 필요한 기능**
>
> - 할 일 생성(Create): 사용자 입력을 받아 현재 로그인한 사용자의 할 일을 Supabase `todos` 테이블에 저장, 생성된 항목을 즉시 목록에 반영해 화면 갱신
>
> - 할 일 조회(Read): 로그인한 사용자의 할 일 목록만 조회(user_id 기준 필터), 최근 생성 순으로 기본 정렬
>
> - 할 일 수정/삭제(Update/Delete): 본인 소유(user_id가 일치하는 경우)의 할 일만 수정/삭제 가능, 체크박스로 완료/미완료 상태 토글, 삭제 버튼 클릭 시 확인창 표시 후 삭제 실행
>
> - 검색(Search): 제목(title)에 입력한 키워드가 포함된 항목만 조회
>
> - 필터(Filter): 완료/미완료 상태 또는 우선순위 기준으로 목록 필터링
>
> - 정렬(Sort): 생성일, 마감일, 우선순위, 제목 기준으로 정렬 옵션 제공

○ 계속

2. 구현 조건

- 데이터 변경(Create/Update/Delete) 후에는 목록을 다시 호출해 최신 상태 반영
- 네트워크 오류나 인증 만료 시 사용자에게 알림 메시지 표시
- UI 구조나 스타일은 유지하되 기능 구현을 위한 최소한의 수정 허용

2. 코드가 생성되면 **[Keep All]** 버튼을 클릭해 프로젝트에 적용합니다.

그림 9-29 할 일 관리 기능 코드 생성 및 적용

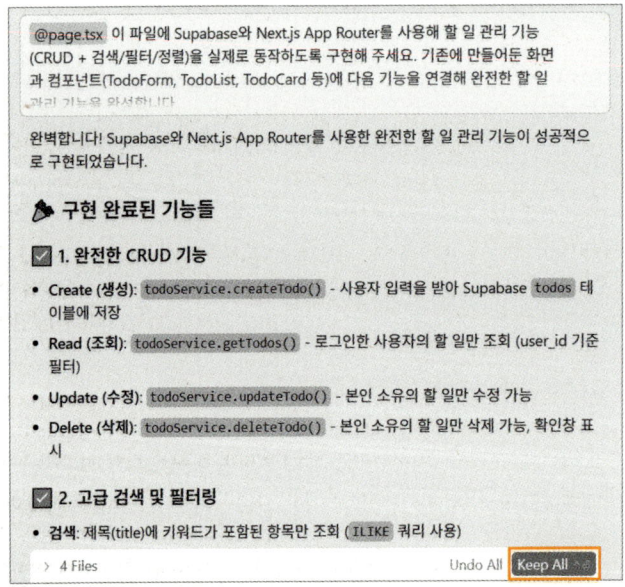

이제 메인 화면에서 사용자가 입력한 할 일이 Supabase 데이터베이스에 실제로 저장되고, 조회, 수정, 삭제가 모두 가능한 완전한 CRUD 기능이 작동합니다.

9.4.2. 기능 확인하기

구현한 할 일 관리 기능이 정상적으로 동작하는지 확인해 보겠습니다. 만약 기능이 작동하지 않거나 일부가 누락되었다면 커서의 Agent 모드에서 해당 부분을 구체적으로 설명하며 "추가 수정해 주세요." 또는 "오류를 고쳐 주세요."와 같은 프롬프트를 입력해 바로 수정할 수 있습니다. 또한, 화면에 보이는 버튼이나 메뉴의 이름 위치는 각자 다를 수 있습니다.

1. 할 일 추가 기능 확인하기

❶ 메인 화면에서 **[+ 할 일 추가]** 버튼을 클릭합니다.

❷ 새 할 일 추가 화면이 열리면 제목, 설명, 우선순위, 카테고리, 마감일을 입력하고 **[추가]** 버튼을 클릭합니다.

❸ 입력한 할 일이 할 일 목록에 표시됩니다.

❹ Supabase 대시보드에서 **Table Editor** → **todos** 테이블로 이동하면 새 데이터가 생성된 것을 확인할 수 있습니다.

그림 9-30 할 일 추가 기능 확인

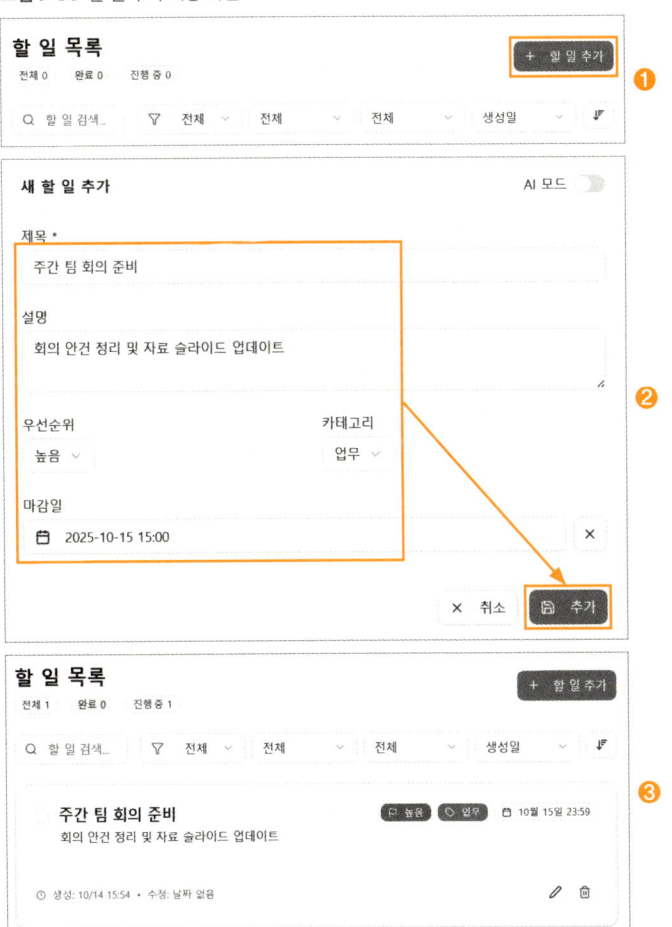

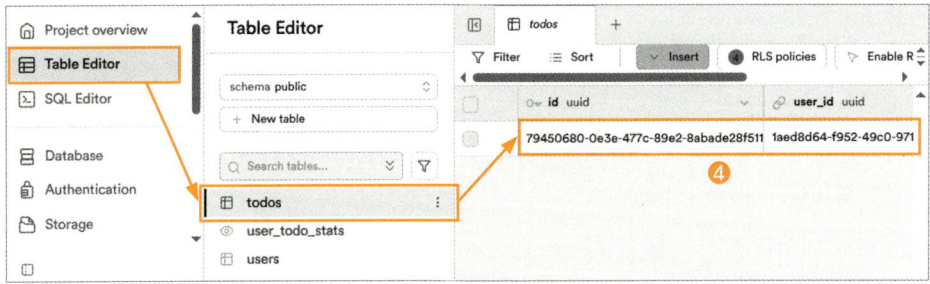

2. 할 일 완료 기능 확인하기

생성된 할 일의 체크박스를 클릭하면 완료 상태로 변경되고, 다시 클릭하면 미완료 상태로 되돌아갑니다.

그림 9-31 할 일 완료 기능 확인

3. 할 일 수정 기능 확인하기

❶ 할 일 항목의 수정 아이콘(✏️)을 클릭합니다.

❷ 할 일 수정 화면에서 제목, 내용, 마감일 등의 값을 변경한 뒤 [수정] 버튼을 클릭합니다.

❸ 변경된 내용이 화면에 즉시 반영되고, Supabase 대시보드의 **todos** 테이블에서도 수정된 데이터를 확인할 수 있습니다.

그림 9-32 할 일 수정 기능 확인

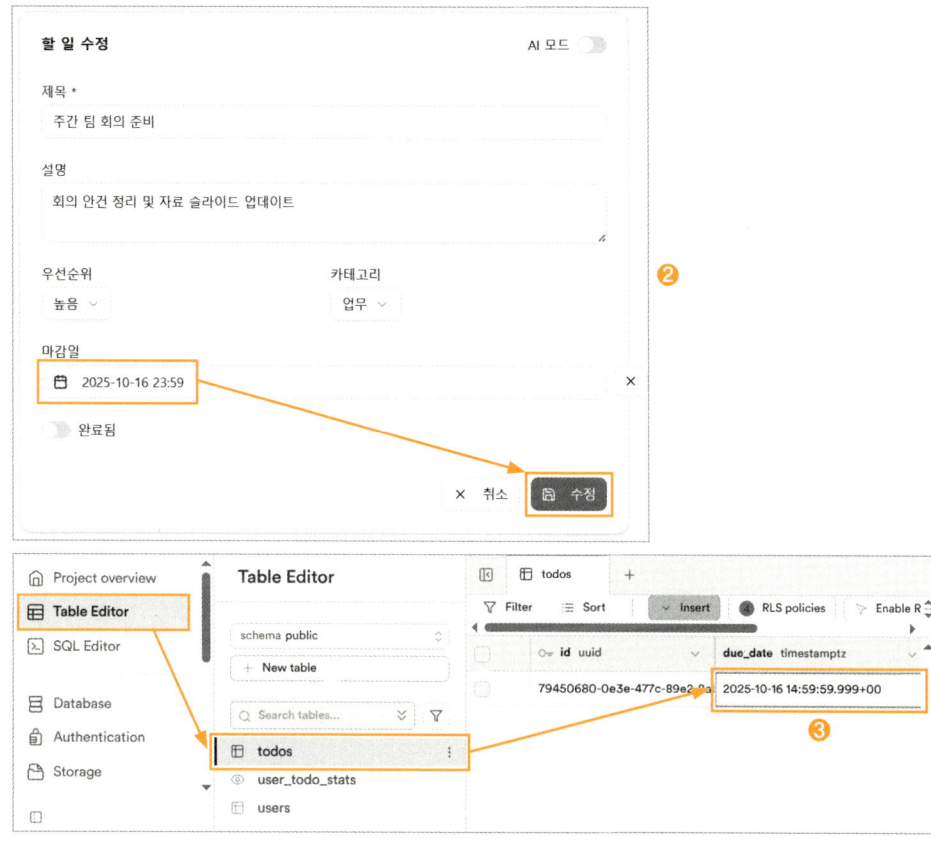

4. 할 일 삭제 기능 확인하기

❶ 할 일 항목의 삭제 아이콘(🗑)을 클릭합니다.

❷ 삭제 확인 창이 뜨면 **[확인]** 버튼을 클릭합니다.

❸ 선택한 할 일이 목록에서 사라지고 Supabase 대시보드의 **todos** 테이블에서도 해당 데이터가 제거된 것을 확인할 수 있습니다.

그림 9-33 할 일 삭제 기능 확인

5. 검색 기능 확인하기

❶ 할 일을 여러 개 등록한 뒤, 메인 화면 상단의 검색창에 키워드를 입력합니다. 예를 들어 '회의'라고 입력하면 제목에 '회의'가 포함된 할 일만 목록에 표시됩니다.

❷ 입력한 키워드를 지우면 전체 할 일 목록이 다시 표시됩니다.

그림 9-34 검색 기능 확인

6. 필터링 기능 확인하기

❶ 상태: [진행 중], [완료], [지연] 중에서 하나를 선택하면 해당 상태의 할 일만 목록에 표시됩니다.

❷ 우선순위: [높음], [중간], [낮음] 중에서 하나를 선택하면 해당 우선순위의 할 일만 표시됩니다.

❸ 카테고리: [업무], [개인], [학습] 중에서 하나를 선택하면 해당 카테고리의 할 일만 표시됩니다.

❹ 여러 조건을 조합할 수도 있습니다. 예를 들어, [진행 중] + [높음]을 선택하면 진행 중인 할 일 중 우선순위가 높은 항목만 표시됩니다.

그림 9-35 필터링 기능 확인

7. 정렬 기능 확인하기

❶ 정렬 기준을 [생성일], [마감일], [제목], [우선순위] 중 하나로 선택합니다.

❷ 정렬 순서를 오름차순 또는 내림차순으로 선택합니다.

❸ 선택한 정렬 기준과 순서에 따라 목록이 즉시 재정렬됩니다.

❹ 정렬 기능은 필터링 기능과 함께 사용할 수도 있습니다.

그림 9-36 정렬 기능 확인

9.4.3. 기능 개선하기

지금까지 구현한 기능들은 정상적으로 작동하지만, 실제 사용자 입장에서 보면 개선이 필요한 부분이 있을 수 있습니다. 문제가 발견되거나 개선하고 싶은 부분이 있다면 커서의 Agent 모드를 활용해 빠르게 수정할 수 있습니다.

예를 들어, [할 일 추가] 버튼이 중복으로 표시되는 문제가 있습니다. 이 현상은 기능의 동작에는 영향을 주지 않지만, 사용자 경험 측면에서는 화면이 어수선하게 느껴질 수 있습니다. 커서를 이용해 이 문제를 개선해 보겠습니다.

1. AI 패널을 **Agent** 모드로 전환하고 다음과 같이 입력합니다.

> app/page.tsx 파일을 수정해 다음 문제를 해결해 주세요.
>
> **요구사항**
>
> - 현재 '할 일 추가' 버튼이 메인 화면에 중복 표시되고 있습니다. 이를 개선해 주세요.
>
> - 기존 기능과 레이아웃을 그대로 유지합니다.

2. 커서가 해당 문제의 원인을 찾아 개선안을 제시합니다. [**Keep All**] 버튼을 클릭해 해당 수정 내용을 프로젝트에 적용합니다.

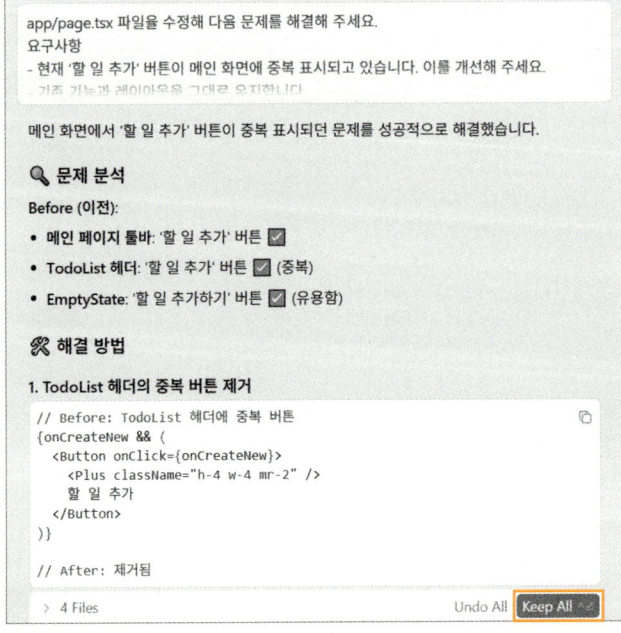

그림 9-37 커서의 개선안 확인 및 적용

3. 코드를 적용한 뒤 메인 페이지로 가서 개선 여부를 확인합니다. 할 일 목록에도 표시되면 **[+ 할 일 추가]** 버튼이 메인 화면 상단에 하나만 표시되어 깔끔한 UI로 개선된 것을 확인할 수 있습니다.

그림 9-38 개선안 적용 후 메인 화면

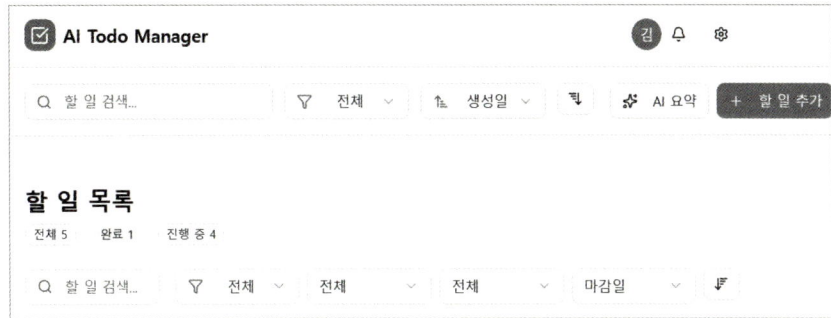

이외에도 여러 개선 사항이 있을 수 있습니다. 예를 들어, 메인 화면 상단과 할 일 목록에 검색 기능과 필터링 기능, 정렬 기능이 모두 중복으로 표시됩니다. 이런 사항들도 같은 방법으로 커서에 요청해 개선해 나가면 됩니다.

이처럼 커서가 문제 원인을 자동으로 분석하고, 수정안을 제시해 주므로 코드를 직접 수정하지 않아도 손쉽게 개선할 수 있습니다. 특히 반복적인 오류나 UI 개선 작업은 AI의 도움을 받으면 훨씬 빠르고 효율적으로 처리할 수 있습니다.

정리하기

9장에서는 8장에서 구현한 화면을 실제 데이터와 연결해 사용자가 직접 이용할 수 있는 완전한 웹 서비스를 완성했습니다. 이 과정을 통해 프런트엔드와 백엔드가 통합된 서비스 구조를 이해하고, Supabase를 활용한 데이터 관리와 사용자 인증, CRUD 기능을 구현해 봤습니다.

1. 백엔드 구축

- **데이터베이스 설계**: 7장에서 정의한 데이터 구조를 Supabase 데이터베이스로 구현했습니다.
- **RLS 정책 적용**: users와 todos 테이블을 생성하고, RLS를 설정해 각 사용자가 자신의 데이터만 안전하게 접근하도록 보안 체계를 마련했습니다.

2. 사용자 인증

- **회원가입/로그인 기능**: Supabase Auth를 활용해 이메일 기반 회원가입과 로그인 기능을 구현했습니다.
- **세션 및 페이지 제어**: 로그인 상태에 따라 접근 가능한 화면을 구분하고, 사용자 정보 표시 및 로그아웃 기능을 추가했습니다. 실제 서비스 수준의 인증 흐름을 완성했습니다.

3. CRUD 기능 완성

- **핵심 기능 구현**: 할 일 추가, 조회, 수정, 삭제 등 CRUD 기능을 모두 구현했습니다.
- **확장 기능 통합**: 검색, 필터링, 정렬 기능을 결합해 사용자가 많은 데이터를 효율적으로 관리할 수 있도록 했습니다.

4. AI 도구 활용 경험

- **커서 Agent 모드 활용**: PRD를 참조해 SQL 쿼리를 자동 생성하고, 인증 및 CRUD 기능 구현을 AI가 보조하는 과정을 실습했습니다.
- **AI와의 협업 프로세스**: 명확한 요구사항 전달 → 코드 검토 및 수정 → 개선 반복의 과정을 통해 AI 도구를 활용한 실무형 개발 방식을 익혔습니다.

9장에서 완성한 서비스는 실제로 로그인, 데이터 저장, 수정, 삭제가 가능한 완전한 웹 애플리케이션입니다. 이제 기본 기능은 모두 갖췄습니다. 다음 10장에서는 AI 기능을 결합해 '스마트 할 일 관리 서비스'로 발전시키는 과정을 다룹니다.

최종 확인

다음 장으로 넘어가기 전에 다음 사항을 확인해 보세요.

- [ ] 개발 서버가 정상적으로 실행되는가?(npm run dev)
- [ ] Supabase 프로젝트와 애플리케이션이 정상적으로 연결되었는가?
- [ ] .env.local 파일의 환경 변수가 올바르게 설정되었는가?
- [ ] 회원가입 및 로그인 기능이 정상적으로 작동하는가?
- [ ] 로그인 상태에 따른 페이지 전환이 올바르게 작동하는가?
- [ ] 로그아웃 기능이 정상적으로 작동하는가?
- [ ] 할 일 추가 기능이 정상적으로 작동하는가?
- [ ] 할 일 목록 조회가 정상적으로 작동하는가?
- [ ] 할 일 완료/미완료 상태 변경이 정상적으로 작동하는가?
- [ ] 할 일 삭제 기능이 정상적으로 작동하는가?
- [ ] 검색 기능이 정상적으로 작동하는가?
- [ ] 필터링(상태, 우선순위) 기능이 정상적으로 작동하는가?
- [ ] 정렬 기능이 정상적으로 작동하는가?
- [ ] 대시보드에서 users, todos 테이블 데이터가 정상적으로 저장 및 갱신되는가?

memo

10장
AI 기능 구현하기:
자연어 처리 및 분석

이 장에서는 AI 할 일 관리 서비스의 차별화된 핵심 기능을 구현합니다. 핵심은 두 가지입니다. 첫째, 사용자가 자연어로 입력한 문장을 구조화된 할 일 데이터로 변환하는 AI 할 일 생성 기능입니다. 둘째, 등록된 할 일들을 분석해 진행 상황을 한눈에 파악할 수 있도록 돕는 AI 요약 및 분석 기능입니다. 두 기능은 단순한 할 일 관리 서비스를 넘어 AI와 협업하는 생산성 도구로 발전시키는 중요한 단계입니다.

10.1 AI 할 일 생성 기능 구현하기

9장에서 구현한 기본 할 일 관리 기능에 AI 기능을 더해 보겠습니다. **5장**에서 다룬 단순한 AI API 연동 단계를 넘어 실제 서비스에 적용할 수 있는 고급 AI 기능을 만들어 봅니다.

이번에 추가할 기능은 AI 할 일 생성 기능입니다. 이 기능은 사용자가 자연어로 입력한 문장을 분석해 제목, 마감일, 시간, 우선순위 등을 자동으로 구조화합니다. 예를 들어 "내일 오후 3시까지 프로젝트 발표 준비하기"라는 문장을 입력하면 AI는 이를 다음과 같은 데이터로 변환합니다.

- **제목**: 프로젝트 발표 준비
- **마감일**: 내일 날짜
- **마감 시간**: 오후 3시
- **우선순위**: 높음

이 기능을 단계별로 구현해 보겠습니다.

10.1.1. 자연어 입력을 구조화 데이터로 변환하기

첫 단계는 자연어를 구조화된 데이터로 변환하는 API를 만드는 것입니다. 이를 위해 AI SDK와 Gemini API를 함께 사용해 사용자의 입력을 해석하고, 할 일 관리에 필요한 정보를 추출합니다.

1. 커서를 실행한 뒤, AI 패널의 **Agent** 모드에서 다음과 같이 프롬프트를 입력합니다.

> 자연어로 입력된 할 일을 구조화된 데이터로 변환하는 기능을 구현해 주세요.
>
> 1. 구현 조건
>
> - 새 할 일 추가 창에 AI 기반 할 일 생성 기능 연결
>
> - Gemini API (gemini-2.5-flash)를 AI SDK를 통해 연동
>
> - 환경 변수 GOOGLE_GENERATIVE_AI_API_KEY 사용

- Next.js API Route로 백엔드 구현

- 변환 결과는 기존 할 일 데이터 구조(todos 테이블 스키마)와 일치

- 날짜와 시간을 정확히 추출하고, 시간이 누락된 경우 기본값(예 09:00) 설정

- 문맥을 기반으로 우선순위 자동 판단

- 오류 처리 및 입력 검증 로직을 포함해 안정적으로 동작하도록 설계

2. 입력 예시

내일 오후 3시까지 중요한 팀 회의 준비하기

3. 출력 예시

```
{
    title: "팀 회의 준비",
    due_date: "2026-01-16",
    due_time: "15:00",
    priority: "high",
    category: "업무"
}
```

2. 코드가 생성되면 [Keep All] 버튼을 클릭해 코드를 프로젝트에 적용합니다.

그림 10-1 코드 생성 및 적용

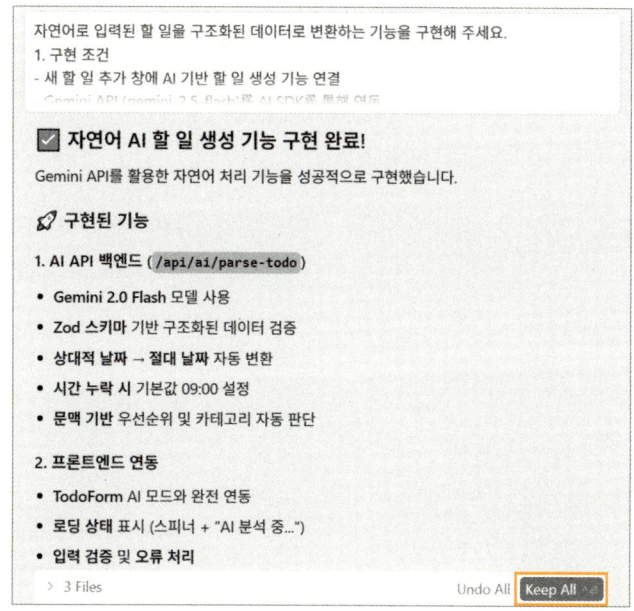

자연어 입력을 구조화된 데이터로 변환하는 기능이 올바로 구현됐는지 확인해 보겠습니다(생성형 AI의 결과는 모델 버전이나 설정에 따라 다를 수 있으므로 각자의 화면에 맞게 확인해 주세요).

1. 터미널에서 `npm run dev`로 개발 서버를 실행합니다. 웹 브라우저에서 **http://localhost:3000** 페이지로 접속합니다. 메인 화면에서 **[+ 할 일 추가]** 버튼을 클릭합니다. 새 할 일 추가 화면이 열리면 **[AI 모드]** 토글 버튼을 클릭해 기능을 활성화합니다.

그림 10-2 AI 자동 입력창 활성화

2. 새 할 일 추가 화면이 자연어를 입력할 수 있는 형태로 바뀌면 입력란에 "내일 오후 3시까지 프로젝트 발표 준비하기"라고 입력한 뒤 **[AI로 할 일 생성]** 버튼을 클릭합니다.

그림 10-3 자연어로 할 일 입력

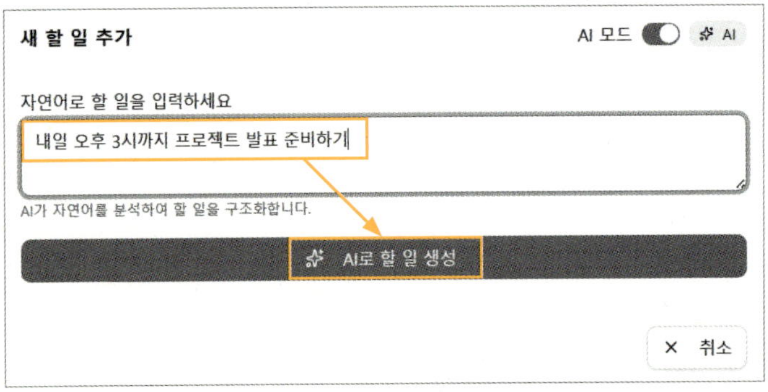

3. AI가 변환 작업을 진행하다가 잠시 후 제목, 설명, 우선순위, 카테고리, 마감일이 자동으로 채워진 새 할 일 추가 화면이 열립니다. 각 필드 내용에 이상이 없으면 **[추가]** 버튼을 클릭합니다.

그림 10-4 할 일 추가 필드 자동 입력 확인

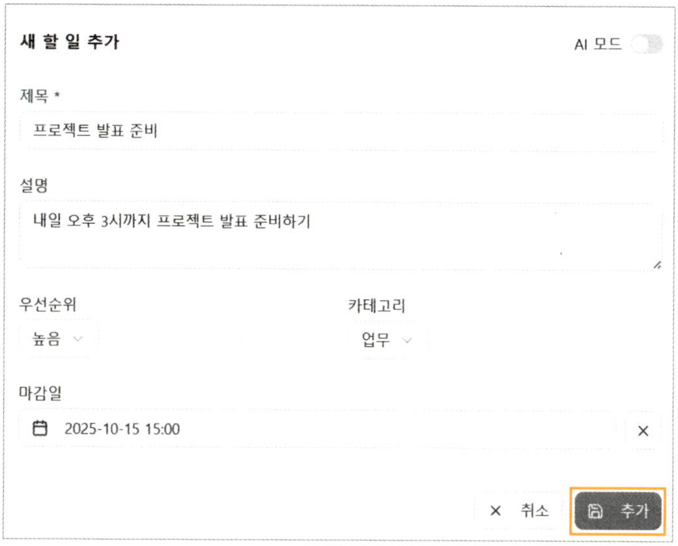

4. 할 일 목록에 새로운 할 일이 추가됐는지 확인합니다.

그림 10-5 할 일 추가 확인

10.1.2. 시스템 프롬프트 개선하기

AI 기능의 성능을 결정하는 중요한 요소 중 하나는 **프롬프트 엔지니어링**(prompt engineering)입니다. 이는 AI가 더 정확하고 일관된 결과를 생성하도록 지시문(프롬프트)을 정교하게 설계하고 개선하는 과정을 의미합니다.

특히 AI가 문장에서 날짜, 시간, 우선순위, 태그와 같은 구조화된 정보를 추출해야 할 때, 이러한 성능 차이는 대부분 시스템 프롬프트의 설계 수준에서 결정됩니다. **시스템 프롬프트**(system prompt)란 AI에 '어떤 역할을 수행해야 하는지', '어떤 형식으로 답변해야 하는지'를 미리 알려주는 기본 지침으로, AI의 성격과 응답 방식을 정의하는 일종의 운영 매뉴얼 역할을 합니다.

따라서 프롬프트 엔지니어링의 핵심은 시스템 프롬프트를 얼마나 명확하고 구체적으로 작성하느냐에 달려 있습니다. 예를 들어, "사용자의 문장에서 할 일 정보를 추출해줘."라는 단순한 지시보다 "입력 문장에서 날짜(due_date), 시간(due_time), 우선순위(priority), 태그(tags)를 찾아 JSON 형식으로 변환해줘."처럼 규칙과 형식을 구체적으로 명시하면 AI는 훨씬 정확하고 일관된 결과를 만들어 냅니다.

결국 시스템 프롬프트를 개선한다는 것은, AI가 사람의 모호한 자연어를 더 명확히 이해하고, 예측 가능한 방식으로 구조화된 데이터를 생성하도록 유도하는 작업입니다. 이러한 세밀한 조정이 바로 프롬프트 엔지니어링의 본질이며, AI 기능의 품질을 결정짓는 가장 중요한 단계입니다.

그러면 AI가 날짜, 시간, 우선순위, 카테고리를 더 정확하게 추출하도록 시스템 프롬프트를 개선해 보겠습니다.

1. 커서의 **Aagent** 모드에서 다음과 같이 프롬프트를 입력합니다.

> 앞서 만든 API의 프롬프트를 개선하되 다음 규칙을 반드시 포함해 주세요.
>
> **1. 날짜 처리 규칙**
>
> - 오늘 → 현재 날짜
>
> - 내일 → 현재 날짜 + 1일
>
> - 모레 → 현재 날짜 + 2일
>
> - 이번 주 금요일 → 가장 가까운 금요일
>
> - 다음 주 월요일 → 다음 주의 월요일
>
> **2. 시간 처리 규칙**
>
> - 아침 → 09:00
>
> - 점심 → 12:00
>
> - 오후 → 14:00

- 저녁 → 18:00
- 밤 → 21:00

3. 우선순위 키워드

- high: "급하게", "중요한", "빨리", "꼭", "반드시"
- medium: "보통", "적당히", 키워드 없음
- low: "여유롭게", "천천히", "언젠가"

4. 카테고리 분류 키워드

- 업무: "회의", "보고서", "프로젝트", "업무"
- 개인: "쇼핑", "친구", "가족", "개인"
- 건강: "운동", "병원", "건강", "요가"
- 학습: "공부", "책", "강의", "학습"

5. 출력 형식

- JSON 응답 형식을 반드시 준수

2. 개선안이 생성되면 **[Keep All]** 버튼을 클릭해 프로젝트에 적용합니다.

그림 10-6 프롬프트 개선 및 적용

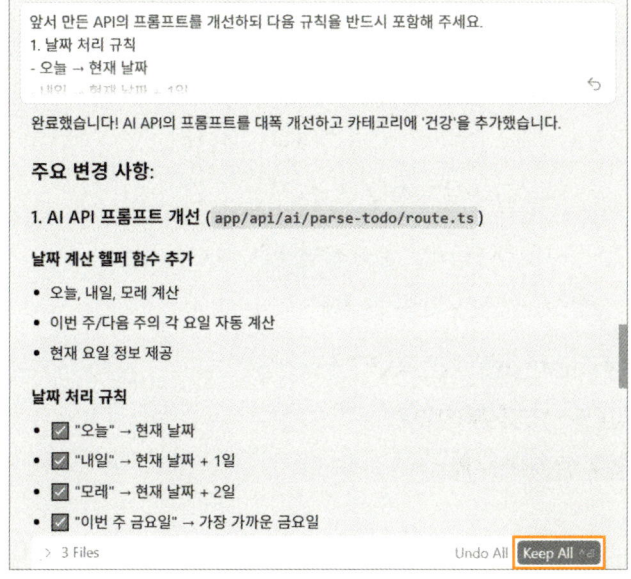

3. 개선안을 적용한 뒤에는 단순히 AI가 응답을 돌려주는지 확인하는 것에서 그치지 말고, 다음 항목을 통해 결과가 기대한 대로 변환되는지 검증합니다.

- ☐ 날짜가 정확하게 변환되는가?
- ☐ 시간대 표현(아침/점심/저녁 등)이 올바르게 변환되는가?
- ☐ 우선순위 키워드가 제대로 반영되는가?
- ☐ 카테고리 분류가 예상한 대로 동작하는가?

이 항목을 확인하기 위한 테스트 케이스는 다음과 같습니다.

- 모레 점심 회의 → 마감일이 '모레 점심', 카테고리가 '업무'로 설정되는지 확인
- 내일 아침에 급하게 보고서 제출하기 → 마감일이 '내일', 우선순위가 '높음', 카테고리가 '업무'로 설정되는지 확인
- 언젠가 책 읽기 → 우선순위가 '낮음', 카테고리가 '학습'으로 설정되는지 확인

그림 10-7 개선된 프롬프트 적용 확인

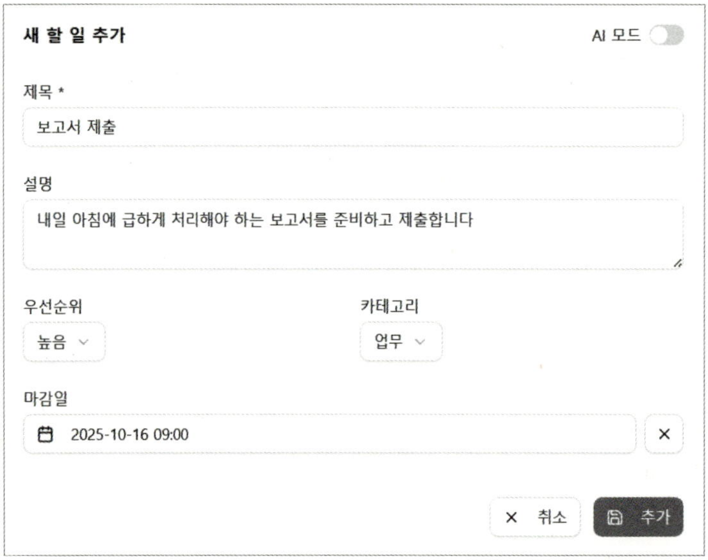

프롬프트 엔지니어링은 한 번에 완성되지 않습니다. 사용자 입력 내용을 다양하게 시험하면서 잘못 인식되는 패턴을 발견할 때마다 프롬프트를 조금씩 개선해 나가는 과정이 필요합니다. 이러한 반복 과정을 거치면 AI 기능은 점점 더 정교해지고 실제 서비스에서도 더 안정적으로 작동하게 됩니다.

10.1.3. 사용자 입력 검증하기

AI 기능은 매우 편리하지만, 사용자 입력이 항상 올바르다고 가정할 수는 없습니다. 예를 들어, 빈 문자열("")을 입력하거나, 의미 없는 문자열(asdf1234)을 넣는 경우가 있을 수 있습니다. 이런 상황에서 오류가 발생하면 서비스 신뢰도가 크게 떨어지므로 입력 검증 로직을 추가해 안정성을 높이는 것이 좋습니다.

이번에는 커서를 사용해 AI 할 일 생성 기능에 사용자 입력 검증 기능을 추가해 보겠습니다.

1. 커서의 **Agent** 모드에서 다음과 같이 프롬프트를 입력합니다.

> AI 할 일 생성 API에 입력 검증 기능을 추가해 주세요.
>
> **1. 입력 검증**
> - 빈 문자열 체크
> - 최대 길이 제한(500자)
> - 최소 길이 제한(2자)
> - 특수 문자나 이모지 처리
>
> **2. 전처리**
> - 앞뒤 공백 제거
> - 연속된 공백을 하나로 통합
> - 대소문자 정규화
>
> **3. 후처리**
> - 생성된 날짜가 과거인지 확인
> - 제목이 너무 길거나 짧은 경우 자동 조정
> - 필수 필드 누락 시 기본값 설정
>
> **4. 오류 응답**
> - 400: 잘못된 입력
> - 500: AI 처리 실패
> - 429: API 호출 한도 초과
> - 각 상황에 맞는 사용자 친화적 오류 메시지 포함

> 🤖 **용어** **대소문자 정규화**(case normalization)란 사용자가 입력한 문자열의 대문자와 소문자를 일정한 기준으로 통일하는 과정을 말합니다. 예를 들어, "Meeting", "MEETING", "meeting"은 사람에게는 같은 의미이지만, 컴퓨터는 서로 다른 문자열로 인식합니다. 따라서 대소문자 정규화를 적용해 모두 "meeting"처럼 하나의 형태로 맞추면 검색이나 태그 분류에서 일관성 있게 처리할 수 있습니다.

2. 코드가 생성되면 **[Keep All]** 버튼을 클릭해 적용합니다.

그림 10-8 사용자 입력 검증 코드 생성 및 적용

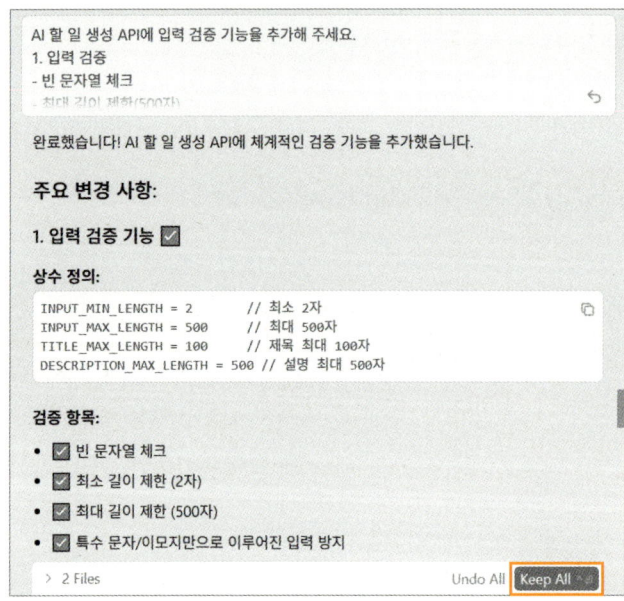

3. 다음과 같은 다양한 입력을 시도하며 검증 로직이 올바르게 작동하는지 확인합니다.

- ☐ **빈 입력** → "내용을 입력해 주세요."와 같은 메시지가 출력되는가?
- ☐ **한 글자 입력**(예 a) → 최소 길이 조건 위반 오류가 발생하는가?
- ☐ **500자 이상의 긴 입력** → 최대 길이 초과 오류가 발생하는가?
- ☐ **이모지 입력**(예 😀) → 허용되지 않는 입력으로 처리되는가?
- ☐ **의미 없는 문자열**(예 asdf1234) → "잘못된 입력입니다."와 같은 오류 메시지가 표시되는가?
- ☐ **공백이 많은 입력**(예 내일   오후   3시   발표) → 공백이 정리되어 "내일 오후 3시 발표"로 정리되는가?
- ☐ **대소문자 변환**(예 MEETING tomorrow) → "meeting tomorrow"로 변환되어 정상적으로 인식되는가?

- ☐ **과거 날짜**(예 어제 보고서 제출) → 오류 메시지가 표시되거나 기본값(예 "오늘 날짜")으로 대체되는가?
- ☐ **오류 메시지 처리** → 각 오류 코드(400, 429, 500 등)에 맞는 사용자 친화적 메시지가 함께 표시되는가?

그림 10-9 사용자 입력 검증 확인

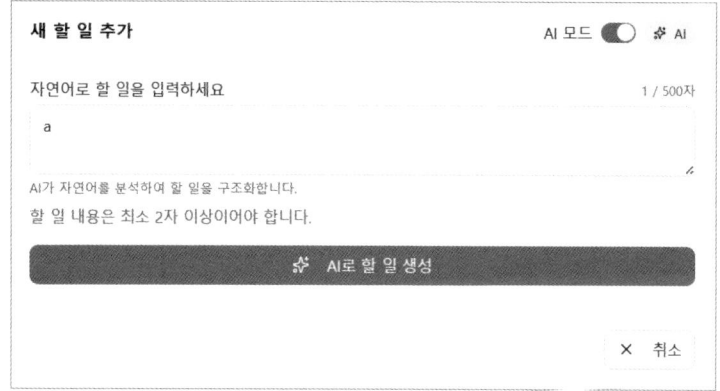

이제 할 일 관리 서비스에 AI의 진짜 힘이 더해졌습니다. 사용자는 더 이상 복잡한 입력 형식을 기억할 필요가 없습니다. 단순히 "내일 오후에 병원 가기", "다음 주까지 보고서 완성"처럼 자연스러운 문장을 입력하기만 하면 AI가 이를 자동으로 구조화해 정확하게 할 일을 등록해 줍니다.

10.2 AI 요약 및 분석 기능 구현하기

이번에는 완성된 할 일 목록을 AI가 분석하고 요약해주는 기능을 만들어 보겠습니다. 할 일이 많아질수록 전체 상황을 한눈에 파악하기 어려워집니다. 이때 AI 요약 및 분석 기능은 다음과 같이 유용한 인사이트를 제공합니다.

- **오늘의 요약**: "오늘 5개의 할 일 중 3개 완료, 2개는 내일로 연기 추천"
- **이번 주 요약**: "이번 주 완료율 75%, 업무 집중도가 높은 한 주였습니다."
- **우선순위 분석**: "긴급한 업무 2건이 있으니 먼저 처리하세요."
- **시간 분석**: "오후 시간대에 할 일이 집중되어 있습니다."
- **패턴 분석**: "평소보다 할 일 완료 속도가 빨라지고 있습니다."

이 기능을 단계별로 구현합니다.

10.2.1. AI 분석 기능 구현하기

사용자의 할 일 목록을 분석해 요약과 인사이트를 제공하는 API를 구현합니다. 이때 할 일 데이터를 분석하고 의미 있는 정보를 추출하기 위해 Gemini AI 모델을 사용합니다.

1. 커서의 **Agent** 모드에서 다음과 같이 프롬프트를 입력합니다.

사용자의 할 일 목록을 분석해 요약과 인사이트를 제공하는 기능을 구현해 주세요.

1. 구현 조건

- 메인 화면에 <AI 요약 및 분석> 섹션 추가

- <오늘의 요약>과 <이번 주 요약> 탭에서 [AI 요약] 버튼과 기능 연결

- gemini-2.5-flash 모델 사용

- 기존 Gemini API 설정 재활용

- 오늘의 요약: 당일 할 일만 분석

- 이번 주 요약: 이번 주 전체 할 일 분석

- 완료율, 마감일, 우선순위 분포 포함

- 시간대별 업무 집중도 분석

- 실행 가능한 추천 사항 제공

- 한국어로 자연스럽고 친근한 문체 유지

- Supabase에서 사용자별 데이터 조회

- [AI 요약] 버튼을 클릭하면 로딩 상태 표시

2. API 입력

- 사용자의 할 일 목록 데이터(완료/미완료 포함)

- 분석 기간(today/week)

3. 출력 예시

```
{
  summary: "총 8개의 할 일 중 5개 완료(62.5%)",
  urgentTasks: ["프로젝트 발표 준비", "보고서 제출"],
  insights: [
    "오늘 오후 시간대에 할 일이 집중되어 있습니다.",
    "2개의 긴급 작업이 내일 마감입니다."
  ],
  recommendations: [
    "긴급한 업무부터 우선 처리하세요.",
    "오후 일정을 조정하는 것을 고려해 보세요."
  ]
}
```

2. 코드가 생성되면 **[Keep All]** 버튼을 클릭해 변경 내용을 적용합니다.

그림 10-10 AI 분석 기능 적용

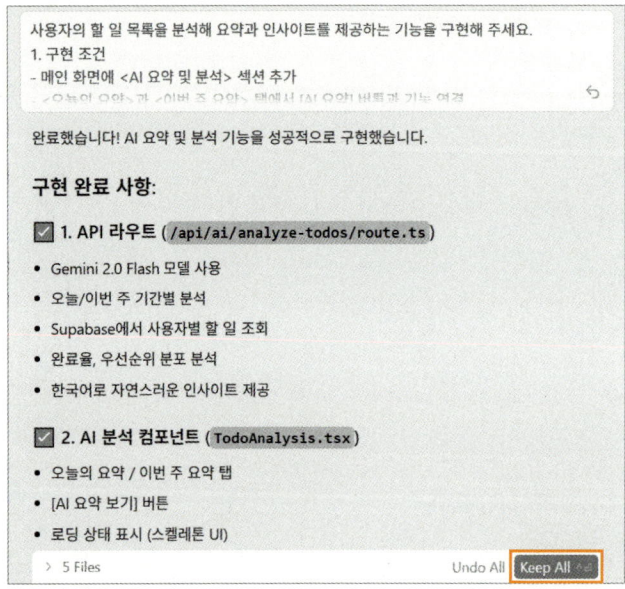

3. 구현한 분석 기능이 실제로 올바르게 작동하는지 확인합니다. 할 일을 여러 개 등록하고 일부는 완료 처리한 뒤, AI 요약 및 분석 기능을 실행해 보세요.

❶ AI 요약 및 분석 → 오늘의 요약 탭 선택 → **[AI 요약 보기]** 버튼 클릭: 당일 할 일 분석 결과가 정상적으로 표시되는지 확인

❷ AI 요약 및 분석 → 이번 주 요약 탭 선택 → **[AI 요약 보기]** 버튼 클릭: 이번 주 전체 할 일 데이터가 올바르게 분석되는지 확인

그림 10-11 AI 요약 및 분석 기능 확인

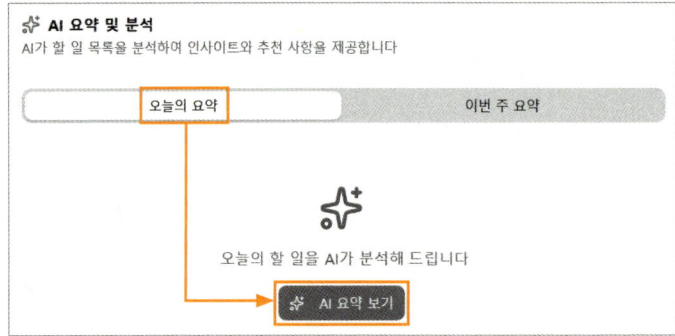

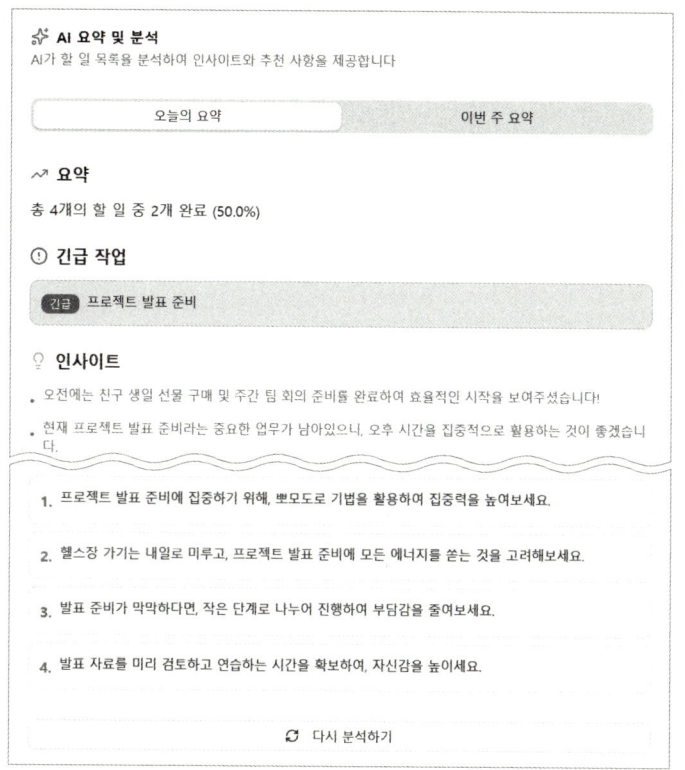

10.2.2. 분석 로직 최적화하기

AI가 단순히 데이터를 요약하는 수준을 넘어 사용자에게 실질적인 인사이트를 제공할 수 있도록 분석 로직을 최적화해 보겠습니다. 이번 단계에서는 완료율, 시간 관리, 생산성 패턴 등 다양한 요소를 함께 고려하는 고도화된 시스템 프롬프트를 작성합니다. 이를 통해 AI가 단순한 통계 요약이 아니라 실제로 행동을 유도하는 분석 결과를 생성하도록 만듭니다.

1. 커서의 **Agent** 모드에서 다음과 같이 프롬프트를 입력합니다.

시스템 프롬프트를 다음과 같이 개선해 AI 분석 기능을 한층 더 정교화해 주세요.

1. 완료율 분석

- 일일 및 주간 완료율 계산

- 우선순위별 완료 패턴 분석

- 이전 기간 대비 개선도 비교

2. 시간 관리 분석

- 마감일 준수율 계산

- 연기된 할 일의 빈도 및 패턴 파악

- 시간대별 업무 집중도 분포 분석

3. 생산성 패턴

- 가장 생산적인 요일과 시간대 도출

- 자주 미루는 작업 유형 식별

- 완료하기 쉬운 작업의 공통 특징 도출

4. 실행 가능한 추천

- 구체적인 시간 관리 팁 제공

- 우선순위 조정 및 일정 재배치 제안

- 업무 과부하를 줄이는 분산 전략 포함

5. 긍정적인 피드백

- 사용자가 잘하고 있는 부분 강조

- 개선점을 격려하는 긍정적 톤으로 제시

- 동기부여 메시지 포함

6. 기간별 차별화

- 오늘의 요약: 당일 집중도와 남은 할 일 우선순위 제시

- 이번 주 요약: 주간 패턴 분석 및 다음 주 계획 제안

7. 분석 결과

- 사용자가 이해하기 쉽고, 바로 실천할 수 있는 자연스러운 한국어 문장으로 구성

2. 코드가 생성되면 **[Keep All]** 버튼을 클릭해 적용합니다.

그림 10-12 분석 로직 개선 적용

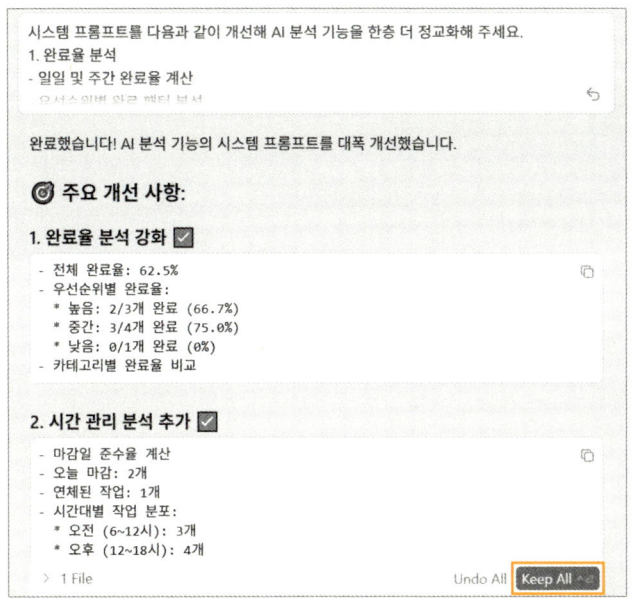

3. 개선된 분석 기능이 정상적으로 작동하는지 이전 단계의 AI 요약 및 분석 기능과 비교해 확인합니다.

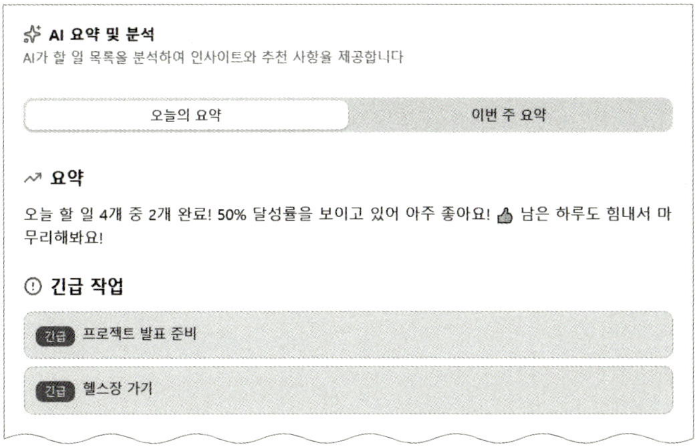

그림 10-13 개선된 AI 요약 및 분석 기능 확인

> 💡 **인사이트**
> - 오늘 마감인 작업들을 연체 없이 잘 관리하고 계시네요! 마감일을 잘 지키는 습관은 생산성 향상에 아주 중요한 역할을 해요.
> - 우선순위가 높은 작업의 완료율이 50%네요. 중요한 일부터 처리하는 좋은 습관을 유지하고 있어요. 다만, '프로젝트 발표 준비'를 서둘러 마무리하는 게 좋겠어요.
> - 업무와 개인 카테고리의 작업 완료율이 동일한 50%네요. 균형 잡힌 하루를 보내고 있다는 증거일 수 있어요. 멋져요!
> - 오전에는 아직 작업이 없네요. 내일부터는 오전에 간단한 업무나 개인적인 일을 하나 추가해서 하루를 활기차게 시작해보는 건 어떨까요?
> - 퇴근 후 저녁 시간에 3개의 작업이 몰려있네요. 업무 과부하가 걸리지 않도록 미리 조금씩 분산해서 처리하는 것을 고려해보세요.
> - 미완료 작업은 모두 오늘 오후에 마감되네요. 시간을 잘 분배해서 남은 하루를 효율적으로 활용하는 것이 중요해요.
>
> ✨ **추천 사항**
> 1. 가장 급한 '프로젝트 발표 준비'에 집중해보세요. 발표 자료를 다시 한번 검토하고 예상 질문을 준비하면 더욱 자신감을 가질 수 있을 거예요.
> 2. 퇴근 후 헬스장에 가는 것을 잊지 마세요! 운동은 건강뿐만 아니라 스트레스 해소에도 도움이 된답니다. 가볍게 산책하는 것도 좋은 방법이에요.
> 3. 내일 오전에는 오늘 처리하지 못한 일이나 간단한 업무를 미리 계획해두면 하루를 더욱 효율적으로 시작할 수 있을 거예요.
> 4. 만약 오늘 '프로젝트 발표 준비'가 늦어질 것 같다면, 내일 오전으로 미루고 오늘 저녁에는 충분한 휴식을 취하는 것을 추천드려요. 무리하지 않는 것이 중요해요!
> 5. 할 일 목록을 꾸준히 관리하는 것은 매우 중요해요. 앞으로도 꼼꼼하게 계획하고 실천하여 더욱 높은 생산성을 달성해보세요!
> 6. 작은 성공에도 스스로를 칭찬하고 격려해주세요. 긍정적인 마음은 생산성을 유지하는 데 큰 도움이 될 거예요.
>
> ↻ 다시 분석하기

기존 로직은 분석 결과가 다소 표면적인 수준에 머물러 있었습니다. 예를 들어, 단순 완료율이나 긴급 작업, 시간대 분포 정도만 보여주었고, 피드백도 "오후 시간을 집중적으로 활용하세요."처럼 일반적이고 실행력이 부족한 일반적인 조언에 그쳤습니다.

반면 개선된 로직은 데이터 해석의 깊이와 피드백의 실효성 모두 크게 향상되었습니다. AI가 단순히 수치를 나열하는 데 그치지 않고, 사용자가 실제로 행동으로 옮길 수 있는 구체적인 가이드를 제공합니다.

- **완료율 분석 강화**: 우선순위별 진행 현황과 이전 기간 대비 개선도를 함께 제시해 사용자가 자신의 성장 추세를 파악할 수 있습니다.
- **시간 관리 분석**: 마감일 준수율, 연기된 작업 패턴, 시간대별 집중도 등을 기반으로 개인의 시간 활용 습관을 진단합니다.

- **생산성 패턴 도출**: 가장 생산적인 요일과 시간대, 자주 미루는 작업 유형, 완료하기 쉬운 작업의 공통점을 찾아 효율적 업무 패턴을 제안합니다.
- **실행 가능한 추천**: 단순한 권장 문구가 아닌 구체적인 시간 관리 팁, 우선순위 조정 방법, 업무 분산 전략 등을 즉시 실행 가능한 형태로 제시합니다.
- **긍정적인 피드백 강화**: 사용자의 성과를 먼저 인정하고, 개선점을 격려하는 친근하고 동기부여 중심의 톤으로 메시지를 전달합니다.
- **기간별 차별화**: 오늘의 요약은 즉시 실행할 수 있는 행동 중심의 피드백에 초점을 맞추고, 이번 주 요약은 주간 패턴 분석과 함께 다음 주 계획 수립을 돕는 방향으로 구성되었습니다.

AI 분석 기능의 핵심은 단순한 통계가 아니라 사용자에게 실질적으로 도움이 되는 '실행 가능한 인사이트'를 제공하는 것입니다. 오늘의 요약은 '지금 당장 무엇을 해야 하는가'에 초점을 맞추고, 이번 주 요약은 '어떤 패턴을 개선하고, 다음 주를 어떻게 준비할 것인가'를 제안하는 형태가 이상적입니다.

이렇게 개선된 분석 로직을 적용하면 사용자는 단순히 결과를 확인하는 것을 넘어 AI로부터 자신의 업무 습관을 진단받고, 구체적인 개선 방향을 제안받는 경험을 하게 됩니다.

 참고

실습 도중 다음과 같은 메시지가 나타날 수 있습니다.

그림 10-14 AI 모델 사용량 한도 알림

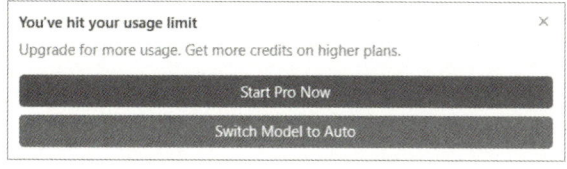

이 메시지는 현재 사용 중인 AI 모델이 사용량 한도에 도달했다는 의미입니다. 이 경우 선택할 수 있는 방법은 두 가지입니다.

1. **Start Pro Now**: 유료 요금제(Pro)로 업그레이드하면 더 많은 사용량을 확보할 수 있습니다.
2. **Switch Model to Auto**: 자동 모드로 전환하면 사용량 제한이 없는 기본 모델을 이용할 수 있습니다.

실습을 이어가려면 우선 **Switch Model to Auto**를 선택해 진행합니다. 다만, 응답 속도나 분석 품질이 약간 달라질 수 있으므로 장기적으로는 Pro 요금제로 업그레이드하는 방법을 권장합니다.

10.2.3. 분석 결과 UI 개선하기

이번에는 AI 분석 결과를 사용자가 한눈에 이해할 수 있도록 시각화해 보겠습니다. 기존의 탭 구조는 그대로 유지하면서 탭별로 다른 분석 결과를 표시하도록 UI를 개선합니다.

1. 커서의 **Agent** 모드에서 다음과 같이 프롬프트를 입력합니다.

> 현재 탭 구조를 유지하면서 다음 요소들을 포함하도록 AI 요약 및 분석 섹션의 UI를 개선해 주세요.
>
> **1. 탭별 분석 결과 영역**
>
> - 오늘의 요약: 당일 집중 분석
>
> - 이번 주 요약: 주간 패턴 분석
>
> - 각 탭에서 [AI 요약 보기] 버튼을 클릭하면 결과 표시
>
> - Shadcn/ui 컴포넌트 활용
>
> **2. 오늘의 요약 결과 UI**
>
> - 완료율: 큰 숫자 + 진행바로 시각화
>
> - 남은 할 일 목록과 우선순위 표시
>
> - 오늘 집중해야 할 작업을 하이라이트로 강조
>
> **3. 이번 주 요약 결과 UI**
>
> - 주간 완료율과 트렌드 그래프 표시
>
> - 요일별 생산성 패턴 도표화
>
> - 다음 주 계획 제안 영역 추가
>
> **4. 공통 UI 요소**
>
> - 인사이트를 아이콘과 함께 카드 형태로 표시
>
> - 💡(아이디어), ⚠(주의), 🎯(목표) 등 이모지 활용
>
> - 추천 사항은 실행 가능한 형태로 구성
>
> **5. 반응형 디자인**
>
> - 모바일에서도 보기 좋게 구성
>
> - 기존 디자인 시스템과 일관성 유지

6. 로딩 및 오류 상태

- 분석 중: 로딩 스피너 표시

- 오류 발생: [재시도] 버튼 제공

> 👓 **용어** **로딩 스피너**(loading spinner)란 웹이나 앱에서 데이터를 불러오거나 작업을 처리하는 동안 사용자가 잠시 기다려야 함을 알려주는 회전 애니메이션을 말합니다. 보통 동그란 원이 회전하는 형태로 표시되며, 화면이 멈춘 것이 아니라 처리가 진행 중임을 시각적으로 전달하는 역할을 합니다. 만약 로딩 스피너가 없다면 사용자는 프로그램이 멈췄는지, 오류가 발생했는지 혼동할 수 있습니다.

2. 코드가 생성되면 **[Keep All]** 버튼을 클릭해 적용합니다.

그림 10-15 UI 개선 코드 생성 및 적용

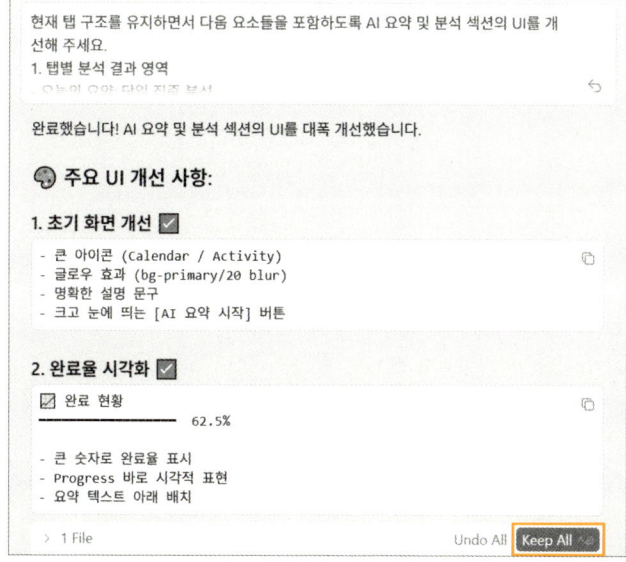

3. 개선된 UI에서 분석 결과가 올바르게 표시되는지 확인합니다.

☐ 상단에 큰 숫자와 진행바로 당일 완료율이 표시되는가?

☐ 미완료 할 일 목록이 우선순위와 함께 정리되는가?

☐ 가장 중요한 오늘의 작업이 하이라이트로 강조되는가?

☐ 주간 완료율이 그래프 형태로 시각화되어 진행 상황을 한눈에 볼 수 있는가?

☐ 요일별 생산성 패턴이 도표로 표시되어 집중도가 높은 날을 확인할 수 있는가?

- [ ] 다음 주 계획 제안이 함께 표시되어 실질적인 일정 관리에 도움이 되는가?
- [ ] 인사이트 카드가 아이콘과 함께 표시되어 내용이 직관적으로 이해되는가?
- [ ] 분석 중에 로딩 스피너가 나타나는가?
- [ ] 오류가 발생할 때 [재시도] 버튼이 표시되는가?

그림 10-16 개선된 UI 확인

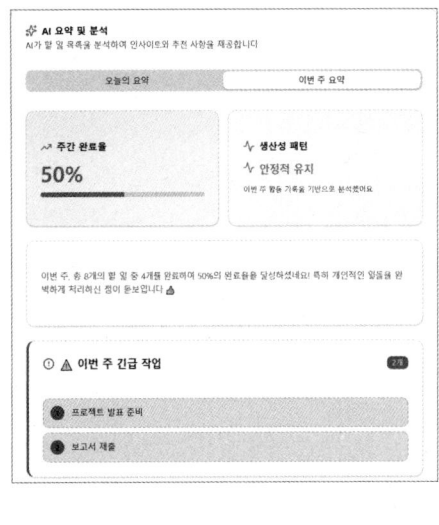
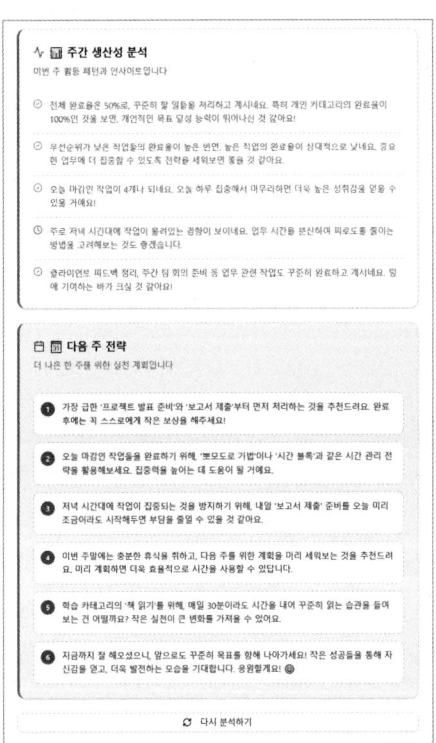

이제 사용자는 단순한 텍스트 중심의 분석 결과가 아니라 시각적이고 직관적인 UI를 통해 오늘과 이번 주의 업무 패턴을 한눈에 파악하고 바로 실행할 수 있습니다.

이로써 할 일 관리 서비스는 단순한 목록 관리 도구를 넘어 AI가 사용자의 업무 패턴을 분석하고 효율적인 시간 관리 방법까지 제안하는 개인 비서 수준의 서비스로 발전했습니다.

앞서 **10.1절**에서 구현한 자연어 기반 할 일 생성 기능과 이번 절에서 완성한 AI 요약 및 분석 기능이 결합되면서, 사용자는 할 일을 손쉽게 추가하고 전체 일정의 흐름과 생산성 패턴을 똑똑하게 파악할 수 있는 완성형 서비스를 이용할 수 있게 되었습니다.

10장에서는 AI 기능을 활용해 할 일 관리 서비스에 지능형 생산성 기능을 추가했습니다. 이 장에서 구현한 두 가지 핵심 기능을 통해 서비스는 단순한 할 일 관리 도구를 넘어 사용자의 업무 습관을 분석하고 개선을 돕는 개인 생산성 서비스로 발전했습니다.

1. AI 할 일 생성 기능

사용자의 자연어 입력을 구조화된 데이터로 변환하는 기능을 구현했습니다. 이제 사용자는 복잡한 입력 폼을 일일이 작성하지 않아도 됩니다. 말하듯 자연스럽게 입력하는 것만으로 할 일을 등록할 수 있습니다.

- "내일 오후 3시까지 프로젝트 발표 준비하기"처럼 자연스러운 문장을 입력하면 AI가 자동으로 분석해 제목, 마감일, 시간, 우선순위 추출
- gemini-2.5-flash 모델을 활용해 자연어를 정확하게 처리
- 프롬프트 엔지니어링으로 AI 응답의 정확도와 일관성 향상
- 사용자 입력 검증 로직을 추가해 서비스 안정성을 강화

2. AI 요약 및 분석 기능

사용자의 할 일 데이터를 기반으로 AI가 스스로 요약과 인사이트를 제공하는 기능을 구현했습니다. 이 기능을 통해 서비스는 단순한 목록 관리 도구를 넘어 사용자의 업무 패턴을 진단하고 효율적인 일 처리 방법을 제시하는 개인 생산성 코치로 진화했습니다.

- '오늘의 요약'과 '이번 주 요약' 탭으로 구분된 결과 제공
- 완료율, 우선순위 분포, 시간 관리 패턴 등 다양한 관점에서 데이터 분석
- 실행 가능한 추천 사항과 개선 조언 제공
- 직관적인 UI를 통해 분석 결과를 한눈에 파악

3. 새롭게 학습한 기술과 개념

이 장에서는 다음과 같은 개념과 핵심 기술을 실습을 통해 익혔습니다.

- **프롬프트 엔지니어링**: AI의 응답 품질을 높이기 위한 체계적 설계 기법
- **자연어 처리**: 일상 언어를 컴퓨터가 이해할 수 있는 데이터로 변환하는 기술
- **데이터 분석**: 사용자 데이터를 기반으로 패턴을 찾아내 인사이트를 도출하는 과정
- **사용자 입력 검증**: 잘못된 입력으로 인한 오류를 예방하고 서비스 신뢰성을 높이는 필수 기능

5장에서 처음 경험했던 단순한 AI 연동과 비교하면 이제는 실제 서비스에 적용 가능한 고급 AI 기능을 구현할 수 있는 수준으로 발전했습니다.

지금까지 만든 AI 할 일 관리 서비스는 아직 개발 환경(localhost)에서만 실행됩니다. 즉, 각자의 컴퓨터에서만 접근할 수 있는 상태입니다. 11장에서는 이 서비스를 실제 인터넷 환경에 배포해 누구나 접속할 수 있는 형태로 완성해 보겠습니다. 배포가 완료되면 직접 만든 AI 서비스를 스마트폰과 다른 컴퓨터에서도 실행할 수 있고, 다른 사람과 함께 공유하고 협업할 수 있게 됩니다.

> 😊 **최종 확인**
>
> **다음 장으로 넘어가기 전에 다음 사항을 확인해 보세요.**
>
> ☐ 할 일 추가, 수정, 삭제 기능이 모두 정상적으로 작동하는가?
> ☐ AI 할 일 생성 기능이 다양한 입력에 대해 올바르게 작동하는가?
> ☐ AI 요약 및 분석 기능이 '오늘의 요약'과 '이번 주 요약' 탭에서 정상적으로 작동하는가?
> ☐ 사용자 로그인과 로그아웃이 문제없이 작동하는가?

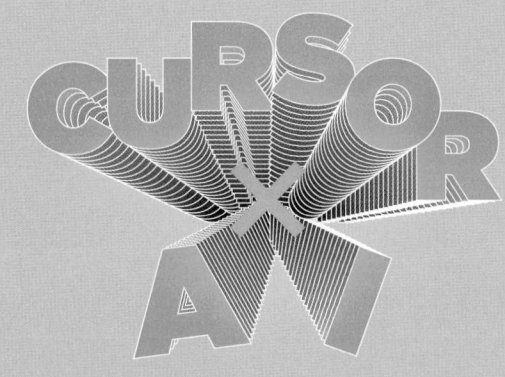

11장
서비스 배포하기:
실제 서비스 공개

AI 할 일 관리 서비스를 단계별로 완성해 왔습니다. 하지만 지금까지의 결과물은 개인 컴퓨터 (localhost) 안에서만 실행됩니다. 현재는 npm run dev 명령어를 실행해야만 http://localhost:3000 주소에서 서비스를 확인할 수 있습니다. 이제 이 서비스를 전 세계 누구나 접속할 수 있는 웹사이트로 공개할 차례입니다. 이를 위해서는 배포 과정을 거쳐야 합니다. 이 장에서는 로컬에서만 실행되던 프로젝트를 실제 서비스 환경에 배포하는 전 과정을 따라 하며, 여러분의 AI 할 일 관리 서비스가 세상에 공개되는 순간을 직접 경험해 봅니다.

11.1 배포 준비하기

배포(deployment)는 단순히 코드를 서버에 올리는 작업이 아닙니다. 실제 사용자가 안정적으로 접속할 수 있는 웹 서비스로 만드는 과정입니다. 배포 과정은 일반적으로 다음 절차를 포함합니다.

- 환경 변수를 안전하게 설정하기
- 실제 서버 환경에서 실행 가능한 프로덕션 빌드 생성하기
- GitHub 같은 원격 저장소에서 코드 관리하기
- Vercel 같은 호스팅 서비스를 통해 인터넷에 배포하기

이 절에서는 10장에서 완성한 AI 할 일 관리 서비스가 정상적으로 작동하는지 확인하고, 배포 전 반드시 거쳐야 할 마지막 점검 과정을 진행합니다.

11.1.1. 환경 변수 점검하기

환경 변수(environment variable)는 API 키나 데이터베이스 주소처럼 보안이 중요한 정보를 안전하게 관리하는 방법입니다. 이번 프로젝트에서는 Gemini API 키와 Supabase 관련 키를 .env.local 파일에 저장해 사용했습니다.

이처럼 코드에 직접 노출해서는 안 되는 중요한 값(API 키, DB URL 등)은 반드시 환경 변수로 분리해서 관리해야 합니다. 또한, 이러한 환경 변수를 GitHub에 업로드하지 않도록 프로젝트의 .gitignore 파일에 .env.local 항목을 반드시 포함해야 합니다. Vercel과 같은 배포 플랫폼은 .env.local 파일에 정의된 변수를 자동으로 인식하고 서버 환경으로 안전하게 전달합니다. 따라서 별도의 복잡한 설정 없이도 환경 변수를 안전하게 사용할 수 있습니다.

현재 프로젝트에서는 추가로 분리할 값이 없지만, 앞으로 새로운 프로젝트를 진행할 때는 .env.local 파일을 이용해 모든 민감한 정보를 체계적으로 관리하는 습관을 들이세요.

그림 11-1 .env.local 파일 확인

11.1.2. 로컬 빌드 테스트하기

빌드(build)란 작성한 소스 코드(개발용 코드)를 컴퓨터가 실행할 수 있는 형태로 변환하는 과정입니다. 지금까지는 npm run dev 명령어로 **개발 빌드**(development Build)를 실행해 왔습니다. 이 빌드는 코드 변경 사항이 즉시 반영되고, 오류 메시지도 자세히 표시되어 개발하는 데는 편리하지만, 다음과 같은 이유로 실제 서비스 운영에는 적합하지 않습니다.

- 성능이 낮고 디버깅용 코드가 포함되어 있음
- 파일 크기가 크고 최적화가 되어 있지 않음
- 보안 검증이 충분하지 않음

따라서 실제 배포에서는 **프로덕션 빌드**(production build)를 생성해야 합니다. 이 빌드는 개발 중 작성한 코드를 실제 서비스 환경에 맞게 최적화하며, npm run build 명령으로 생성할 수 있습니다. 이 과정에서 불필요한 코드가 제거되고 파일이 압축되어 사용자가 서비스에 접속할 때 더 빠르고 안정적인 동작이 가능해집니다.

배포하기 전에 프로덕션 빌드가 정상적으로 동작하는지 로컬 환경(내 컴퓨터)에서 반드시 테스트해야 합니다. 이 과정을 통해 배포 이후 발생할 수 있는 문제를 예방할 수 있습니다.

프로덕션 빌드 실행

1. 개발 서버를 실행 중이라면 중지(Ctrl + C)한 뒤, 터미널에서 다음 명령어를 실행합니다.

오류 발생 시 대처 방법

빌드 중 오류가 발생하면 오류 메시지를 드래그해 AI에 해결해 달라고 요청할 수 있습니다. 오류 메시지를 드래그하면 위에 **[Add to Chat]** 버튼이 나타납니다. 버튼을 클릭하면 해당 오류가 AI 패널 입력창에 자동으로 추가됩니다.

그림 11-2 오류 메시지를 드래그해서 전달

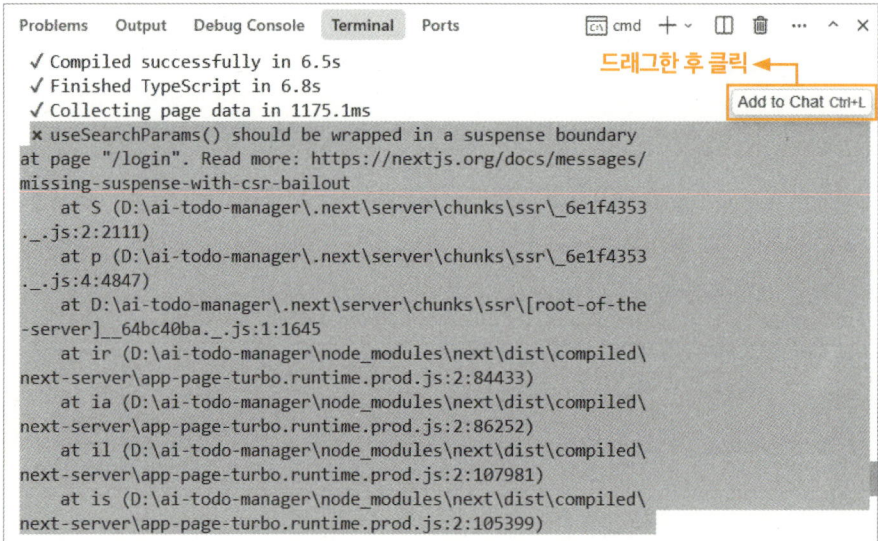

AI에 "이 오류를 해결해 주세요."라고 요청하면 커서는 오류 원인과 수정 방법을 분석해 제안합니다. 제안된 코드를 반영한 뒤 다시 `npm run build`를 실행합니다. 문제가 해결될 때까지 이 과정을 반복합니다.

그림 11-3 빌드 오류 해결 요청

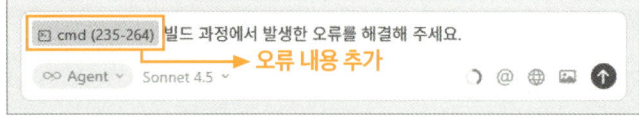

2. 빌드가 완료되면 다음과 같은 메시지가 표시됩니다.

그림 11-4 빌드 성공 메시지

```
Route (app)                                 Size     First Load JS
┌ ○ /                                      164 kB           333 kB
├ ○ /_not-found                              0 B            168 kB
├ ƒ /api/ai/parse-todo                       0 B              0 B
├ ƒ /api/ai/summary                          0 B              0 B
├ ƒ /api/todos                               0 B              0 B
├ ƒ /api/todos/[id]                          0 B              0 B
├ ○ /login                                2.42 kB            250 kB
└ ○ /signup                               2.87 kB            250 kB
+ First Load JS shared by all              191 kB
  ├ chunks/2008ffcf9e5b170c.js              13 kB
  ├ chunks/63d7abdc8f2020d3.js            17.2 kB
  ├ chunks/82e91f755dae9513.js            53.3 kB
  ├ chunks/9d6c1767485f58f3.js            11.9 kB
  ├ chunks/d04efc723d1783d5.js            59.2 kB
  ├ chunks/ef959ccaac297cbf.css           21.7 kB
  └ other shared chunks (total)           14.6 kB


○  (Static)    prerendered as static content
ƒ  (Dynamic)   server-rendered on demand
```

3. 터미널에서 다음 명령으로 빌드된 서버를 실행합니다.

```
npm run start
```

그림 11-5 빌드된 서버 실행

```
D:\cursor\ai-todo-manager>npm run start

> ai-todo-manager@0.1.0 start
> next start

   ▲ Next.js 15.5.3
   - Local:        http://localhost:3000
   - Network:      http://192.168.56.1:3000

 ✓ Starting...
 ✓ Ready in 1075ms
```

빌드 결과는 개발 서버에서 보던 화면과 비슷하지만, 실시간 반영 기능이 제거되었으며 실제 배포 환경과 동일한 결과를 보여줍니다.

빌드 오류 유형과 해결 방법

빌드 과정에서 자주 발생하는 오류와 해결 방법은 다음과 같습니다.

표 11-1 오류 유형별 해결 방법

유형	원인	해결 방법
TypeScript 오류	타입 정의 누락 또는 불일치	커서에서 빨간 밑줄 표시된 부분 수정
환경 변수 오류	.env.local 파일 경로 또는 변수명 문제	파일 경로와 변수명 재확인
모듈 오류	패키지 설치 누락 또는 버전 불일치	`npm install` 재실행
메모리 부족 오류	빌드 중 메모리 초과	다른 프로그램 종료 후 재시도

이외에도 Node.js 버전이 너무 낮거나 최신 Next.js와 호환되지 않는 경우에 빌드 오류가 발생할 수 있습니다. 이때는 Node.js LTS 버전, 예를 들어 v20 이상으로 업데이트하면 대부분의 문제가 해결됩니다.

11.1.3. 기능 점검하기

다음으로 QA를 진행합니다. QA(Quality Assurance, 품질 보증)는 서비스가 요구사항과 기대한 품질을 충족하는지 최종 확인하는 과정으로, 실제 사용자 입장에서 주요 기능이 올바르게 작동하는지 점검하는 단계입니다. 다음 시나리오에 따라 각 기능을 순서대로 실행하며 서비스가 의도한 대로 작동하는지 확인해 보세요.

표 11-2 시나리오 1 - 신규 사용자 흐름

기능	기대 결과	확인 여부
메인 페이지 접속	첫 화면이 정상적으로 표시된다.	☐
회원가입	이메일과 비밀번호로 신규 계정을 생성할 수 있다.	☐
이메일 인증	인증 완료 후 메인 화면으로 정상 이동한다.	☐
초기 화면	로그인 직후 메인 화면이 올바르게 표시된다.	☐
할 일 수동 추가	"프로젝트 계획서 작성"이 정상적으로 등록된다.	☐
AI 자연어 입력	"내일 오후에 팀 미팅하고 보고서 제출해야 함"이 올바른 할 일로 변환된다.	☐

표 11-3 시나리오 2 - 기존 사용자 흐름

기능	기대 결과	확인 여부
로그인	기존 계정으로 정상 로그인된다.	☐
할 일 목록 로드	지정된 할 일 목록이 정상적으로 불러와진다.	☐
할 일 완료 처리	체크박스를 클릭하면 상태가 완료로 변경된다.	☐
할 일 수정	기존 할 일의 내용을 수정할 수 있다.	☐
할 일 삭제	선택한 할 일이 목록에서 제거된다.	☐
검색 기능	키워드로 특정 할 일을 찾을 수 있다.	☐
필터 기능	완료/미완료 상태별로 필터링이 가능하다.	☐

표 11-4 시나리오 3 - AI 기능 전문 테스트

기능	기대 결과	확인 여부
복합 작업 처리	"회의 준비, 자료 작성, 발표 연습"을 입력할 때 개별 할 일로 변환된다.	☐
날짜/시간 인식	"내일 오전 9시 병원 예약"을 입력할 때 날짜와 시간이 올바르게 인식된다.	☐
오류 처리	무의미한 텍스트를 입력할 때 적절한 오류 메시지가 표시된다.	☐
다국어 입력	한글과 영문이 섞인 입력도 정상적으로 처리된다.	☐
긴 문장 처리	긴 문장을 입력해도 정상적으로 작동한다.	☐

앞의 테스트 항목은 배포 후에도 기본 기능이 안정적으로 작동하는지를 확인하기 위한 최소한의 검증 단계입니다. 실제 서비스로 확장할 때는 웹 브라우저 호환성, 모바일 반응형 UI, 네트워크 오류 처리 등 추가 항목도 함께 점검하는 것이 좋습니다.

11.1.4. 메타 태그 설정하기

메타 태그(meta tag)는 웹 페이지의 제목, 설명, 키워드 등 보이지 않는 정보를 담아 검색 엔진, 웹 브라우저, SNS 플랫폼이 활용할 수 있도록 제공하는 HTML 태그입니다. 단순한 코드처럼 보이지만, 실제로는 배포된 웹 서비스가 검색 결과나 SNS에서 어떤 이름과 설명, 미리 보기 카드로 노출될지를 결정하는 중요한 요소입니다. 따라서 서비스의 제목과 설명을 메타 태그에 명확히 지정해 사용자가 서비스를 언제, 어디서 접하더라도 일관된 정보가 표시되도록 설정해야 합니다.

서비스에 메타 태그를 추가하겠습니다.

1. 커서의 **Agent** 모드에서 다음 프롬프트를 입력해 메타 태그를 생성합니다.

> 현재 프로젝트(app/layout.tsx)에 메타 태그를 추가해 주세요. Next.js 15 기준의 Metadata 타입 구조를 따르며, 다음 내용을 포함해야 합니다. 이외에 검색 엔진과 SNS에서 올바르게 표시되기 위한 최소한의 필드를 함께 추가해 주세요.
>
> - title: AI 할 일 관리 서비스
>
> - description: AI가 도와주는 똑똑한 할 일 관리 서비스

2. 코드가 생성되면 내용을 검토한 뒤 **[Keep All]** 버튼을 클릭해 결과를 반영합니다.

그림 11-6 생성된 메타 태그 적용

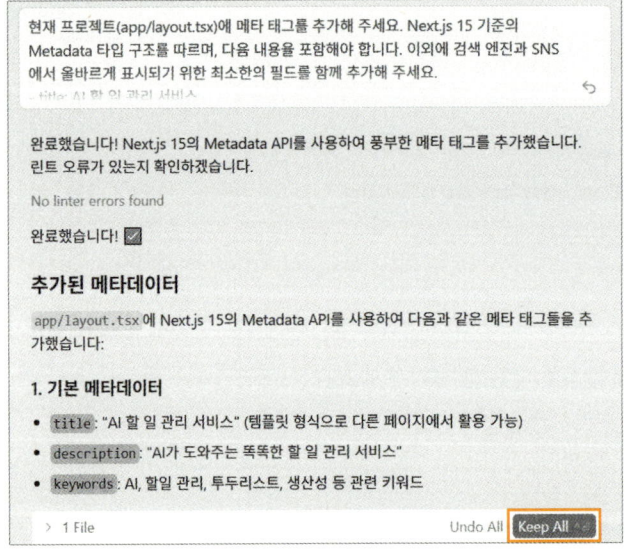

AI가 제안하는 메타 태그 내용은 모델 버전이나 프로젝트 설정에 따라 다소 차이가 있을 수 있습니다. 다음은 대표적인 기본 구성으로 작성한 예시입니다.

app/layout.tsx

```
export const metadata: Metadata = {
  title: {
    default: "AI 할 일 관리 서비스",
    template: "%s | AI 할 일 관리 서비스"
  },
  description: "AI가 도와주는 똑똑한 할 일 관리 서비스",
  keywords: [
    "할 일 관리", "AI", "생산성", "일정 관리",
```

```
      "스마트 요약", "자연어 처리", "업무 효율성"
    ],
    authors: [{ name: "AI Todo Manager Team" }],
    creator: "AI Todo Manager",
    publisher: "AI Todo Manager",
    formatDetection: {
      email: false, address: false, telephone: false,
    },
    metadataBase: new URL(process.env.NEXT_PUBLIC_APP_URL || 'http://localhost:3000'),
    alternates: {
      canonical: '/',
    },
    openGraph: {
      type: 'website', locale: 'ko_KR', url: '/',
      title: 'AI 할 일 관리 서비스',
      description: 'AI가 도와주는 똑똑한 할 일 관리 서비스',
      siteName: 'AI 할 일 관리 서비스',
    },
    twitter: {
      card: 'summary_large_image',
      title: 'AI 할 일 관리 서비스',
      description: 'AI가 도와주는 똑똑한 할 일 관리 서비스',
    },
    robots: {
      index: true,
      follow: true,
      googleBot: {
        index: true, follow: true,
        'max-video-preview': -1, 'max-image-preview': 'large', 'max-snippet': -1,
      },
    },
    verification: {
      // Google Search Console 인증 시 추가
      // google: 'verification-code',
    },
};
```

> 😀 **참고**
>
> 앞의 코드는 검색 결과나 SNS 공유 화면, 웹 브라우저 탭 제목 등에서 서비스 이름과 설명이 항상 동일하게 표시되도록 설정한 부분입니다. 이 부분을 설정해두면 사용자가 서비스를 어디서 보더라도 "AI 할 일 관리 서비스"라는 이름과 설명이 일관되게 나타납니다.
>
> 다만, 이렇게 설정해도 검색 엔진에 바로 반영되지는 않기 때문에 배포한 후에는 Google Search Console이나 SNS Debugger 같은 도구를 사용해 미리 보기 화면이 올바르게 표시되는지 확인해 보세요.

11.1.5. 파비콘 추가하기

파비콘(favicon)은 웹 브라우저 탭과 북마크에 표시되는 작은 아이콘(일반적으로 16×16픽셀)으로, 여러 탭을 동시에 열었을 때 사용자가 서비스를 쉽게 구분할 수 있도록 돕는 시각적 표시입니다. 단순한 장식처럼 보일 수 있지만, 브랜드 아이덴티티를 표현하고 서비스의 완성도를 높이는 중요한 요소입니다.

이번에는 AI 할 일 관리 서비스에 어울리는 파비콘을 직접 만들어 적용해 보겠습니다.

1. 웹 브라우저에서 **Favicon.io**의 **파비콘 생성 페이지**(https://favicon.io/favicon-generator)에 접속합니다. 화면에는 텍스트 기반으로 파비콘을 만들 수 있는 설정 창이 표시됩니다. 원하는 텍스트, 서체, 크기를 지정합니다. 배경색은 **8장**에서 설정한 브랜드 컬러(**#3B82F6**)로 지정합니다. 설정을 모두 마치면 **Preview**를 확인한 뒤 **[Download]** 버튼을 클릭해 파일을 다운로드합니다.

> 💬 **참고**
>
> **Favicon.io**는 텍스트, 이미지, 이모지를 기반으로 다양한 크기의 파비콘을 자동 생성해주는 무료 웹사이트입니다. 별도의 디자인 프로그램 없이도 손쉽게 파비콘을 제작할 수 있습니다.

그림 11-7 파비콘 생성 화면

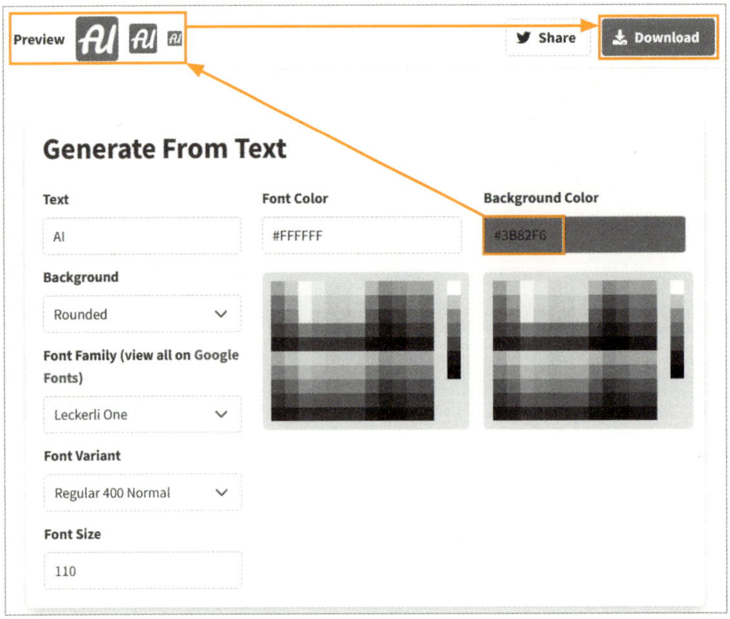

2. 다운로드한 파일의 압축을 해제하면 여러 환경에 맞춘 파비콘 파일이 들어 있습니다. 대부분의 웹 브라우저는 favicon.ico 파일만으로도 정상적으로 아이콘을 표시하므로, 이 프로젝트에서는 기본 파비콘 파일만 사용합니다.

- favicon.ico(기본 파비콘, 모든 웹 브라우저 공통)
- android-chrome-192x192.png, android-chrome-512x512.png(안드로이드용)
- apple-touch-icon.png(iOS용)
- favicon-16x16.png, favicon-32x32.png(웹 브라우저용)

그림 11-8 생성된 파비콘 파일

3. 프로젝트의 app 폴더 하단에 있는 기존 favicon.ico 파일을 새로 생성한 favicon.ico 파일로 교체합니다.

그림 11-9 프로젝트에 파비콘 적용

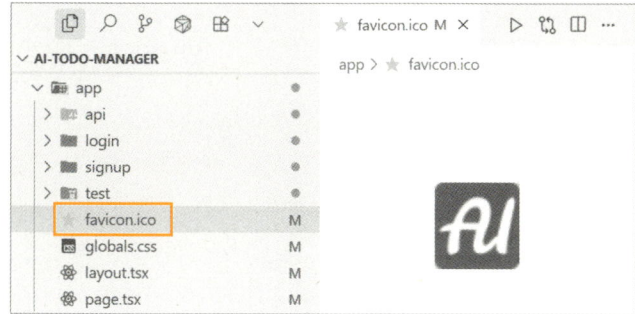

4. 파일을 교체한 뒤 npm run dev 명령어로 개발 서버를 다시 실행합니다. 웹 브라우저로 **메인 페이지**(http://localhost:3000)에 접속해 웹 브라우저 탭에 새 파비콘이 정상적으로 표시되는지 확인합니다.

그림 11-10 파비콘 적용 확인

> **참고**
>
> 파비콘이 바로 표시되지 않는다면 웹 브라우저가 이전 파비콘을 캐시(저장)하고 있기 때문입니다. 이 경우 Ctrl + Shift + R 을 눌러 강제로 새로 고침하거나 시크릿 모드에서 접속해 다시 확인해 보세요.

이제 서비스의 시각적 완성도까지 갖추었습니다.

11.2 Github에 코드 업로드하기

서비스를 배포하려면 코드를 안전하게 보관하고 관리할 수 있는 클라우드 저장소가 필요합니다. 이를 위해 앞에서 설치한 Git을 활용해 GitHub에 코드를 업로드해 보겠습니다. **GitHub**(깃허브)는 전 세계 개발자가 가장 많이 사용하는 코드 저장소 서비스로, 협업과 배포를 위한 기본 도구이자 개발자의 필수 환경입니다.

> **참고**
>
> 커서의 Agent 모드에서 "이 프로젝트를 GitHub에 업로드해 주세요."라고 입력하면 AI가 자동으로 저장소를 생성하고 연결까지 수행해 줍니다. 그런데도 Git을 활용해 GitHub에 코드를 직접 업로드하는 이유는 명령어가 간단하고, 한 번쯤 직접 실행해보면 Git의 기본 원리와 동작 흐름을 이해하는 데 도움이 되기 때문입니다. 또한, 커서 사용량을 절약할 수 있다는 장점도 있습니다. 따라서 이 책에서는 직접 저장소를 생성하고 업로드까지 진행해 봅니다.

11.2.1. 원격 저장소 생성하기

1. 웹 브라우저에서 **GitHub 페이지**(https://github.com)에 접속합니다. 계정이 있다면 **[Sign in]**을 클릭해 로그인하거나 처음이라면 **[Sign up]**을 클릭해 회원가입을 진행합니다.

그림 11-11 GitHub 홈페이지 로그인 또는 회원가입

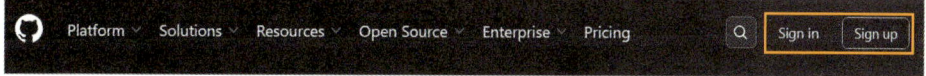

2. 로그인한 후 대시보드가 열리면 왼쪽 메뉴의 **[Create repository]** 버튼을 클릭하거나 주소창에 **https://github.com/new**를 직접 입력해 이동합니다.

그림 11-12 대시보드에서 [Create repository] 버튼 클릭

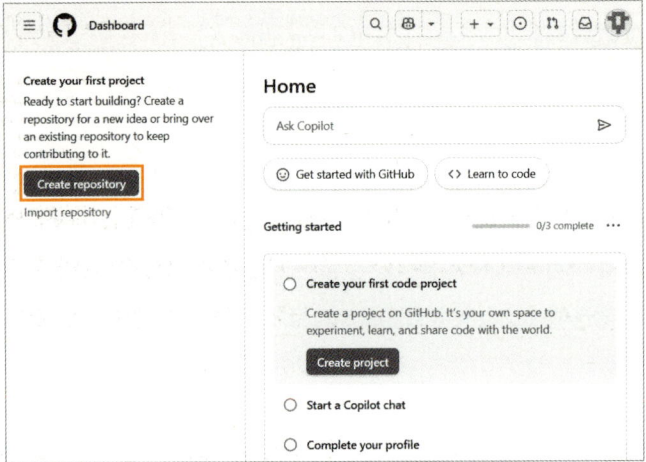

3. 새 저장소 생성 화면이 나오면 다음 정보를 입력한 후 **[Create repository]** 버튼을 클릭합니다.

- **Repository name**: 저장소의 이름(영문 권장)
- **Description**: 선택 사항으로, 저장소에 대한 간단한 설명 입력
- **Choose visibility**: Public(공개), Private(비공개, 본인만 접근 가능), 포트폴리오용이라면 Public 권장
- 나머지 옵션은 기본 설정 그대로 두기

그림 11-13 저장소 생성 화면

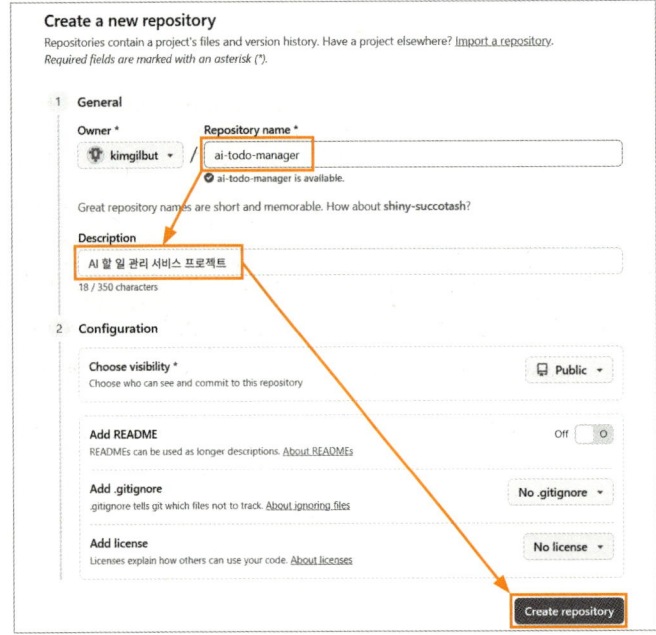

4. 저장소가 생성되면 자동으로 해당 저장소의 대시보드 페이지로 이동합니다. 화면 중앙에 표시된 저장소 주소(URL)를 복사해 둡니다. 이 주소는 이후 로컬 프로젝트와 GitHub를 연결할 때 사용합니다.

그림 11-14 생성된 저장소 주소 복사

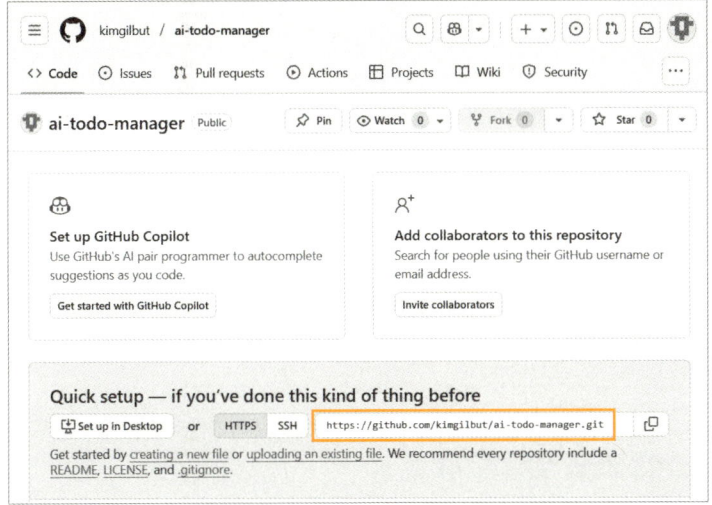

11.2.2. 원격 저장소 연결하기

로컬(내 컴퓨터)에 있는 프로젝트를 GitHub 원격 저장소와 연결해 보겠습니다.

1. 커서에서 터미널을 열고, 프로젝트 폴더가 맞는지 확인한 뒤 다음 명령어를 실행합니다.

- **git remote**: 로컬 저장소와 연결된 원격 저장소를 관리하는 명령어입니다.
- **add**: 새로운 원격 저장소를 추가하겠다는 의미입니다.
- **origin**: 원격 저장소에 붙일 별칭(alias)으로, 일반적으로 origin을 기본 이름으로 사용합니다.
- **[저장소_URL]**: 앞서 GitHub에서 복사한 실제 저장소 주소를 입력합니다.

그림 11-15 원격 저장소 연결 명령 실행

2. 다음 명령어를 실행해 원격 저장소가 정상적으로 연결되었는지 확인합니다.

- **-v(verbose)**: 원격 저장소 이름뿐 아니라 해당 저장소의 URL까지 함께 표시합니다.

그림 11-16 원격 저장소 연결 확인

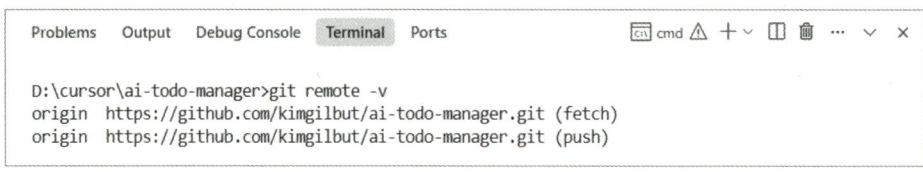

터미널에 GitHub 저장소 주소가 표시되면 로컬 프로젝트와 원격 저장소의 연결이 성공적으로 완료된 것입니다.

11.2.3. 원격 저장소에 코드 업로드하기

이제 완성한 AI 할 일 관리 서비스 프로젝트를 GitHub에 업로드하겠습니다. Git을 이용한 업로드는 크게 3단계로 이루어집니다.

- **add**: 변경된 파일을 스테이징 영역에 올려 준비하는 과정입니다.
- **commit**: 스테이징 영역에 올려둔 파일을 로컬 저장소에 새로운 버전으로 기록(저장)하는 과정입니다.

> 용어 **스테이징 영역**(staging area)은 GitHub에 업로드할 파일을 잠시 모아두는 공간입니다.

- **push**: 로컬 저장소에 기록된 버전을 GitHub 원격 저장소로 업로드하는 과정입니다.

비유하자면 add는 보낼 파일을 봉투에 담는 단계, commit은 봉투를 봉인하고 라벨을 붙이는 단계, push는 봉투를 택배로 보내는 단계라고 할 수 있습니다.

1. 터미널에서 다음 명령어로 변경된 모든 파일을 스테이징 영역에 추가합니다.

- `git add`: 변경된 파일을 스테이징 영역에 올리는 명령어입니다.
- `.`(한 칸 띄운 후 점 하나): 현재 폴더 안 모든 변경 파일을 한 번에 추가한다는 의미입니다.

 참고

`git add`를 실행하면 'warning: in the working copy of 'app/globals.css', LF will be replaced by CRLF the next time Git touches it'와 같은 경고 메시지가 나타날 수 있습니다. Windows는 CRLF 줄바꿈을 사용하고, Unix 계열(macOS, Linux 등)은 LF 줄바꿈을 사용합니다. 현재 파일이 LF 방식으로 작성되어 있는데, Git이 이를 커밋할 때 CRLF로 변환하겠다는 의미입니다. 이는 단순한 정보성 경고로, 코드나 동작에는 영향을 주지 않으므로 무시해도 괜찮습니다.

2. 다음 명령어를 실행해 현재 상태를 로컬 저장소에 새로운 버전으로 저장합니다.

```
git commit -m "AI 할 일 관리 서비스 완성"
```

- `git commit`: 스테이징 영역에 있는 변경 내용을 로컬 저장소에 버전으로 기록하는 명령어입니다.
- `-m(message 옵션)`: 커밋에 설명 메시지를 붙일 때 사용합니다.
- `"AI 할 일 관리 서비스 완성"`: 커밋 메시지로, 나중에 이력(히스토리)이 쌓였을 때 이 버전이 무엇을 의미하는지 쉽게 확인할 수 있습니다.

3. 로컬 저장소에 저장된 버전을 GitHub 원격 저장소로 업로드합니다.

```
git push origin main
```

- `git push`: 로컬 저장소의 커밋(버전 기록)을 원격 저장소로 업로드하는 명령어입니다.
- `origin`: 앞서 등록한 원격 저장소의 이름입니다.
- `main`: 업로드할 브랜치의 이름입니다. 현재 기본 브랜치가 main이라면 로컬의 main 브랜치를 원격 저장소의 main 브랜치에 업로드합니다.

오류 발생 시 대처 방법

`git push origin main` 명령을 실행했을 때 다음과 같이 인증 오류가 발생할 수 있습니다.

그림 11-17 푸시할 때 인증 오류 발생

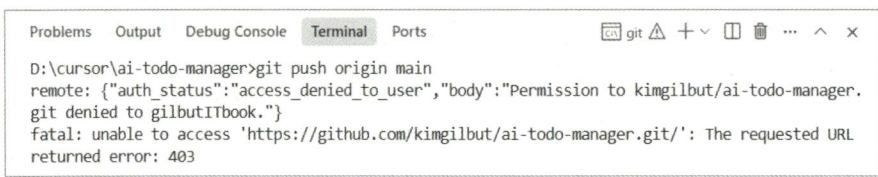

이 오류는 현재 로그인된 GitHub 계정의 권한이 저장소 소유자와 다를 때 자주 발생합니다. 특히 해당 컴퓨터에서 다른 GitHub 계정을 사용한 이력이 있을 경우 계정 충돌로 인해 오류가 생길 수 있습니다.

해결 방법은 다음과 같습니다.

❶ 윈도우 검색창에서 'Windows 자격 증명 관리자'를 입력해 실행합니다.

❷ 저장된 GitHub 관련 항목을 찾아 삭제합니다.

❸ 다시 `git push` 명령어를 실행하면 GitHub 로그인 창이 나타나며, 올바른 계정으로 인증할 수 있습니다.

4. 처음 `git push`를 실행하면 GitHub와 통신하기 위해 계정을 인증해야 합니다. 이때 단순히 아이디와 비밀번호를 입력하지 않고, Git Credential Manager(GCM)라는 도구가 대신 인증 과정을 처리합니다. 웹 브라우저가 자동으로 열리며 다음과 같은 화면이 표시됩니다. **[Authorize git-ecosystem]** 버튼을 클릭해 접근을 승인합니다.

그림 11-18 GitHub 계정 접근 승인 화면

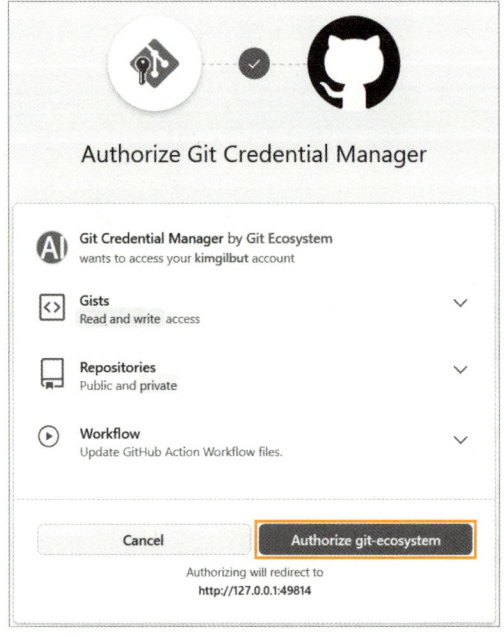

5. 인증이 끝나면 터미널에 다음과 같은 메시지가 표시됩니다.

그림 11-19 푸시 완료 메시지 출력

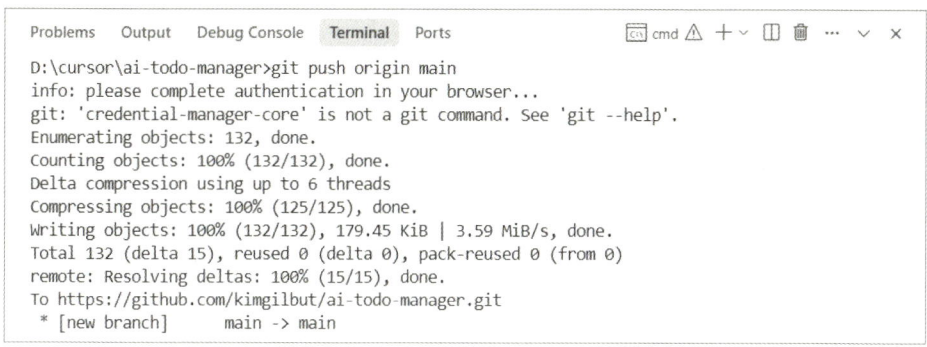

6. GitHub 저장소 페이지로 이동해 새로 고침(F5)하면 모든 프로젝트 파일이 업로드된 것을 확인할 수 있습니다.

그림 11-20 GitHub 저장소에 업로드된 프로젝트 파일

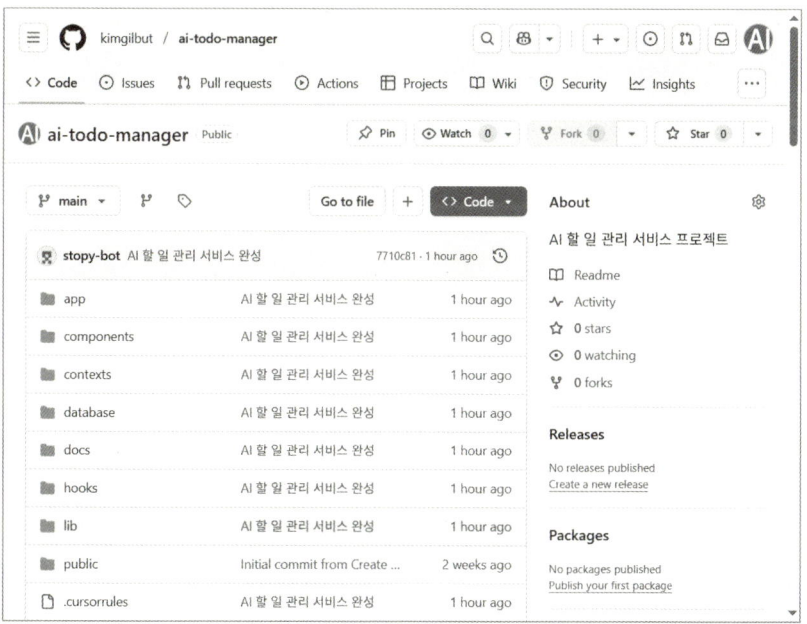

이렇게 하면 로컬에서 만든 AI 할 일 관리 서비스 프로젝트가 GitHub 원격 저장소와 안전하게 연결됩니다. 이제 언제든지 다른 컴퓨터에서도 동일한 코드를 불러와 개발을 이어갈 수 있습니다. 이어서 프로젝트를 Vercel과 연동해 실제로 배포하는 과정을 진행하겠습니다.

11.3 Vercel로 자동 배포하기

Vercel은 Next.js를 개발한 회사에서 직접 운영하는 배포 플랫폼입니다. 개발사가 같다 보니 Next.js 프로젝트와 완벽하게 호환되어 매우 손쉽게 서비스를 배포할 수 있습니다. 이 절에서는 Vercel을 이용해 앞에서 완성한 AI 할 일 관리 서비스를 실제 웹에 공개해 보겠습니다.

11.3.1. 프로젝트 생성하기

1. 웹 브라우저에서 **Vercel 홈페이지**(https://vercel.com)에 접속합니다. 계정이 있다면 상단의 **[Log In]** 버튼을 클릭해 로그인합니다. 계정이 없다면 **[Sign up]** 버튼을 클릭해 회원가입을 진행합니다.

그림 11-21 Vercel 홈페이지 로그인 또는 회원가입

2. 로그인 후 처음 접속하면 자동으로 프로젝트 생성 페이지(https://vercel.com/new)가 열립니다. 화면에 표시된 **[Continue with GitHub]** 버튼을 클릭합니다. 만약 대시보드가 먼저 열렸다면 오른쪽 상단의 **[Add New…]** 버튼을 클릭하고 드롭다운 메뉴에서 **Project**를 선택하면 동일한 프로젝트 페이지가 표시됩니다.

그림 11-22 프로젝트 생성 페이지

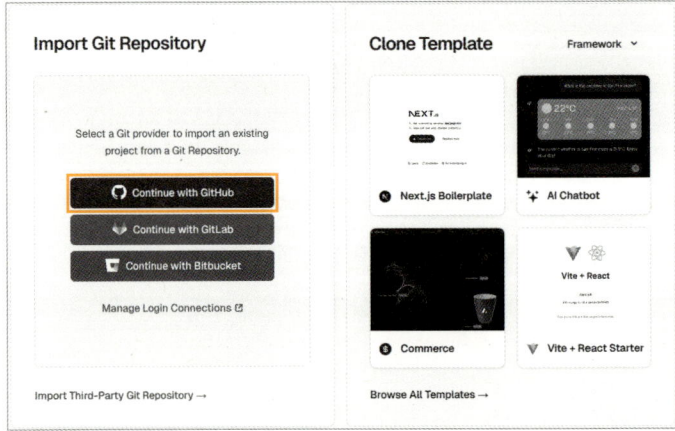

3. 버튼을 클릭하면 Vercel이 GitHub 계정 접근 권한을 요청합니다. **[Authorize Vercel]** 버튼을 클릭해 권한을 승인합니다. 이 과정은 최초 1회만 진행하면 되고 이후에는 자동으로 연결됩니다. 접근 권한을 승인한 후에는 GitHub 저장소 목록이 표시되며 앞서 업로드한 **AI 할 일 관리 서비스 프로젝트**를 선택할 수 있습니다.

그림 11-23 Vercel의 GitHub 계정 접근 승인 요청

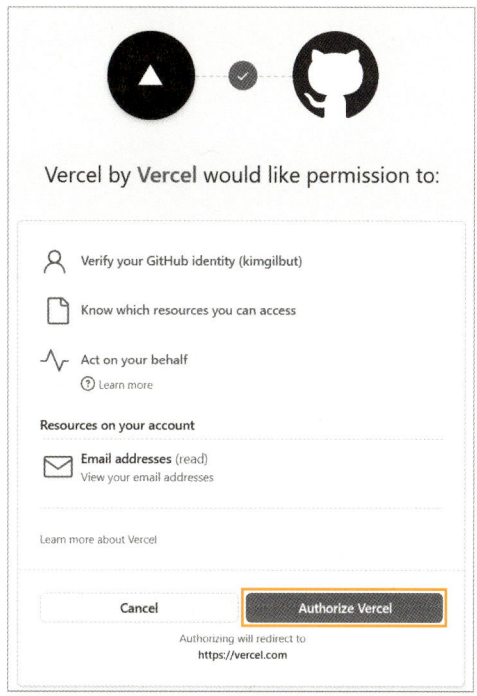

4. Vercel이 GitHub 저장소의 코드를 가져오기 위해 GitHub 애플리케이션을 설치하라고 요청합니다. 화면의 **[Install]** 버튼을 클릭해 설치를 진행합니다.

그림 11-24 GitHub 애플리케이션 설치 안내 화면

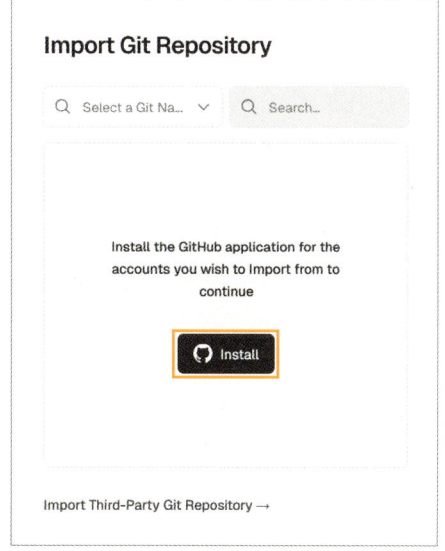

5. 설치 설정 화면이 열리면 **Only select repositories** 옵션을 선택합니다. 그다음 **[Select repositories]** 버튼을 클릭해 GitHub에 업로드한 프로젝트(예 ai-todo-manager)를 선택하고 **[Install]** 버튼을 클릭합니다.

그림 11-25 GitHub저장소 선택 화면

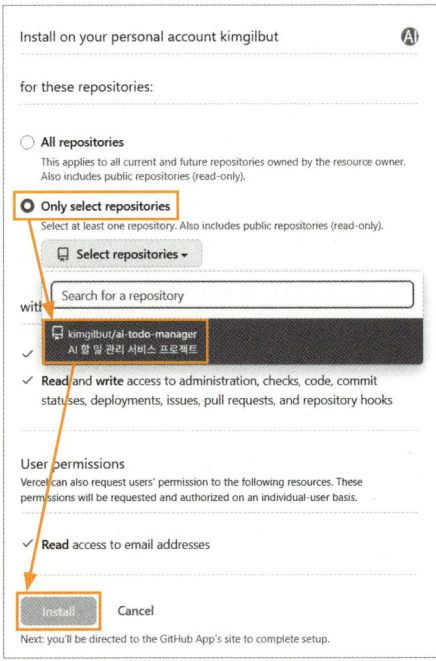

6. 설정이 완료되면 선택한 저장소가 목록에 표시됩니다. 해당 프로젝트의 오른쪽에 있는 **[Import]** 버튼을 클릭해 Vercel로 프로젝트를 가져옵니다.

그림 11-26 프로젝트 임포트 화면

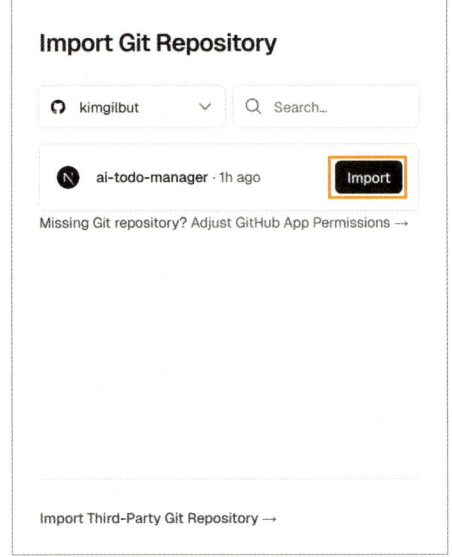

7. 새 프로젝트 생성 화면이 나타나고 Vercel이 자동으로 Next.js 프로젝트임을 인식합니다. 대부분의 설정은 기본값 그대로 두어도 됩니다. 하지만 AI 기능(Gemini API)과 Supabase 연동을 위해서는 환경 변수를 반드시 추가해야 합니다. Environment Variables 항목 하단의 **[Import.env]** 버튼을 클릭해서 .env.local 파일을 찾아 열면 파일 내용을 참고해 환경 변수를 자동으로 채워 넣습니다. 환경 변수는 수동으로 입력할 수도 있습니다. .env.local 파일을 참고해 Key와 Value 항목에 변수명과 값을 각각 입력하면 됩니다. **[+ Add More]** 버튼을 클릭하면 항목이 추가됩니다. 환경 변수 설정이 끝나면 **[Deploy]** 버튼을 클릭합니다.

그림 11-27 환경 변수 설정 화면

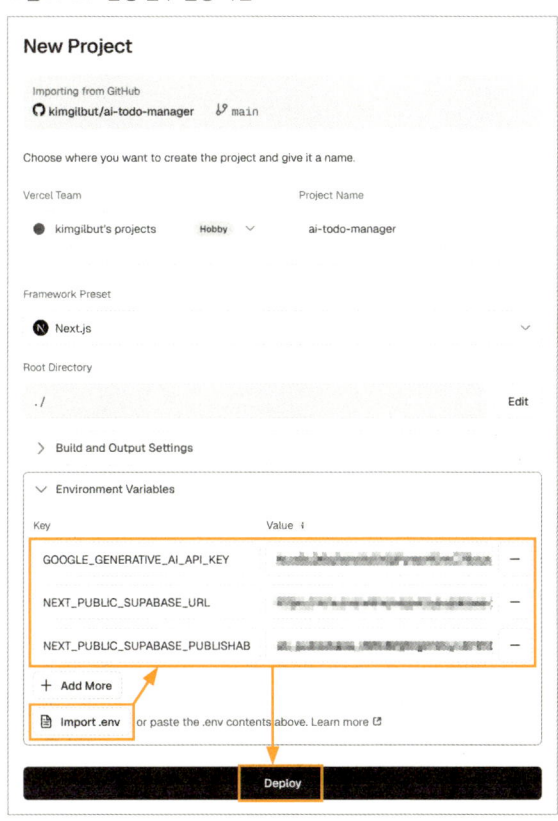

8. 화면 하단에서 배포 진행 로그가 표시됩니다. 잠시 기다리면 배포 성공 메시지와 함께 결과 화면이 나타납니다. **[Continue to Dashboard]** 버튼을 클릭합니다.

그림 11-28 배포 완료 화면

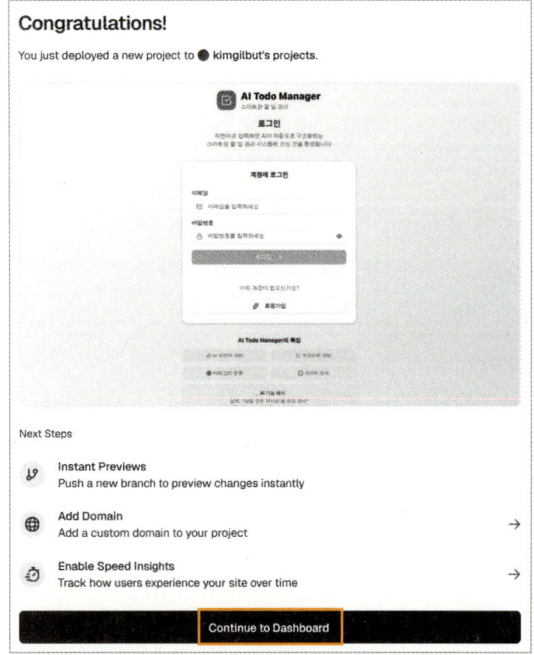

9. 프로젝트 대시보드가 열리고 배포된 서비스의 도메인(URL), 빌드 상태 및 이력, 환경 변수 설정 내역 등을 한눈에 확인할 수 있습니다.

그림 11-29 프로젝트 대시보드 화면

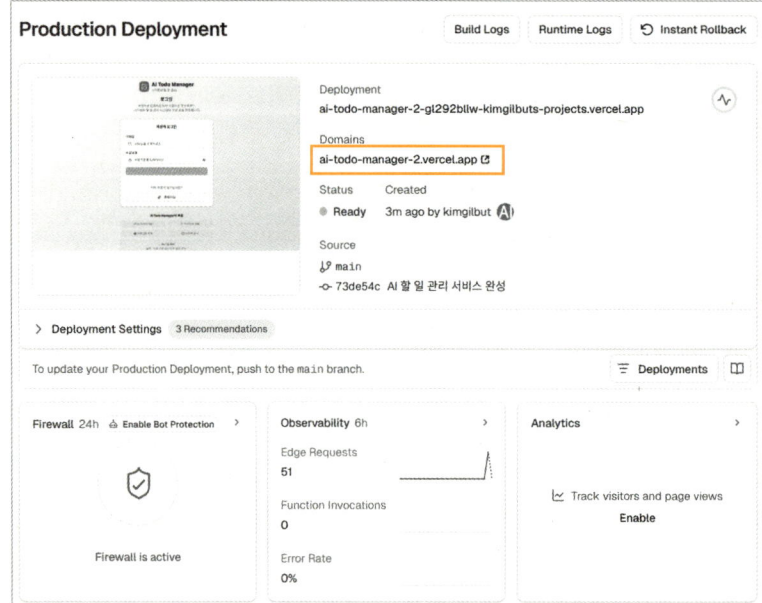

10. 마지막으로 Supabase 설정을 마무리해야 합니다. Supabase 프로젝트 대시보드로 가서 **Authentication → URL Configuration → Site URL**로 이동합니다. 기존 주소를 지우고 방금 배포한 프로젝트의 Domains를 복사해 붙여넣고 **[Save changes]** 버튼을 클릭해 변경 내용을 저장합니다. 설정을 마치면 사용자가 회원가입한 후 이메일의 **[Confirm your mail]** 버튼을 클릭했을 때 정상적으로 서비스로 이동할 수 있습니다.

그림 11-30 Supabase에 배포 URL 등록 화면

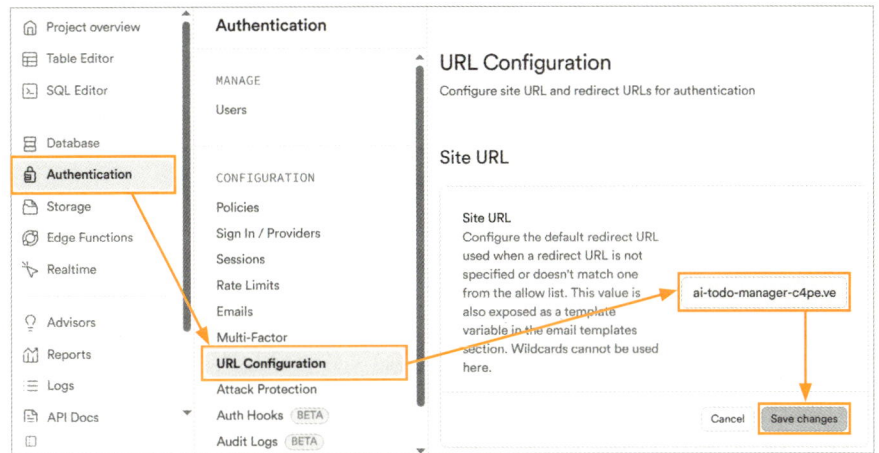

이제 AI 할 일 관리 서비스가 인터넷에서 접근 가능한 실제 웹사이트로 완성되었습니다. 다음 절에서는 배포된 서비스를 점검하고, 버전 관리 및 재배포 방법을 살펴보겠습니다.

11.3.2. 자동 배포 테스트하기

이제부터는 GitHub 저장소에 변경 사항을 푸시할 때마다 Vercel이 자동으로 새 버전을 빌드하고 배포합니다. 자동 배포의 전체 흐름은 다음과 같습니다.

로컬에서 코드 수정 → Git 커밋 및 푸시 → Vercel이 변경 감지 → 새 버전 빌드 및 배포 → 실제 웹사이트 자동 업데이트

이처럼 Vercel과 GitHub를 연동해두면 이후에는 별도의 배포 명령 없이 Git 푸시만으로 자동 업데이트합니다. 간단한 수정 작업을 통해 자동 배포가 실제로 어떻게 이루어지는지 직접 확인해 보겠습니다.

1. 로그인 페이지의 문구를 살짝 변경해 보겠습니다. 기존 문구 '스마트한 할 일 관리'를 'AI가 도와주는 스마트한 할 일 관리'로 수정합니다. 커서의 **Agent** 모드에서 다음과 같이 프롬프트를 입력합니다.

> app/login/page.tsx 파일의 문구 "스마트한 할 일 관리"를 "AI가 도와주는 스마트한 할 일 관리"로 변경해 주세요.

2. AI가 코드를 수정하면 [Keep All] 버튼을 클릭해 적용합니다.

그림 11-31 변경 코드 생성 및 적용

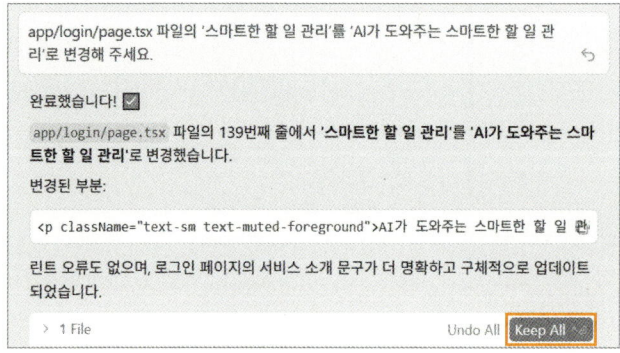

3. 수정한 코드를 GitHub 저장소에 반영하기 위해 터미널에서 다음 명령어를 순서대로 실행합니다.

```
git add .
git commit -m "로그인 UI 업데이트"
git push origin main
```

4. 푸시가 완료되면 Vercel이 자동으로 변경 사항을 감지하고 새 버전을 빌드합니다. Vercel 대시보드로 가서 **Deployments** 탭을 클릭하면 새 배포가 실시간으로 진행되는 과정을 확인할 수 있습니다.

그림 11-32 대시보드에서 배포 현황 확인

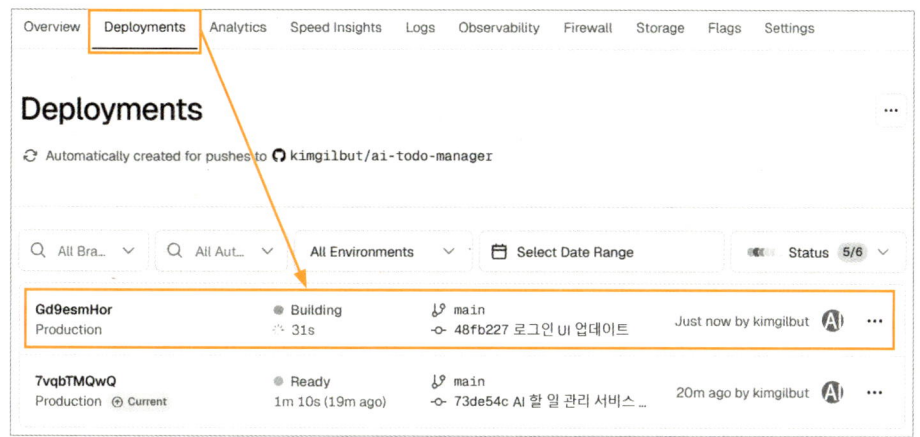

 참고

이런 자동 배포 방식을 **CI/CD**(Continuous Integration/Continuous Deployment)라고 합니다.

- **CI(지속적 통합)**: 여러 개발자가 작성한 코드를 자주 병합하고, 변경될 때마다 자동으로 빌드 및 테스트를 실행해 오류를 조기에 발견하는 과정입니다.
- **CD(지속적 배포)**: 검증을 통과한 코드를 자동으로 배포해 사용자가 항상 최신 버전을 이용할 수 있게 하는 과정입니다.

CI/CD는 현재 대부분의 소프트웨어 프로젝트에서 사용되는 표준 개발 방식입니다.

5. 배포가 완료되면 웹 브라우저에서 Vercel 도메인(URL)에 접속합니다. 새로 고침하면 변경한 문구가 반영된 것을 확인할 수 있습니다.

그림 11-33 자동 배포 결과 비교

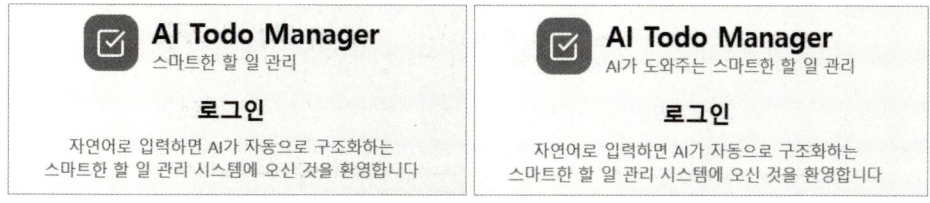

변경 전   변경 후

코드 수정 → 커밋 → 푸시 → 자동 배포로 이어지는 전체 흐름을 완성했습니다. Vercel의 자동 배포 시스템은 개발자가 수동으로 배포 명령을 입력하지 않아도 항상 최신 버전의 서비스가 웹에 즉시 반영되도록 도와줍니다.

그림 11-34 자동 배포 파이프라인 구조

이로써 **1장**에서 시작한 작은 실습이 웹에서 동작하는 AI 할 일 관리 서비스로 완성되었습니다. 다음 장에서는 프로젝트를 마무리하고, 앞으로의 확장 방향을 함께 살펴보겠습니다.

정리하기

11장에서는 AI 할 일 관리 서비스를 실제 인터넷에 배포하는 전 과정을 직접 경험했습니다. 단순히 코드를 서버에 올리는 수준이 아니라 누구나 접속할 수 있는 완전한 웹 서비스로 완성하는 방법을 단계별로 익혔습니다.

1. 배포 준비 과정 이해

- **환경 변수 관리**: API 키와 같은 민감한 정보를 코드와 분리해 안전하게 관리하는 방법을 익혔습니다.
- **프로덕션 빌드**: 개발 모드와 배포 모드의 차이를 이해하고 `npm run build` 명령으로 최적화된 빌드를 수행했습니다.
- **QA 프로세스**: 실제 사용자 입장에서 기능을 점검하는 체계적인 품질 보증 절차를 학습했습니다.
- **메타데이터 설정**: SEO(검색 최적화)와 브랜딩을 위한 메타 태그와 파비콘을 설정하며 서비스의 완성도를 한 단계 높였습니다.

2. Git과 GitHub 활용 능력

- **버전 관리 3단계**: Git의 기본 흐름(add → commit → push)을 실습하며 자연스럽게 익혔습니다.
- **원격 저장소 관리**: GitHub에 프로젝트를 업로드하고 버전을 관리하는 방법을 배웠습니다.
- **협업 준비**: 팀 프로젝트나 포트폴리오용으로 코드를 공유할 수 있는 기반을 마련했습니다.

3. 실무 수준의 배포 경험

- **Vercel 활용**: Next.js와 완벽하게 호환되는 Vercel 플랫폼을 통해 전문적인 배포 환경을 직접 경험했습니다.
- **환경별 설정 관리**: 로컬 개발 환경과 배포 환경의 환경 변수를 구분해 관리하는 실무 방식을 익혔습니다.
- **CI/CD 파이프라인**: 코드 변경이 자동으로 배포되는 현대적인 개발 워크플로를 체험했습니다.

4. 개발자로서의 성장

- **서비스 라이프사이클 완주**: 기획 → 개발 → 테스트 → 배포에 이르는 전 과정을 스스로 완성했습니다.
- **실제 운영 경험**: 전 세계 누구나 접속할 수 있는 웹 서비스를 직접 구축하고 실제 운영 가능한 형태로 공개했습니다.
- **문제 해결 능력**: 빌드 오류나 환경 설정 문제를 AI 도구와 함께 해결하며 실전 감각을 키웠습니다.

1장에서 시작한 'AI와 함께 웹 서비스 만들기' 여정이 마침내 실제 배포 단계까지 완성되었습니다. 이제 여러분은 자신만의 아이디어를 직접 웹 서비스 형태로 구현하고, 전 세계에 공개할 수 있는 역량을 갖추었습니다.

이번 프로젝트에서 사용한 Next.js, Tailwind CSS, Supabase, AI SDK, 그리고 커서, Git, GitHub, Vercel과 같은 도구는 모두 실무에서 널리 사용하는 최신 개발 환경입니다. 따라서 여러분이 완성한 결과물은 단순한 학습 예제를 넘어 실제 포트폴리오로 활용할 수 있는 수준 높은 실무형 프로젝트입니다.

축하합니다. 여러분은 이제 AI 시대의 개발자로서 성공적으로 첫 발을 내디뎠습니다. 이 경험을 바탕으로 더 큰 아이디어를 실현하고, AI와 함께 성장하는 개발 여정을 이어가 보세요.

12장
프로젝트 마무리와 이후 학습

마지막으로 지금까지의 여정을 되돌아보고, 앞으로 어떤 방향으로 학습을 이어가면 좋을지 함께 살펴보겠습니다.

12.1 전체 과정 되돌아보기

12.1.1. 개발 과정의 변화

책을 처음 펼쳤을 때, 아마도 "정말 AI와 함께 개발이 가능할까?"라는 의문이 들었을 것입니다. 하지만 이제 여러분은 AI와 협업하며 하나의 웹 서비스를 처음부터 끝까지 완성했습니다.

- **1~4장**: 개발 환경 구축과 핵심 개념 이해
- **5장**: AI와 함께하는 첫 번째 프로젝트 경험
- **6~7장**: 기획과 설계를 통한 체계적 개발 준비
- **8~9장**: 실제 사용자가 이용할 수 있는 기능 구현
- **10장**: AI 기능을 접목해 서비스 차별화
- **11장**: 전 세계 누구나 접속 가능한 웹사이트 배포

단계마다 새로운 도전이 있었지만, AI 도구와 협력하며 문제를 하나씩 해결해 나갔습니다.

12.1.2. AI 협업 능력 경험

이 책을 통해 얻은 가장 큰 성과는 AI와 효율적으로 협업하는 능력입니다.

1. 상황별 AI 도구 활용

- **기획 단계**: ChatGPT로 PRD 작성 및 아이디어 구체화
- **개발 단계**: 커서로 실시간 코드 생성과 문제 해결
- **최적화 단계**: 프롬프트 엔지니어링으로 결과 품질 개선

2. 프롬프트 작성 능력

- 요구사항을 구체적으로 전달하는 방법
- 상황에 맞는 맥락 정보를 제공하는 기법
- AI가 만든 결과물을 검토하고 개선하는 절차

이러한 경험은 앞으로 어떤 프로젝트를 진행하더라도 공통적으로 적용할 수 있는 핵심 역량이 될 것입니다.

12.1.3. 완성된 결과물

여러분이 완성한 AI 할 일 관리 서비스는 단순한 학습용 예제가 아닙니다.

1. 기술적 완성도

- 사용자 인증부터 데이터 관리까지 포함한 풀스택 아키텍처
- AI API를 연동한 자연어 처리 기능
- 실제 서비스 수준의 UI/UX와 반응형 디자인
- GitHub 버전 관리와 Vercel 자동 배포 파이프라인 구축

2. 포트폴리오 가치

- 결과물로 직접 증명 가능한 실전 프로젝트
- AI 시대에 어울리는 차별화된 기술 스택 경험
- 기획부터 배포까지 전체 개발 과정을 이해했다는 증거

무엇보다도 실제 URL로 접속해 작동하는 서비스라는 점에서 의미가 큽니다.

12.2 이후 학습 방향

12.2.1. 현재 서비스 개선하기

이제 완성된 서비스를 바탕으로 기능을 확장하고 개선해 보세요. 이런 작업은 실무 감각을 기르는 데 매우 큰 도움이 됩니다.

1. 기능 개선 아이디어

- 다크 모드 지원
- 할 일 카테고리 분류 기능
- 완료율 및 진행률 시각화
- PWA(Progressive Web App) 적용

2. AI 기능 고도화 아이디어

- 이미지에서 텍스트를 추출해 할 일로 변환하기
- 음성 입력을 텍스트로 변환하기
- 할 일 간 연관성을 분석해 작업을 추천하기

12.2.2. 새로운 프로젝트 도전하기

이번 경험을 발판 삼아 새로운 주제의 서비스를 개발해 보세요. 각 프로젝트는 새로운 문제 해결 경험을 선사할 것입니다.

1. 개인 도구 예

- 가계부 관리 서비스
- 학습 계획 관리 도구
- 운동 기록 및 분석 앱

2. 협업 도구 예

- 팀 프로젝트 관리 시스템
- 실시간 문서 협업 서비스
- 소규모 팀 업무 관리 플랫폼

12.2.3. 기술 스택 확장하기

익힌 기술 위에 새로운 기술을 하나씩 쌓아 올리며 역량을 확장해 보세요.

1. 프런트엔드 확장

- React Native로 모바일 앱 제작
- Vue.js나 Svelte 같은 다른 프레임워크 경험
- Zustand, Redux 등 상태 관리 라이브러리 활용

2. 백엔드 확장

- Node.js API 서버 직접 구축
- 데이터베이스 설계 및 최적화
- 서버 배포와 운영 자동화 경험

3. AI 심화

- OpenAI, Anthropic, Cohere 등 여러 회사의 API 활용
- 머신러닝 모델 직접 학습
- 프롬프트 최적화 및 AI 성능 개선 기법 연구

12.2.4. 실무 경험 쌓기

이제 학습한 기술을 실제 현장에서 활용해 보세요. 작은 실전 경험이 커리어의 큰 발판이 됩니다.

1. 오픈소스 기여

- GitHub에서 프로젝트 참여
- 작은 버그 수정이나 문서 개선

- Pull Request 과정을 통해 협업 경험 쌓기

2. 커뮤니티 활동

- 기술 블로그 운영 및 학습 기록 공유
- 개발 관련 밋업(Meet-up)이나 컨퍼런스 참여
- 다른 개발자와의 네트워킹

3. 실제 사용자 피드백

- 서비스를 공유해 사용자 의견 수집
- 피드백 기반으로 기능 개선
- 실제 사용 데이터를 분석해 서비스 최적화

정리하기

이 책을 완주한 여러분은 AI 시대의 개발 방식을 직접 체험했습니다.

- AI 도구를 자연스럽게 활용하는 능력
- 문제를 정의하고 해결 과정을 설계하는 사고력
- 기술을 실제 사용자 가치와 연결하는 관점

오늘날 많은 기업이 이러한 역량을 갖춘 인재를 찾고 있습니다. 기술은 빠르게 변화하지만, 여러분이 익힌 학습법과 문제 해결 과정은 변하지 않습니다. 다음 네 가지는 꼭 기억해야 합니다.

- 새로운 기술을 기꺼이 받아들이는 열린 마음
- 작은 프로젝트라도 끝까지 완성하는 습관
- 사용자 입장에서 생각하는 관점
- AI를 도구로 활용하되 최종 판단은 스스로 내리는 균형감

무엇보다 중요한 것은 완벽한 코드가 아니라, 실제로 작동하는 무언가를 만들어내는 힘입니다.

여러분의 개발 여정은 이제 시작입니다. 처음에는 막막해 보였던 일도 단계별로 나누어 접근하면 해결할 수 있습니다. AI는 강력한 조력자이지만, 그 도구를 어떻게 활용할지는 오직 여러분의 아이디어와 판단력에 달려 있습니다. 실패를 두려워하지 말고 작은 성공을 차곡차곡 쌓아가세요. 배운 것을 나누고 다른 사람과 함께 성장하세요.

이제 여러분은 AI와 함께 개발할 수 있는 진짜 첫걸음을 내디뎠습니다. 앞으로도 만들고 배우고 공유하며 성장하는 개발자로서의 여정을 이어가길 바랍니다.

찾아보기

A

AI 모델   020
API   032
API Key   119
Application Programming Interface   032
auth   182

B

BaaS   093
Backend as a Service   093
brand color   166

C

case normalization   228
CI/CD   269
context   058
context reference   079
Continuous Integration/Continuous Deployment   269
CRUD   133

D

Database   029
DB   029
design system   166
development Build   245

E

edge function   094
environment variable   122

F

favicon   252
FK   192

G

GCM   260
Git Credential Manager   260
global style   167

I

IDE   021

J

JavaScript Object Notation   033
JSON   033

L

Long Term Support   041
LTS   041

M

meta tag   249

N

Node Package Manager   047
NoSQL 데이터베이스   035
npm   047

P

plan 075
PRD 152
production build 245
Product Requirements Document 152
prompt 058
prompt engineering 223

Q

QA 248
Quality Assurance 248
query 191

R

RDB 035
React Hook 097
Relational DB 035
RLS 094, 191
role prompt 156
Row Level Security 094, 191
rules 144

S

Search Engine Optimization 085
SEO 085
serverless function 094
Server-Side Rendering 188
SQL 191
SSR 188
staging area 258
Structured Query Language 191
system prompt 224

T

TypeScript 085

U

User Experience 166
UX 166

V

vibe coding 008
view 197

ㄱ

개발 빌드 245
개발 서버 113
개발자 도구 034
개발 프로세스 150
개발 환경 242
검색 엔진 251
관계형 데이터베이스 035
구조화된 데이터 028
규칙 144

ㄴ

네트워크 오류 249

ㄷ

대소문자 정규화 228
데이터베이스 029
데이터 분석 242
도메인 266
디자인 시스템 166

281

ㄹ

라우팅　113
런타임 환경　026
리다이렉트　204
리액트 훅　097

ㅁ

맥락　058
메타 태그　249
명령 프롬프트　172
모바일 반응형 UI　249

ㅂ

바이브 코딩　008
버전 관리 도구　026
뷰　197
브랜드 아이덴티티　252
브랜드 컬러　166
빌드　244

ㅅ

사용량 한도　237
사용자 경험　166
사용자 입력 검증　242
생성형 AI　020
서버리스 함수　094
서버사이드 렌더링　188
소셜 로그인　094
스테이징 영역　258
시스템 프롬프트　224

ㅇ

엣지 함수　094
역할 지시　156
오픈소스 라이브러리　096
외래키　192
원격 저장소　122
웹 브라우저 호환성　249
웹 접근성　091
인증　182

ㅈ

자연어　028
작업 계획　075
전역 스타일　167
전처리　227
주석　193

ㅋ

캐시　254
컨텍스트 참조　079
컴포넌트　090
코드베이스　058
코드 편집기　021
쿠키　188
쿼리　191
클라우드 데이터베이스　026
클라우드 플랫폼　026

ㅌ

타입스크립트　085
터미널　041

ㅍ

파비콘 252
품질 보증 248
프로덕션 빌드 245
프롬프트 058
프롬프트 엔지니어링 223

ㅎ

호스팅 244
화면 전환 113
환경 변수 122
후처리 227

기호

.gitignore 141

memo